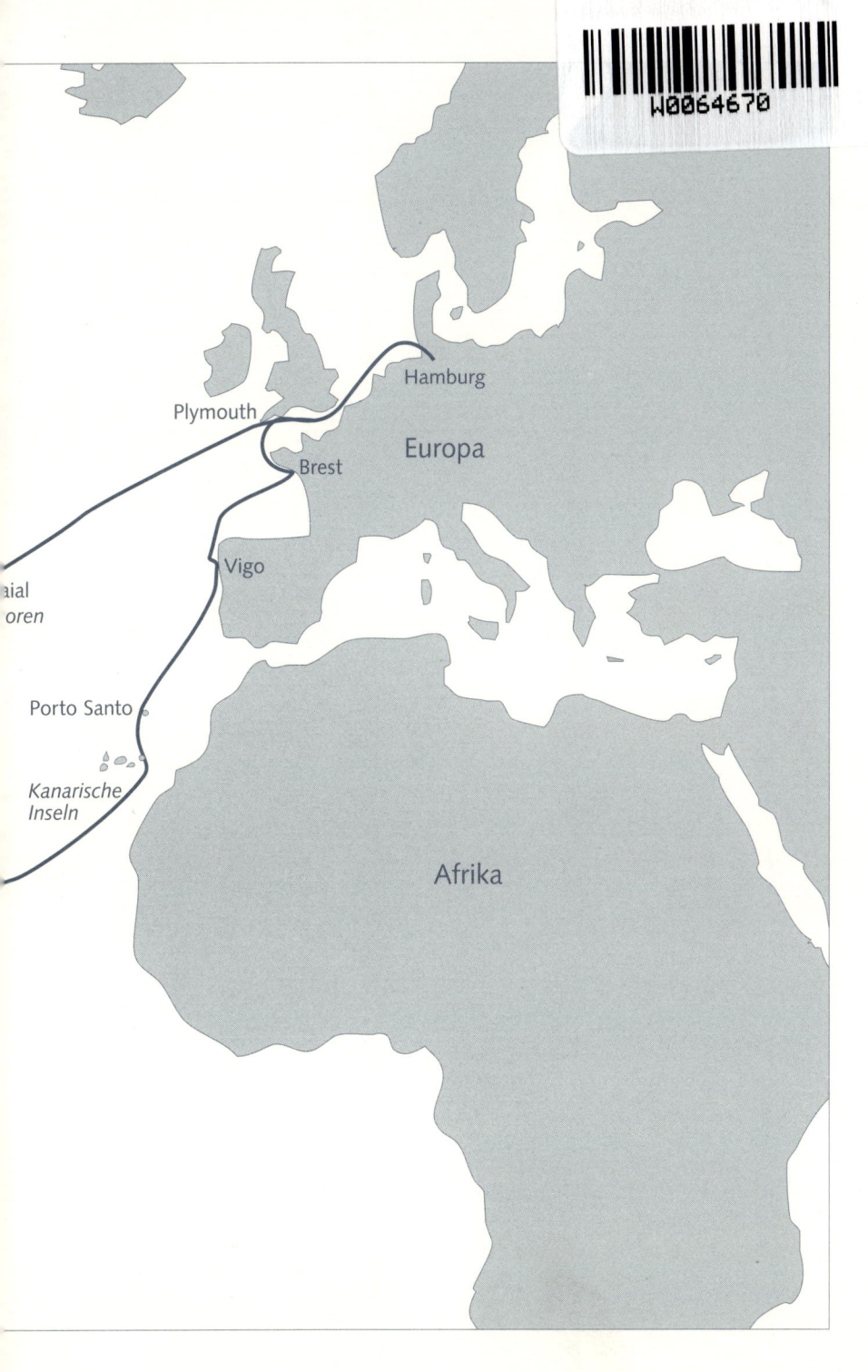

Hamburg

Plymouth

Europa

Brest

Vigo

aial
oren

Porto Santo

Kanarische
Inseln

Afrika

Helmut und Mathias Hillebrand

Traumkurs Transatlantik

Delius Klasing Verlag

Die Deutsche Bibliothek – CIP Einheitsaufnahme

Hillebrand, Helmut:
Traumkurs Transatlantik / Helmut und Mathias Hillebrand –
1. Aufl. – Bielefeld: Delius Klasing, 2002
ISBN 3-7688-1390-8

1. Auflage
ISBN 3-7688-1390-8
© by Delius, Klasing & Co. KG, Bielefeld

Fotos: Helmut und Mathias Hillebrand
Karten: Ekkehard Schonart
Schutzumschlaggestaltung: Buchholz / Hinsch / Hensinger, Hamburg
Druck: Clausen & Bosse, Leck
Printed in Germany 2002

Delius Klasing Verlag, Siekerwall 21, D - 33602 Bielefeld
Tel.: 0521 / 559-0, Fax: 0521 / 559-115
e-mail: info @ delius-klasing.de
www.delius-klasing.de

Inhalt

Dieses Buch ist meiner Frau Bärbel gewidmet,
die uns diese Reise ermöglicht hat.

Eines Tages ist immer der Anfang

Sag mal, kann man Segeln lernen?

Wir, Bärbel, Mathias und ich, waren schon viele Jahre mit unserem Schiff auf Nord- und Ostsee gesegelt. Wir gaben ihm den Namen ANTI-MALOCHE, weil ich eines nicht wollte, wenn ich segelte: arbeiten, Berlinerisch »malochen«.

Ein Schiff zu haben und auch zu benutzen, kostet Zeit und Geld, das kann man drehen, wie man will, und man hält das auf die Dauer nur durch, wenn man Gelegenheit hat, mit einem solchen »Ding« irgendwie zu verwachsen, wenn es also für einen selbst eine tiefere Bedeutung hat. Ich war weder in einer Seglerfamilie aufgewachsen, noch am Meeresstrand, sondern in einer kleinen nordhessischen Stadt, die lediglich einen Fluss hatte mit schilfumsäumten Ufern und einem Wehr mitten in der Stadt. Da war der Freischwimmer die erste Gelegenheit, das Flusswasser zu kosten, und später gelang es nur über den Ruderverein, sich auf dem Wasser zu bewegen. Irgendwie aber muss meine Familie mit dem Wasser verbunden gewesen sein, denn in einer Zeit, da das Geld knapp war und sich kaum jemand Reisen ins Ausland leisten konnte, wurde ich mit meinem damaligen Freund für 14 Tage an das Steinhuder Meer gebracht, wo wir, erst 13 Jahre alt, allein zelten durften. Das war ein Fehler, denn was soll man da schon machen, ohne ein Boot? – Jeder Spaziergang führte mich am Ufer vorbei, wo der Blick sehnsüchtig an den kleinen Segelbooten hängen blieb, und es dauerte nicht lange, da saß ich auf einer Bank neben einem alten Fischer, der mich eine Weile beobachtet hatte und mehrmals zu mir herübersah: »Sag mal«, ich fasste mir ein Herz, »kann man das Segeln lernen?«

So fing es an, und es dauerte den Rest der Schulzeit und ein ganzes Medizinstudium lang, natürlich am Wasser in Hamburg, bis ich mir von meinen ersten Gehältern eine eigene Jolle kaufen konnte, mit der ich richtig Segeln lernte. Dann kam, wie sollte es anders sein, der Gedanke an ein Schiff, das eine Kajüte haben sollte und dann eines, das etwas größer war, und dann lernte ich meine Frau kennen und offenbarte ihr mein

9

großes Geheimnis: »Ich bin ein verrückter Segler!« – Sie sah wohl ein, dass es zwecklos sei, mir meine Segelsucht auszutreiben und so war sie mit dem Kauf meines vierten Schiffes, einer Westerly 36, ketschgetakelt und englisch stabil, einverstanden und sorgte auch für die notwendige Besatzung, denn ein Jahr später wurde Matse geboren, den ich in dauerndem Bemühen zu einem Segler machte. Als er drei Monate alt war, fuhr er das erste Mal mit, die Badewanne war auf dem Achterschiff verstaut und seine Wiege war eine Hängematte.

19 Jahre ist das her, in denen die Reviere in Ost- und Nordsee, von Finnland und Schweden, von Norwegen und den Shetlands, von Cuxhaven bis zu den Kanalinseln langsam zu klein wurden, denn immer war Land in der Nähe. Niemals konnte das große Wasser das eigentliche Ziel sein, denn in so einer langen Zeit wachsen die Verpflichtungen und es schien, als bliebe keine Zeit für etwas Größeres.

Eines Tages, als wir mal wieder auf den letzten Drücker aus dem Urlaub zurückkamen, waren wir es leid: Aus dem Stress des ewigen Hin und Zurück konnten wir doch eigentlich auch ein neues Konzept entwickeln, wenn wir nur immer »hin«, also in eine Richtung fuhren und das auf einzelne Etappen verteilten. Damit müsste sogar eine Atlantiküberquerung möglich sein, ohne gleich zum »Aussteiger« zu werden, sondern ganz normal zu bleiben, – soweit Segler überhaupt normal sind –, und das berufliche Engagement weiterhin bestehen zu lassen. Mathias war im letzten Jahr vor seinem Abitur. Danach hatte er also etwas mehr Zeit. Realistisch betrachtet, konnten wir in einem Jahr einmal über den Atlantik zur Karibik und über die Azoren wieder zurück segeln!

Das war es, wir hatten es: Allmählich wuchs das Unternehmen in unseren Köpfen, und ehe wir es recht begriffen, waren wir sozusagen schon mittendrin.

Im Sturm

Der große Augenblick war gekommen. Von hier, von Plymouth aus, würde alles neu sein. Als erste Etappe hatten wir Brest gewählt. Doch schon im Flugzeug wollten wir am liebsten sofort losfahren, hinein in die Biskaya, der iberischen Halbinsel entgegen ...

Der Flieger brachte uns sicher nach London-Heathrow, von wo wir uns einen Leihwagen nahmen. Ich wollte keinen Stopp unterwegs, ließ den kleinen Wagen laufen und zeigte den englischen Staatskarossen, was so ein kleiner Opel Corsa alles drauf hat. Gegen 20.00 Uhr kamen wir endlich am Hafen und Parkplatz der Sutton Marina an, von Matse freudig begrüßt. Lässig schlenderte er uns entgegen, hatte unsere Ankunft gespürt und sagte das, was wesentlich schien: Wir können fahren! Er strömte bereits Ferienruhe aus. Ich eilte mit Bärbel erst mal zum Schiff und begrüßte es mit einem Klaps an die Bordwand. Da lag es in der Abendsonne, aufgeräumt und von Matse liebevoll gepflegt. Kein Lüftchen regte sich, es war mörderisch warm. Welche Freude angesichts der vor uns liegenden Zeit von nahezu fünf Wochen: Ich konnte dieses Gefühl noch nie und auch diesmal wieder nicht fassen. Was würden wir alles erleben? Langsam zog ich mich über die Reling, Matse machte uns einen Gin ... doch ich war zu unruhig, musste mich bewegen, zerrte die Taschen an Bord, wollte alles auf einmal tun. Matse verzog sich lachend, jetzt musste er wieder teilen. Die Besatzung zog ein in das Vor-, Mittel- und Achterschiff. Dann trafen wir uns im Cockpit und genossen den Abend.

Für spezielle Dinge war es zu spät. Wir waren nun endlich müde und schliefen die Eingewöhnungsnacht an Bord. Als seien wir in Fahrt, lag ich mit angewinkelten Beinen in der Backbordkoje der Achterkajüte und genoss die Stille und das leichte, sanfte Schaukeln kurz vor einem langen traumlosen Schlaf.

Anderentags nahm ich zögerlich die einzelnen Dinge wieder in Besitz. Schrecklich, wenn man sich für so lange Zeit entfernt, man vergisst die einfachsten Sachen! Wo war doch noch welche Sicherung, wie war die Bedienung noch, wo liegen die Anweisungen, wo ist dies, wo ist jenes? Da schien es einfacher, die Einkäufe zu erledigen. Bärbel und ich fuhren auf uns schon bekannten Wegen im Linksverkehr zum Supermarkt und erstanden am Sonntag alles, was wir benötigten. Paradiesisch, wenn man die deutschen Ladenschlusszeiten kennt. Die Sachen wurden verstaut. Das klappte schon besser.

Als wir an Bord kamen, winkte Matse ab, wir sollten uns nicht nerven, die neueste Wettersituation sei ungünstig, wir müssten vor Brest mit starken Winden rechnen und in der Biskaya mit Gegenwind. »Wieso das?«, fragte ich überflüssigerweise. Doch Matse hatte einen Seewetterbericht eingeholt, der wirklich nichts Gutes bedeutete. Dann also wenigstens Brest? Mir schien es vor allem aus psychologischen Gründen wichtig zu sein, dass wir wegkamen – und hier im Hafen regte sich immer geholfen noch fast kein Wind. Also plante ich die Route für Brest. Ich musste die vor uns liegende Distanz gegenständlich sehen, das hat mir schon immer geholfen, eine sichere Entscheidung zu treffen. Mit den kleinen Distanzen war es nun vorbei, und wir mussten uns daran gewöhnen, dass es keine Garantie, keine Schlupflöcher mehr gab. Das ist das Tor zum Atlantik, dachte ich, und vielleicht will er uns langsam, liebevoll einführen ... Matse stand hinter mir am Kartentisch. Er spürte, was ich dachte. »Lass uns fahren«, meinte er leise. Ich nickte. Wir wussten beide, dass, wie immer man es machte, es auch falsch sein konnte! Auch Bärbel nickte. »So kommen wir doch erst mal von der Küste weg«, stimmte sie unseren Überlegungen zu, sie hatte mitgehört.

Das Schiff war schnell aufgeklart, die Maschine startete prompt, die Druckwasseranlage für Süßwasser wurde ausgestellt, alle Programme liefen, auch der Autopilot. Als wir die Schleuse erreichten, wurde sie gerade geöffnet und die ANTIMALOCHE lief bei laufender Videokamera aus dem Hafen der Sutton Marina mit Kurs Brest. Es war der 25.07.99 um 16.30 Uhr englischer Sommerzeit.

Draußen schwirrten die Möwen um die heimkehrenden Fischerboote, nur eine leichte Dünung empfing uns. Es war auch hier warm, fast schwül, es regte sich kein Windhauch. Die Maschine lief mit 1700 Umdrehungen bei 5 Knoten, ein Stückchen Groß zähmte die Schiffsschaukel. Das Log funktionierte nicht, es war zugewachsen. Gegen 18.30 Uhr hatten wir leichten Gegenwind aus SW, das Barometer stand bei 1022 hPa, aber mit leicht fallender Tendenz. Nach einer Sturmfahrt im

Kattegat hatten wir uns mal geschworen, niemals bei fallendem Barometer auszulaufen, aber das war damals, und jetzt war der Himmel milchig blau und die Sicht relativ gut, das Radar lief. Da hatten wir keine Lust, über das südöstlich von Grönland anrollende Tief zu grübeln. Um 21.30 Uhr gab es Bratwurst aus England nach deutscher Art, Erbsen aus der Tiefkühltruhe, frisch und klein »à la canal« und Brot und Butter. Das alles von Bärbel zubereitet: köstlich!

Die Nacht begann mit Fahrt unter Maschine. Ich war müde und durfte nach dem Essen zu Bett. Matse war ausgeschlafen und wachte. Gegen zwei Uhr wurde ich wach, die Maschine hatte mich genervt, aber ich meinte, auch andere Geräusche vernommen zu haben. Es stimmte, es hatte aufgefrischt, also nichts wie raus. Matse war neidisch, weil er meinte, ich hätte jetzt den schöneren Törn. Egal, er sollte jetzt schlafen. Bärbel auch.

»Ich brauche jetzt die Nacht hier auf dem Schiff, schlaft mal alle!«, beruhigte ich sie und machte es mir in den Kissen des Cockpits bequem. Lampe und Fernglas lagen unter dem Niedergang, die Lifebelts waren ebenfalls bereit. Wir hatten den aufkommenden Wind schräg von achtern backbord, gerade so, dass die Genua hinter dem Groß noch stand und wir nicht ausbaumen mussten, was ich in der Nacht grundsätzlich nicht mag. Besonders natürlich hier nicht, wo ständig mit Schiffsverkehr zu rechnen war. Langsam machten wir gute Fahrt, der Wind nahm zu, ohne dass ich es recht merkte. Ich freute mich und spornte unsere Lady an: »Lauf, ANTIMALOCHE, so ist es gut!«

Welche Ruhe atmete diese Nacht. Da war das leise, gewohnte Rauschen, das helle Klappern, da ein Klopfen, wenn in den Schränken etwas aneinander schlug, nichts Aufregendes, nichts Unbekanntes. Jetzt konnte der Stress der Tage schwinden. Der Wind saß mir im Nacken, die Nacht kühlte das Gesicht und hielt mich wach. Doch ich war sowieso nicht müde, vielleicht durch die verhaltene Aufregung. Wir waren in der Obhut dieses Schiffes, und unsere Lady fuhr mit uns auf unbekanntem Pfad, wo immer etwas mehr Wachsamkeit erforderlich ist.

Langsam nahmen Wind und Seegang zu. Die Schiffsbewegungen wurden irregulär, ich merkte das, denn aus den festen Koordinaten wieder in die Schiffsschaukel versetzt zu werden, verschafft mir regelmäßig einen trockenen Mund. Ich war nicht wirklich seekrank, aber etwas träge. Ich stand auf und schaute über die Sprayhood in die Nacht. Der Unterschied zwischen meinem Platz am Schreibtisch und diesem hier war krass, wie eine plötzliche Befreiung. Hier gehörte ich hin. Dies war das reale Leben, nicht entlehnt, nicht künstlich gemacht.

Schön war es hier draußen und es war ein behagliches Gefühl, dass Bärbel und Matse da waren, wie auf den vielen Fahrten in den heimischen Gewässern von Ost- und Nordsee, die jetzt Vergangenheit waren. Wir erlebten gemeinsam etwas Neues.

Gegen vier Uhr weckte ich Mathias. Er wollte den Maschinenfuß noch richten, denn ich hatte ein verändertes Maschinengeräusch moniert, als die Maschine tagsüber lief. Da wir segelten, konnte diese Arbeit schnell und einfach erledigt werden. Ich weckte ihn aber auch, damit er dieses schöne Segeln nicht versäumte. Seiner verschlafenen Miene nach zu urteilen, hätte ich ihn vielleicht schlafen lassen sollen ...

Eine Stunde später ging es los. Wie von fremder Hand dirigiert, nahm der Wind zu, sehr böig, immer wieder mit Phasen der Ruhe, doch die See kam hinterher. Langsam kletterte die Windanzeige in die Höhe. Wie es in der Dunkelheit schien, waren die Wellen noch annehmbar, wenn auch relativ hoch, während der Wind nur etwas mehr als 6 Beaufort hergab. Im Laufe des Tages schien eine Überraschung nach der anderen zu kommen. Zuerst schaffte der Autopilot seine Arbeit nicht mehr. Dann blieb der Ruderdruck auch nach dem Einreffen von Fock und Groß zu stark und schließlich musste das Schiff vor den hoch anlaufenden Wellen mit unglaublich weiten Ruderschlägen zurück auf den Kurs geholt werden, damit es sich nicht allzu sehr auf die Seite legte. Der Wind drehte etwas mehr nach Ost, sodass der Winkel zum Wind abnahm. Dadurch hatten wir deutlich mehr seitliche Abdrift und fuhren nach der scheinbaren Windanzeige mal mit etwas achterlichem, mal mit halbem Wind, was das Steuern bei der hohen Dünung und den Windwellen zusätzlich erschwerte. Die Steuerung war merkwürdig schwammig. Die ANTIMALOCHE schien nicht so zu reagieren wie sonst. Ich war unruhig, hatte dafür keine Erklärung und nahm an, dass die neue Wellensituation das Ihre zu dieser Situation beitrug. Ich nahm mir vor, ihr gegenüber Respekt zu zeigen. Ich versuchte, dazuzulernen und gab mir Mühe.

Dann wurde es ernst. Die Seen nahmen überhand. ANTIMALOCHE war eine Kleinigkeit festen Bodens in diesem nassen Element, ohne Verbindung zum Land, auf den anliegenden Kurs angewiesen, hinein in die Biskaya mit einem Wind, der uns von unserem Ziel Brest eher wegschieben wollte. Der Versuch, näher an die Brest vorgelagerte Insel heranzukommen, war mit einem noch kleineren Winkel zum Wind zu erkaufen, wobei die Genua, eingerollt bis zu einem Jungelefanten-T-Shirt, im harten Wind wie ein Maschinengewehr knatterte. Mehrfach liefen die ungeheuren Wassermassen seitlich unter dem Schiff hindurch, krängten es bis zur Scheuerleiste, setzten das Leedeck unter Wasser, sodass wir fürchteten, der an backbord liegende Heizungsauslass werde überflutet. Erst in diesem Moment dachten wir daran, alle Schotten hermetisch zu schließen, auch der Niedergang wurde verriegelt. Die hinter uns anrollenden Seen verursachten ein unheimliches Geräusch. Ich wagte nicht, mich umzudrehen, sah aber in das erschrocken-staunende Gesicht von Matse, der jetzt wie ich fest in seinem Lifebelt hing.

Der Zeiger der Windanzeige ging auf 44 Knoten – 9 Beaufort. Es dauerte nach einem Wellendurchgang meist eine Weile, bis die nächsten Seen anrollten, bis dieses unheimliche Geräusch zunahm, und die Wellen scheinbar hinter und über uns zusammenbrachen, eine weiße, schaumige Gischt seitlich des Cockpits bis zum Vorschiff hin ergießend. Gott sei Dank war dies meistens nicht der Fall. Dann wurde das Achterschiff lediglich plötzlich angehoben, und die ANTIMALOCHE rauschte den Wellenberg hinab. Anschließend kletterte sie erneut auf den nächsten Berg. Manchmal waren die Wellen ein wenig schneller, dann türmten sie sich wie der Hang eines steil aufragenden Gebirges vor ihr auf. Ich war fassungslos, völlig von den Socken. Hier fehlte mir der Vergleich. Das hatte ich nie erlebt.

Ich weiß nicht, es war nicht Angst, aber ich suchte das Gespräch mit Matse, der fest eingespannt in seinem Lifebelt saß, die Beine an der gegenüberliegenden Sitzducht verkeilt und mal nach hinten, mal nach vorne sah und staunte, während gleichzeitig auf seinem Gesicht eine Ruhe lag, als wären wir bereits hinter dieser vermaledeiten Insel, deren Konturen mit dem Leuchtturm wir im Dunst des Tages vor uns auftauchen sahen.

»Was meinst du?« Ich schrie gegen den Wind.

»Wird schon, aber ein bisschen unheimlich ist es ja.«

»Naja, wohl nicht unbedingt gefährlich, aber diese Wellen habe ich zuvor nie gesehen.«

»Mmh. Das ist eben ein anderes Revier. Wurde ja auch mal Zeit, dass wir das erleben«.

»Schau mal den Frachter da hinten, der scheint zwischendurch völlig verschwunden zu sein, dabei ist es ein riesiges Containerschiff.«

»Unglaublich, ja. Pass auf, da kommt das nächste Ungetüm! Vorsicht, runter mit dir ... – uff, war nicht so schlimm.

Ich starrte auf das Log und glaubte es nicht. Trotz dieser Wahnsinnsfahrt machten wir nur noch eine Geschwindigkeit von 2,4 Knoten über Grund. Wir waren im Stromgebiet der Île de Quessant und die Strömung war gegen uns, stärker, wesentlich stärker, als wir vermutet hatten. So konnte die Fahrt noch viele Stunden dauern, erst in der Nacht würde die Tide kentern.

Ich wollte näher an die Insel heran, um den Haken zum Windschatten hinter der Insel kürzer schlagen zu können. Matse war damit wegen der Untiefen nicht zufrieden. Er hatte Recht, aber ich versuchte dennoch, größtmögliche Höhe zu laufen, denn bald würden wir den Wind direkt von vorne haben, und dann war bei diesen Seen kein Vorankommen mehr. Ein- oder zweimal war die achterliche Welle dicht hinter dem Schiff halb im Brechen und schob die ANTIMALOCHE mit einem lauten Klaps nach vorne, während sich eine Wasserfontäne über uns ergoss. Auch das war neu. Wir fühlten uns machtlos und ausgeliefert. Hier konnte man nicht einfach aussteigen, sagen, ich habe keine Lust mehr, ich gehe jetzt nach Hause.

Inzwischen war abzusehen, dass vom Cap Finisterre her Südwestwind zu erwarten war. Wollten wir nach Brest, so mussten wir hinter dieser merkwürdigen vor uns liegenden Insel am Tor zur Biskaya zum Land aufkreuzen – auch das noch! Langsam war die Anstrengung körperlich zu spüren. Meine Beine waren lahm, ich hatte Rückenschmerzen und war so müde, dass ich im Stehen hätte einschlafen können. Gegen 16.00 Uhr waren wir zwar endlich auf der Höhe der Île de Quessant, aber dennoch weit davon entfernt, den Windschatten der Insel nutzen zu können.

Erst zwei mühevolle, kämpferische Stunden später nahm die See merklich ab. Allmählich kamen wir dem Land näher, und die Windanzeige ging auf 28 Knoten runter, 7 Beaufort. Das erschien uns wie Sonntagnachmittagssegeln, also raus aus dem Ölzeug und hinein in den nunmehr von backbord um 40° einfallenden Wind zum Abdampfen, Verharren, Planen. Wir kamen nicht schneller voran, obwohl am Bug eine rauschende See zu stehen schien. Den Versuch, die Maschine zum Schieben zu verwenden und die Genua zu bergen, gaben wir auf. Es war lächerlich, wir machten überhaupt keine Fahrt mehr. Fast schien es, als hätten wir die Schraube verloren. Wie um Gottes Willen sollten wir die verbleibenden 40 Meilen bis zur Dunkelheit schaffen? Es schien unmöglich zu sein. Also kreuzten wir, schließlich waren wir ein Segelschiff.

Bärbel konnte sich in den relativ geraden Koordinaten unserer schwimmenden Behausung wieder ohne Gefahr bewegen und schwitzte vor Anstrengung, uns eine heiße Suppe zu machen. Der Inhalt der dampfenden Suppentassen, die sie uns ins Cockpit reichte, gab Kraft und weckte die Lebensgeister – bis der Wind erneut zunahm, auf 36 Knoten ging, aber die See im Windschatten des Landes zum Glück klein blieb und das Aufkreuzen ermöglichte. Wir legten die Lady mit nahezu vollen Segeln auf die Seite, um Luv zu gewinnen. In der Dämmerung zogen wir an den Bojen der Fischernetze vorbei, die blöderweise im Ansteuerungsbereich ausgelegt waren. Man konnte sie auch beim besten Willen nicht im Radar sehen.

Die Nacht brach herein, schließlich war es stockdunkel. Was sollten wir machen? Wir steuerten auf kurzen Kreuzschlägen dem Hafenbereich Camaret sur Mer näher und näher, bis kaum mehr Höhe möglich war und die Strömung uns einen Strich durch die Rechnung machte. In der offenen See konnten wir kaum ankern, aber Ankern schien die einzig sinnvolle Möglichkeit. Auf einem der langen Kurse gen Land entdeckten wir gegenüber von Camaret sur Mer eine Bucht, in der sich ein Reedegebiet befand. Wir machten elektronisch eine Stelle aus, der wir uns langsam unter Maschine so weit näherten, dass die hohe windseitig gelegene Felswand zum Greifen nahe schien. Das Heulen des Windes erstarb bis auf die Böen, die bei erneut auffrischendem Wind über die Felskante zu uns nieder pfiffen. Maschine stopp. Bald darauf ließ Matse auf 12 Meter Wassertiefe 40 Meter der Ankerkette samt dem Anker fallen. Die ANTIMALOCHE kehrte sich zur Seite, parallel zur Felswand, dann zog sie an der Kette, war gefangen, richtete sich aus und stand, während die Masten in den Böen zitterten. Dennoch erschien uns dieser Platz himmlisch ruhig. Die Ohren begannen wieder die Geräusche zu trennen, erst jetzt wurde uns der ständige Lärm des Windes bewusst, der uns den Tag und die Nacht über begleitet hatte.

Ruhe im Schiff, uns in die Arme nehmen, beglückwünschen, fallen lassen, dann raus aus den Klamotten und rein in die Koje: Das hatten wir uns verdient. »Lady, weck uns, wenn etwas sein sollte!« Hier, die Biskaya in Lee und die hohen Felswände als Schutz vor Wind und See, wagten wir zu schlafen und taten gut daran. Es war 02.00 Uhr in der Nacht vom 26. auf den 27. Juli.

Ich schlief, bis mich anderentags ein Geräusch weckte, das dem einer einfallenden Bö gleichkam. Verschreckt sprang ich aus der Koje, aber Bärbel saß schon im Cockpit und betrachtete die traumhafte Szenerie. Hohe Steilwände lagen zirka 150 Meter vor dem Schiff, das Wasser war ruhig, der Himmel leuchtete blau und auf den Felsen standen beigefarbene Steinhäuser wie die verlassenen Burgen ehemaliger Raubritter der Normandie. Ein kleiner einsamer Sandstrand lag voraus in der Tiefe der kleinen Bucht, die Matse in der Seekarte für uns zum einstweiligen Verweilen ausgemacht hatte. Wir waren in Frankreich!

Genüsslich zelebrierten wir ein herzhaftes Frühstück mit frischem Baguette, Marmelade und Käse, mit dampfendem Kaffee, der aus dem frischen Wasser des »Watermakers« bereitet war. Das hatte antimalochischen Stil, keiner von uns dachte an Aufbrechen, hier waren wir sicher, konnten die Rätsel in Ruhe lösen, die uns unsere Lady in den letzten 24 Stunden aufgegeben hatte.

Matse tauchte im noch kühlen 18 Grad kalten Wasser und sah die Schraubenblätter mit Pocken übersät, was den mangelnden Vortrieb erklärte, stellte das Ruderblatt des Windsteuerers wieder fest – der Grund für die schwammige Steuerung –, und machte das ebenfalls mit Pocken verklebte Log wieder gängig. An der Schraube kam die Drahtbürste zum Einsatz, während ich einige in Auflösung begriffene Taklinge erneuerte. Anschließend lagen wir ein paar Stunden im Windschatten des Cockpits in der Sonne und gewöhnten die noch weiße Haut an zukünftige Bräune. Am späten Nachmittag war es dann so weit, ich meldete mich über Funk in Camaret sur Mer an und wir machten uns auf, den Hafen zu stürmen, der hinter einer kleinen Huk auf einer Halbinsel im Süden lag.

Wir fanden den einzigen noch freien Platz an der Innenseite der ersten Stegreihe und suchten das Hafenbüro, wo eine kleine Französin kein Englisch sprach, uns aber durch Zeichensprache vermittelte, dass wir zumindest eine Nacht am Platz verweilen könnten. Eine deutsche Crew kam offenbar aus dem Süden und war, wie es schien, bei Flaute von Lissabon gänzlich heraufmotort. Ich hörte nur, dass sie täglich Wale und Delfine gesehen hätten. Das war etwas für mich! Ich fieberte den ganzen Tag der Fortsetzung unserer Reise entgegen, denn inzwischen hatte sich der Wind gelegt. Der Wetterbericht versprach für die nächsten fünf Tage günstige Winde, leicht und schön. Doch vorher unternahmen wir einen Spaziergang durch die südlich wirkende Stadt, vorbei an den zahlreichen kleinen Bars und Cafés, die zum Verweilen einluden. Die Verkäuferinnen, eben noch im Supermarkt gesehen, saßen kurze Zeit später in einem kleinen Restaurant unter den Sonnenschirmen im Freien und tranken das erste oder zweite Glas Rotwein des Tages. Nichts war hier wichtiger, als den Glanz des Tages durch den Schimmer eines Glases Weines zu sehen, im Gespräch mit dem neuen oder alten Bekannten in die Ferne auf das Wasser der Bucht zu schauen und der göttlichen Eingebung zu lauschen, die hier den Tag bestimmte.

Ich nahm alles mit staunendem Blick in mich auf und konnte mein Glück kaum fassen: Wir waren tatsächlich unterwegs; unterwegs, unseren Traumkurs Transatlantik in Etappen zu bewältigen.

Da lag unser wohl ausgerüstetes Schiff und wartete darauf, dass es endlich weiterging. Man sah unserer ANTIMALOCHE ihr Alter nicht an, und wer einen Blick ins Innere der Yacht warf, fand modernstes elektronisches Gerät und hervorragend gewartete Maschinenteile vor. Doch bis hierhin war es auch ein langer Weg gewesen …

Vom Laptop bis zu den Lenzventilen

Vorbereitungen

Einmal den Gedanken an eine Atlantiküberquerung im Kopf, hatten wir drei, Bärbel, Matse und ich, uns wie im englischen Kanal in der Höhe von Dover gefühlt: vom Strome mitgerissen. Da gab es kein Zurück, nur ein Vorwärts, der Verwirklichung unseres Planes entgegen.

Am 02.02.99 wurde der Laptop für die ANTIMALOCHE gekauft. Bärbels Kommentar zum »Lappi« lautete »ein wunderliches kleines Ding«, ich dachte mehr an das Problem der Halterung auf schwankendem Untersatz. Matse hingegen war begeistert. Er hatte den Laptop gekauft, er war schließlich mit diesen Dingern aufgewachsen, ich hingegen war ein »Newcomer«, ein einfacher Mediziner, also überließ ich ihm die Auswahl.

In der medizinischen Landschaft geschahen Veränderungen, die die Entscheidung für den Zeitpunkt der Reise mit beeinflussten – das Ziel war klar, über den Atlantik wollte ich schon immer. Die Arbeit in meiner Praxis machte mir Spaß, die politische Situation hingegen nicht. Es war mühsam, unter diesen Verhältnissen so zu arbeiten, wie ich es für notwendig hielt. Und über Notwendigkeiten wollte ich mit meinen Patienten reden und nicht über »bezahlbar« und »nicht bezahlbar«. Kurzum, ich brauchte eine Zäsur und wollte nachdenken.

Besagter 02.02.99 war ein Dienstag, präziser gesagt der Dienstag, an dem Matse seine Griechisch-Abiturarbeit schrieb. Nach drei Stunden war er bereits fertig und rief mich an. Ich hatte gerade vorher von der Computerfirma den Anruf erhalten, dass der Lappi eingetroffen sei und ich ihn ansehen könne. Ich sagte, dass ich Mathias schicken werde. Es tat ihm gut und brachte uns weiter, denn er nahm ihn gleich mit nach Hause. So stand denn nun unser Bordcomputer mitten im Wohnzimmer und war ein weiteres Stück realisiertes Vorhaben. Zumindest konnte ich mich nun daranmachen, nach seinen Maßen die Halterung für den Kartentisch fertig zu stellen ...

Matse installierte derweil einen Teil der Software und machte sich vertraut mit dem neuen Ding, das die Steuerzentrale der ANTIMALOCHE werden sollte. Ich bestand auf meiner alten Schreibsoftware »Starwriter«, damit ich am Anfang nicht umdenken musste. Er schimpfte natürlich: »Diese alten Kamellen, ›Word‹ ist viel moderner!« Doch das Alter macht konservativ. Innovativ und vor allem kreativ hingegen waren die Stunden mit den diversen Installationen und Holzarbeiten. Wir brauchten Platz und reichlich Staufächer.

Die Halterung für den Laptop schien eine Art akrobatischer Statik zu werden. Er sollte einerseits fest installiert werden, andererseits musste er über dem Kartentisch »schweben« und sollte beweglich bleiben. Man muss sich das bildlich vorstellen. Auf so einem Schiff ist wenig Raum, und nun auch noch ein Computer!

Am nächsten Tag bekam ich Nachhilfestunden am PC. Matse referierte und ich schlief zwischendurch ein. Ich war fertig, logisches Denken macht müde. So beschloss ich am Donnerstag für Freitag blau zu machen, mein Vertreter erledigte die Arbeit. In der Nacht zum Freitag stellte ich die Halterung so weit fertig, dass eine Anprobe auf dem Schiff erfolgen konnte.

Ich kam erst mittags los. Der Verkehr war wie üblich ein einziges Chaos. Ich wollte noch Holzleisten kaufen und hoffte, zusätzliche Nirobolzen zu finden. Doch statt Werkmeister in Blaumännern traf ich lauter »schwarze Anzüge«: Die Firma feierte 50-jähriges Dienstjubiläum. So ein Outfit war mir zwar nicht fremd, doch ich fühlte mich nun in erster Linie als Handwerker. Also schnappte ich mir ein paar Häppchen und machte mich aus dem Staub.

Das Morgenhochwasser war 5,66 m über normal gewesen. Bärbel informierte mich von der Praxis aus. Die Werft gab grünes Licht. Dort angekommen, berichteten mir die Arbeiter, dass das Morgenhochwasser vor der Halle gestanden hätte. Dass jetzt noch etwas passieren könnte, nicht auszudenken!

Ich schleppte fünf Kisten mit dem üblichen Werkzeug in die Halle, direkt vor die »Füße« unserer ANTIMALOCHE. Da sie seit Beginn des Winters ohne Masten auf einem Bock in der Halle stand, konnte sie mich nicht wie sonst mit einem Nicken ihres Buges begrüßen. Ich wusste das und verzieh. Über die Leiter ging es schweißtreibend mit Sack und Pack nach oben. Nun war Arbeiten angesagt, bis in den späten Abend. Matse lernte derweil Biologie, am Montag war die letzte schriftliche Arbeit. Ich war recht erfolgreich. Der Schrank in der Achterkajüte wurde eingebaut, die Halterung für den Kompressor (wegen der Tiefkühltruhe) fand ihren Platz, die Halterung für den Lappi passte perfekt. Als ich von den wenigstens zehn Schraubenziehern an Bord keinen mehr fand, dachte ich, dass es Zeit wäre, aufzuhören.

Wir hatten uns frühzeitig ein Konzept gemacht. Wir wollten, das war klar, mit unserer ANTIMALOCHE die Reise machen, aber sie sollte in Top-form sein, auch in technischer Hinsicht. Aus diesem Grund entschieden wir uns für den Lappi, aber auch für eine Seenotfunkboje (EPIRP) sowie ein Satelliten- und GMDSS-UKW-Telefon. Die Zeiten hatten sich geändert. Das Seenotverfahren war oder sollte total auf Automatik umgestellt werden.
Schon seit zwei Jahren waren wir es gewohnt, im Winterlager in Wedel jeden Sonnabend zu opfern, um das Schiff zu überholen. So wurde schon vor einem Jahr die Bilge saniert, die Batterien ausgetauscht und in die obere Bilge in wasserdichte Kästen verlagert, wobei die Lichtbatterie-Kapazität auf 500 Ah erhöht wurde. Das war für die Größe des Schiffes nicht eben wenig. Dazu kam ein optimiertes Ladegerät für Landstrom bis 65 Ah, und auch die Lichtmaschine wurde entsprechend angepasst. Das hatte natürlich einen Grund. Normalerweise lädt eine Lichtma-schine, wie zum Beispiel im Auto, die Batterien nur bis etwa 70 Prozent. Wir hingegen wollten über 90 Prozent Ladung!
Auch sonst mussten wir in diesem Winterlager Farbe bekennen. Der Zustand der Borddurchlässe, der Seeventile, war nach über 20 Jahren fraglich. Sozusagen zur Probe wechselten wird sicherheitshalber erst mal das Motorkühlwasser-Einlassventil. Das war schon schwierig genug. Bei einem zweiten Borddurchlass schien eher die Bordwand zu bersten, als dass die grobe Hantierung mit einer überdimensionierten Rohrzange dem Bronzeguss etwas hätte anhaben können. Doch diese Erfahrung war durchaus beruhigend – und sparte letztlich die komplette Erneuerung. Die Druckwasseranlage für Frischwasser für die langen Überfahrten musste auf Handpumpen umgestellt werden, weil dadurch weniger Wasser verbraucht wurde. Auch entschieden wir uns sicherheitshalber für eine kleine Seewasser-Aufbereitungsanlage, die aus einem Durch-fluss von ca. 80 Litern Seewasser sechs Liter Frischwasser bereiten konn-te, und das bei einem akzeptablen Stromverbrauch. Der Rundgang auf der Bootsausstellung in Hamburg hatte sich gelohnt. Hier keimte vor allem die Idee über den Umfang der Ausrüstung.

Mithilfe von D2-Handy und Inmarsat, also Satellitentelefon, wollten wir die Möglichkeit der Kommunikation über Internet und Fax haben. Zusätzlich entschieden wir uns für eine Wettersoftware, die uns über einen mit Aktivantenne versorgten Empfänger alle möglichen Wetterdaten ins Schiff holen konnte. Wozu hatten wir jetzt schließlich unseren PC, an den sich ja nun einiges anschließen ließ? Die Betriebskunde für Funker hatten wir bereits im Jahr zuvor erworben, denn das alte Funkpatent reichte für die Neuerungen in der Seenotrettung nicht mehr aus. Es war eine Prüfung nach deutschem Muster: Stress hoch drei! Immerhin, auch dieser Schein vermehrte das Bündel an Patenten, die es im Laufe eines Seglerlebens zu erwerben gilt.

Aber die Bootsausstellung brachte noch mehr, sie ließ die Idee einer Tiefkühlbox aufkommen. Normalerweise funktioniert eine Tiefkühltruhe über einen Strom fressenden Kompressor. Ein System, das zusätzlich das Seewasser zum Kühlen nutzte, versprach jedoch einen erheblich geringeren Stromverbrauch. Ich plante einen Inhalt von 40 Litern. Nachdem ich 10 cm Isolierung auf die 10 mm starken Mahagoni-Wände aufgebracht hatte, gab ich den Kasten in professionelle Hände. Das war über den Jahreswechsel. Als ich die Box abholte, war ich platt: Der Abschlussdeckel war falsch gesetzt, sodass sich jetzt die Tür zur Box zur Hälfte im Niveau einer Zwischenwand zur Segelstaukammer befand, einer Art Vorratsraum auf unserem kleinen Schiff. Ich hätte schreien können über so viel »Professionalität«. Und dann schimpfte der angebliche Spezialist auch noch über meine Unprofessionalität! Es seien ja alles ungleiche Maße gewesen ... Dabei hatte ich nun wirklich alles beschriftet und den Zugang zur Box bewusst seitlich gelegt, um Platz für den Zugang vor der Zwischenwand zu haben. Egal, es konnte Abhilfe geschaffen werden.

Vorerst hatte die Box jedoch allen Platz der Welt, denn sie stand zunächst in unserem Wohnzimmer. Innen war sie durchaus schön gelungen. Im Geiste sah ich darin bereits Eiswürfel oder gefrorene Steaks, aber wie konnte ich den Fehler ausbessern? Schließlich kam mir eine Idee, und ich machte mich ans Werk. Nachdem ich Einbauleisten abgelängt und die obere, unschöne, vertauschte Platte durch eine Auflage von 0,5 cm Sperrholz verziert hatte, war ich zufrieden. Inzwischen war es zwei Uhr nachts und ich betrachtete mein Werk. Ob diese große Kiste überhaupt auf normalem Wege in das Schiff passen würde? An Schlaf war bei einer solchen Till-Eulenspiegelei nicht zu denken! Gespannt eilte ich am

Sonnabend frühmorgens zum Hafen. Sofern die Tür ausgebaut wurde, waren es genau 46 cm Türdurchlass zur Achterkajüte. Zusammen mit Rolf, einem alten Freund, schoben wir die große Kiste ganz langsam nach hinten. Wir hatten einen Spielraum von gerade einmal 2 mm. Ich fiel ihm, er mir in die Arme. Man kennt eben sein Schiff!

Der Tag dauerte bis 22 Uhr, dann war die Box verleistet. Keine zehn Nilpferde hätten mich bewogen, sie wieder mit nach Hause zu nehmen, wie eigentlich geplant war, sie wurde nach weiteren acht Tagen im Schiff lackiert.

Es sind viele Dinge zu bedenken auf einem kleinen Schiff von 36 Fuß. Schließlich muss der ganze Stauraum genutzt werden, da die Reise über lange Etappen gehen sollte. Von großem Vorteil war sicher, dass wir unser Schiff seit über 20 Jahren kannten und so überlegte Veränderungen vornehmen konnten. Die Stabilität hielten wir für ausreichend. Schließlich war die ANTIMALOCHE eine stabile englische Dame und sie hatte, wie Matse immer zu sagen pflegte, ihre Bewährungsprobe bereits bestanden. Wir wussten, dass nach so viel Hektik und Arbeit da draußen auf dem Meer die Ruhe eintreten würde, die wir auf ausgedehnten Fahrten so schätzten. Das Schiff segelte, wie wir segeln wollten, »antimalochisch«, was natürlich Blödsinn ist, denn Segeln ist immer mit Arbeit verbunden. Wir kannten das angenehme Seeverhalten, auch das unangenehme, wir wussten um die Solidität der Beschläge, der Segelführung und der Masten mit dem stehenden und laufenden Gut. Hier war wenig zu ändern, denn das Schiff war immer ein Langfahrtschiff gewesen, für ein bis drei Personen gerade gut genug. Dennoch, das Vorhaben entzündete Phantasien, denen wir uns in dieser Zeit der Vorbereitung hingaben. Wie würde es sein, da draußen? Was, wenn irgendetwas nicht so funktionierte, wie wir dachten? Was, wenn wir, konfrontiert mit der Realität, den Abgleich mit unserer Fantasie nicht schafften und zugeben mussten, uns vielleicht geirrt zu haben?

Würde es da draußen wirklich so sein, wie ich es mir jahrelang vorgestellt hatte? Eine neue Dimension, eine neue Koordinate, auch Konfrontation mit etwas, was wesentlich war, nachdenken ließ, zu neuen Ansätzen führte? Gefühle von Versagen mischten sich häufig in die Tagesfantasien. Manchmal, wenn ich im alltäglichen Berufsverkehr in der anheimelnden Atmosphäre des dunklen Schneematschwinters einer Großstadt in die Praxis fuhr, kamen urplötzlich Szenen des Überbordfallens und des langsamen Abtreibens hinter dem weiterfahrenden

Schiff in den Sinn. Sie verursachten kalten Schweiß auf Brust und Stirn, der erst beim Gedanken an lang trainierte Verhaltensmuster wieder trocknete. Schließlich hatten wir die Sicherheit einer langen Segelpraxis: Überbordfallen gab es nicht – und Schluss. Ganz nach dem »Lufthansaprinzip«: Absturz ausgeschlossen!

Dann wieder mischten sich die Bilder blauen Wassers mit langer flacher Dünung – ich lag ausgestreckt auf den sonnigen Cockpitbänken und schaute in den hohen Himmel – in dieses großstädtische Winterbild und verursachten Sehnsucht. Gleichzeitig waren sie ein Ansporn, diese Träumereien in die Tat umzusetzen.

Eine Woche nach der Kühlboxinstallation holte ich die reparierten Schanzkleider und die seitliche Cockpitabdeckung von Herrn Bosse in Norderstedt. Wir kannten uns seit Jahren. Er hatte damals die erste Sprayhood über dem Niedergang angefertigt und später auf unseren Wunsch ein Patent entwickelt, diese in einen stabilen Handgriff zu verwandeln. Er schaute mich neugierig an, sagte aber nichts. Ich hatte das Gefühl, dass er mich etwas fragen wollte. Vielleicht war es die Frage, die man immer schwerer stellen kann, wenn man älter wird, weil man die Antwort zu kennen glaubt – sie gleicht den eigenen Wünschen zu sehr.

Von dort fuhr ich nach Elmshorn zur Firma Thies. Herr Feddersen, mit dem ich lediglich mehrfach telefonierte, hatte den Propeller fertig gestellt und einen zweiten als Ersatz gefertigt. Die beiden goldglänzenden Sterne lagen in einer Pappkiste – für mich waren sie so schön wie der Schatz des Grafen von Monte Cristo: ganz neu und glänzend aufpoliert, ein Meisterwerk. Dabei schien die Firma Thies ein ganz unscheinbarer Betrieb für Schiffsschrauben zu sein, inmitten eines Wohngebietes mit einem kleinen Hof, wo ich verabredungsgemäß die Lieferung in einer Kiste im Freien vorfand. Ich habe den Scheck gerne in den weißen Briefkasten deponiert. Herr Feddersen schien mir ein Meister seines Faches zu sein.

Zu Hause angekommen, hatte Matse inzwischen die Baumärkte auf der Suche nach vernünftigen Sicherungsautomaten abgegrast, denn wir kamen bei all den neuen Sachen mit den bisherigen Automaten nicht mehr aus. Es versprach, ein arbeitsreicher Sonnabend zu werden. Leider war es recht kalt und Arbeiten in der Halle außerhalb des gut beheizten Schiffes würden unangenehm werden. Georg, ein Segelfreund aus alten Tagen, und Peter, ein sensibler Banker, würden uns helfen kommen. Georg, eigentlich Bauingenieur, hatte sich im Laufe der Jahre zum

Computerfreak entwickelt und sollte den Lappi begutachten. Seit vorgestern stand auch das Satellitentelefon im Wohnzimmer und erfreute sich unserer Bewunderung. Die Leute der Firma Nera waren nett, jedenfalls gaben sie erschöpfende Auskunft über die Störungen, die von der Satellitenantenne ausgingen und daher den Ort des Einbaus einschränkten. Dennoch, die Installation auf dem Achterschiff erwies sich wie geplant als machbar, denn die Strahlung, die die GPS-Antennen beeinflussen sollte, ging nach oben – so wurden die anderen Antennen nicht betroffen. Dachten wir. Später auf dem Atlantik ging das GPS allerdings immer in die Knie und verlor seine Position, wenn ich telefonierte, aber das machte nichts.

Unser Händler hatte im Übrigen die Seewettersoftware im Laden. So brannten wir auf den morgigen Tag. Matse kam etwas früher in die Puschen und zog bereits ab, da er ein strammes Programm abzuarbeiten hatte. Gestern hatte er sich noch das Material für die neuen Sicherungen besorgt und eine kleine Holzplatte gefertigt. Ich hingegen fuhr zum Farbenhöker, um die bestellten fünf Liter Interspeed 2000-Hartantifouling abzuholen. Dabei ergatterte ich auch gleich Farbrollen und Pinsel und einen Rührbesen für die Bohrmaschine, da die große Menge Farbe erfahrungsgemäß schwer von Hand aufzurühren war.

»Und Sie wollen jetzt tatsächlich los, auf den Atlantik? – Haben Sie keine Angst?«, fragte der Händler.

»Ich habe keine Zeit, darüber nachzudenken«, entgegnete ich lachend, bezahlte und erzählte etwas von meiner Lufthansatheorie. Im Übrigen habe das Wasser als Element ja breite Füße, die uns tragen würden, und an Stürme dächte ich eigentlich nicht. Dann fuhr ich los. Wieder hatte ich das merkwürdige Gefühl in seinem Gesicht gesehen, das die Leute immer haben, wenn sie merken, dass andere ihre eigenen Träume erfüllen. Dann sehen sie aus wie Kinder. Vielleicht war es aber auch nur Angst und Sorge. Ich versprach, wiederzukommen.

Bei unserem Yacht-Elektrik-Händler bezahlte ich das Inmarsat-Telefon: 10 000,- DM! Mein Gott, was für eine Summe, aber wir wollten nicht zurück! Immerhin fielen mir die vier nicht durchgebolzten Halteschrauben für die Konsole der Rettungsinsel wieder ein und so besorgte ich vier neue acht Zentimeter lange Bolzen, die ich aus einer Laune heraus um weitere zwei ergänzte. Ich stand gerade vor der Halle, als mein Handy piepste: Matse. Ob ich schon in Wedel gewesen sei? Er brauche nämlich zwei acht Zentimeter lange Bolzen … Ich grinste, ging hinein und reichte ihm das Gewünschte. So lief es oft, ich weiß nicht, ob er mir das eingegeben hatte?

Der Tag wurde wieder lang. Georg kam irgendwann und verfiel in Depressionen – wie immer, wenn er mit maritimen Dingen umging. Früher waren wir mal mit etwa gleichen Schiffen unterwegs, doch später hat er sein Schiff verkaufen müssen. Peter war hart am Arbeiten und schaute streng; der Freitag war anstrengend gewesen. Dennoch war ich dankbar, denn in seiner Arbeitswut fragte er in regelmäßigen Abständen: »Und was nun?«, und schaffte ordentlich was weg. Am Abend waren alle Teakteile des Cockpits abgeschliffen und neu geölt. Ein Teil des Winterlagerstaubes war damit schon mal beseitigt. Die Saison schien immer anzufangen, sobald diese Arbeit erledigt war. Derweil machte ich mich mit Georg an das Relingsnetz. Auch die reparierten Schanzkleider seitlich des Cockpits mit dem Namen ANTIMALOCHE in großen aufgenähten weißen Buchstaben wollten wieder befestigt sein. Die Halle war so kalt, dass ich zwischenzeitlich meine Finger nicht mehr spürte. Dennoch wollte ich es zu Ende bringen. Um es kurz zu machen: Es gingen über 100 Meter Takelleine drauf und nochmals annähernd 50 Meter 4-mm-Vielzweckleine. Man gönnt sich ja sonst nichts. Das Relingsnetz hatten wir angebracht, seit Matse laufen konnte, und es wurde uns sozusagen zu einem psychologischen Halt an Deck. Auf Schiffen ohne Netz fühlte ich mich irgendwie immer in einer Hab-Acht-Stellung.

Irgendwann gegen Abend verließen sie mich alle, und ich war allein. Im Schiff war ein einziges Chaos. Der Kartentisch war übersät von Leitungsresten, Matse war fleißig gewesen. Das, was bereits fertig war, überzeugte durch absolute Perfektion. Das machte ihm so leicht kein Elektriker nach, wobei gute 12-Volt-Elektriker sowieso mit der Lupe zu suchen sind, denn mit einfacher Auto-Elektrik hat die Installation auf einem Schiff nichts zu tun.

Es war still an Bord, nachdem sie alle gegangen waren. Nur die Eberspächer-Heizung surrte – ein Geräusch, das ich gut ertragen konnte. Ich fühlte mich wohl und erdachte mir für einen Moment das fertige Schiff hier drinnen mit seiner behaglichen Atmosphäre bei Kunstlicht am Abend in einer ruhigen Bucht bei einem Glas Wein ...

Ich träumte. Dann musste ich leider aufräumen. So konnte ich etwas besser zwischen fertig und noch nicht angefangen unterscheiden. Auch machte ich Fotos für einen geplanten Artikel für die »Yacht« und Video-Aufnahmen für Bärbel. Als ich um 21.30 Uhr nach Hause kam, schimpfte Bärbel nicht mit mir, wofür ich dankbar war. Dafür hatte sie einen Gesundheitssonnabend verbracht und fühlte sich erschossen. Während sie erzählte, dachte ich an all die Male, die ich an diesem Tage von der Achterkajüte durchs Schiff über die Leiter nach unten und wieder zurückgelaufen war. Über Bewegungsmangel brauchte ich mir an solchen Tagen keine Gedanken zu machen.

Matse hatte die Wettersoftware »Easy-Wetter« und den Empfänger von ICOM mitgebracht. Ich brannte darauf, mir eine Wetterkarte anzusehen, doch vor dem Wunsch standen die leidigen Gebrauchsanleitungen. Zuerst sollte das Gehäuse geöffnet werden, um an einer in der Beschreibung kaum zu identifizierenden Stelle eine Einstellung in Richtung »Phones« vorzunehmen. Zunächst sah ich außer Elektronikbausteinen nichts. Dann entdeckte ich mit der Lupe einen kleinen Schalter von der Höhe vielleicht eines Millimeters, der nur mit einer winzigen Pinzette umzulegen war. Dann wollte ich die Teile zusammenstecken, aber wie? Es schien ein Kabel zu fehlen. Als Matse kam, war ich mit den Nerven fertig und wir installierten das Programm zusammen. So ging es besser. Dann kam plötzlich ein Geräusch aus dem Computerlautsprecher, was dem meines Kenwood-Empfängers bei Ritty-Empfang täuschend ähnlich war. Wenig später hörte ich den Deutschlandfunk und sah den ersten einlaufenden Wetterbericht, der vom System fehlerfrei dekodiert wurde. Nach nur einer Stunde waren bereits die Wetterdaten von zirka 150 Stationen aufgebaut und auf eine Weltkugel projiziert. »Uff!«, sagten wir beide – und freuten uns, dass wieder ein großer Schritt geschafft war. Der Sonntag war dieser Wettersoftware gewidmet, die wir am Abend ohne Gebrauchsanleitung so weit identifiziert hatten, dass wir wussten, zu was sie fähig war. Die Gebrauchsanleitung, auf der ich bestand, fanden wir dann auf der CD und ich konnte die 50 Seiten Anleitung auf dem Computer ausdrucken. Jetzt fühlte ich mich besser, weil ich jedes Detail nachlesen konnte. – Das Alter!

Herr Fischer, ein Patient von mir, kam auf meinen Wunsch vorbei und ich konnte ihm eine kleine Skizze für die Halterung der Inmarsat-Antenne auf dem Steuerbord-Davit übergeben, die er versprach, bauen zu lassen. Er ist Obmann auf der ELBE III im Museumshafen und ein netter, hilfsbereiter Mann. Wann ich die Halterung brauchte? Ich fragte, ob er schon einmal einen Segler kennen gelernt habe, der nicht gesagt hätte: »Vorgestern!« Er lachte. Ich mochte ihn in seiner ganzen Art. Er ist ein Mensch, der mir das Gefühl gibt, alles was er tut, gerne zu tun, auch wenn es nicht unmittelbar für ihn selbst ist.

Ich hatte vor, am nächsten Tag strittige Fragen zu klären, denn wir suchten nach einer Möglichkeit, die Schnittstellen des Laptops zu vervielfältigen, um die umfangreiche Ausrüstung richtig anschließen zu können. Das war sehr schwierig und klappte erst nach vielen Anläufen. Schließlich fanden wir eine Möglichkeit über das Steckkartenfach des Lappis, und danach war alles kein Problem mehr. Dennoch kam uns vieles, was wir ausprobierten, wie eine Pionierarbeit vor. So umfangreich waren wohl noch nicht allzu viele Yachten vernetzt ... Das gab uns Auftrieb, spornte uns an und ließ uns neue Vorhaben leichter beginnen.
Mitte Februar hatte ich sturmfreie Bude. Bärbel war mit Freundinnen zum Bummeln in der Stadt und Matse half bei der Abi-Zeitung. Ich kam wegen diverser Telefonate in arge Zeitnot, denn ich hatte noch so einiges vor. Ich wollte eine Abdeckplatte für die Funkbude herstellen, da nach dem Abbauen der alten Geräte ihre Rückwand wie ein Sieb aussah. Die großen Staufächer im Vorschiff waren bislang nur von oben zugänglich, sie sollten unterteilt werden, für die Obst- und Gemüsekörbe eine Zwischenablage und außerdem im unteren Bereich neue Zugänge bekommen. Ich arbeitete in Ruhe und mit Liebe zum Detail, wie ein Modelltischler für seine erste Ausstellung. Schließlich konnte ich noch das Ruder der Windselbststeuerungsanlage innen durch verschiedene Bohrungen mit Epoxy füllen. Das war notwendig, da im Laufe der Jahre Seewasser in das Ruder eingedrungen war. Ich wurde nicht gestört. Hatte ich bei meinen Gängen vom Haus zur Garage, in der ich die Zuschnitte machte, bemerkt, dass es mörderisch schneite, so fand ich es, mehr in Gedanken auf Karibik eingestellt, eher lustig, dass ich in den Holzsandalen nasse Füße bekam.
Erst spät rief Bärbel an und verkündete, dass sie mit den Freundinnen in der total verriegelten Innenstadt eingeschlossen sei, da die Kurden eine Parteizentrale besetzt hätten. Ich machte mir Sorgen. Mathias kam spät, aber er blieb erst sozusagen in der Auffahrt zum Grundstück in den Schneemassen stecken. Bärbel kam um Mitternacht und war mit den Nerven fertig. Ich verleimte noch grob die zugeschnittenen Leisten, dann musste ich in die Falle.
Natürlich war ich am anderen Tag alles andere als ausgeschlafen. Aber

mit wenig Schlaf zu arbeiten, wenn mich innerlich etwas ausfüllte, hatte ich zur Genüge in früheren Jahren trainiert. Es war damals üblich, uns Jungmediziner ein ganzes Wochenende auf den Beinen zu halten, und wir waren sogar jedes Mal stolz, diesem Leistungsaffront gegenüber standgehalten zu haben. Später war es der Notdienst per Taxe, manches Mal eine ganze Nacht nach einem normalen Tagesdienst, und am anderen Morgen hatte man wieder dienstbereit am Krankenhaus zu sein. Jetzt hielt uns die Begeisterung aufrecht. Die Begeisterung für einen Beruf, der immer etwas von einer Grenzsituation hatte, niemals alltäglich war, nicht die Beschäftigung mit einer toten Materie bedeutete. Ich empfand jeden Dienstbeginn wie den Anfang einer aufregenden Reise, auf der ich viel erlebte.

Bei diesem Dauerstress schien das Segeln eine neue, ganz andere Dimension zu sein. Früh fing ich an, nicht das kurze von A nach B, sondern die lange Reise zu lieben. Ich trainierte mit meinem Freund Horst Rosenmeyer, in die Nacht hinein bis zum anderen Morgen zu fahren, während sich unsere Frauen auf dem Nachbarschiff zu einem Klönschnack trafen. Dann kamen wir fröhlich zurück und unsere Stimmen erschallten im Hafen, als wären wir nach einer tiefen erquicklichen Nachtruhe voller Tatendrang an diesem jungen Morgen erwacht. Ein anderer Freund, Dieter, nistete das Einhandsegeln in unsere Köpfe ein. Wir waren 1971 die Ersten, die den Adam'schen Windselbststeuerer am Heck unserer Schiffe befestigt hatten, und kaum hatten wir die Hafenmolen passiert, ihn auch einschalteten. Auf diese Weise das Segeln und das eigene Schiff stressfrei und fern vom Ruder betrachten zu können, war uns ein Hochgenuss.

Dieser Windsteuerer erlaubte mir 1975 1000 Seemeilen allein über die Ostsee zu fahren, eine Reise, auf der ich viel mehr lernte, als auf allen anderen Fahrten zuvor. Es war geradezu ein Höhepunkt, allein den Hafen von Kopenhagen anzusteuern. Am Heck des Schiffes stand in großen Buchstaben »I am alone«, so brauchte ich in den Häfen nicht viel zu sagen – jedenfalls, wenn ich sie bei Tage ansteuerte, was durchaus nicht immer der Fall war. Ich hatte mich in den Wochen, die mir damals für meine Einhandsegelei zur Verfügung standen, sehr gut gefühlt. Ich hatte für mich geprüft, wie es ist, allein zu sein, und mich doch nicht allein gefühlt. Ich war eins mit dem Schiff, war angstfrei und stolz auf meine Leistung. Damals konnte es nur die Ostsee sein. Der Atlantik war zu fern.

Viele Geschichten stammen aus dieser Zeit, die abends an Bord die Runde machten. Damals war Dänemark noch ein Land des Staunens in seiner blitzsauberen Offenheit. »Und lernst du einmal einen Dänen kennen, dann sei sicher, er steht am anderen Morgen am Kai, um dir Lebewohl zu sagen!« So lautete ein Satz aus einem der vielen kleinen Dänemarkführer. Bagenkop hatte noch die so genannte erste und zweite Besentonne, die vor der Steilküste zu umfahren war, wenn man aus Südosten kommend dem Hafen zueilte. Meist war es später Nachmittag und die Sonne im Westen beschien die Küste und tauchte sie in ein goldenes Beige, während vom Turm der Bagenkoper Kirche die Glockentöne über den Berg rollten. Alles war neu damals, und im ruhigen Fischerhafen blieb Zeit zum Nacherleben der Abenteuer. Abends war ein Gang zum Bagenkoper Kro angesagt, in dem es noch die legendäre »Bagenkopplatte« gab, die wir selbst bei größtem Hunger nicht bewältigen konnten. Bei einem Snaps und einem guten Tuborg-Bier erglühten die Gesichter. Es war – und manchmal nur am Wochenende – immer wie ein langer erholsamer Urlaub, von dem man zurückkehrte mit Fernblick in den Augen. Tja, wir konnten die Geschichten des Seglers »Gustaf« gut verstehen, der an den langen Winterabenden über den Zeitungsrand zur Gardinenstange des Wohnzimmers blickte, sozusagen den Blick in die Ferne heftete, und in Gedanken segelte.

Die Hilfsmittel, die wir damals hatten, waren auf ein Mindestmaß beschränkt, Kompass und Echolot war alles, was uns zur Verfügung stand, aber wir schienen immer zu wissen, wo wir waren. An die Stelle des Nichtwissens setzten wir neue Vorstellungen. Die Ungenauigkeit der Position durch das strömende Wasser blieb meist, aber die Abweichung durch den Wind lernten wir durch den Winkel, den das Kielwasser mit der Vorausrichtung des Schiffes bildete, einschätzen und korrigierten mit dem »Daumen«. Damals war das Erlernen der Astronavigation noch ein sinnvoller Sport. Sich vorzustellen, dass man je ständig genaueste Ortskenntnis haben könnte, war damals ein Wunschtraum, der heute Realität ist, wie vieles andere auch: Heute ist es möglich, mitten auf dem Atlantik in Minutenfrist die zuständige Seenotleitstelle in Bremen im Falle einer Gefahr zu alarmieren! – Das Bedauerliche daran ist, dass heute kaum jemand die alten Verfahren noch lernen will, weil auch das Segeln eine Fortbewegung wie auf Schienen geworden ist.

Ich hatte mir vorgenommen, die neuen Verfahren voll zu nutzen, aber die alten nicht zu vergessen. Matse wiederum lernte daraus.

Ende Februar schien der Winter eine Verschnaufpause zu machen, was für uns das Gegenteil bedeutete: Nun sollte das Unterwasserschiff gestrichen werden. Außerdem hatte ich die diversen neuen Sachen einzubauen und Matse würde wohl wieder den Strippenzieher spielen, jedenfalls, wenn er die Kurve zum Hafen noch bekam, da er kurz zuvor zu einem Abiturbesäufnis eingeladen worden war.

Ich war fast pünktlich. Als ich losfuhr, war Matse immerhin schon aufgewacht. Peter meldete sich etwas müde aus der Tiefe der Halle. Glücklicherweise war es immerhin wesentlich wärmer als sonst. Zunächst wurde der Kiel geprimert. Nach dem Abkleben des Wasserpasses malte Peter das Unterwasserschiff und ich ging nach drinnen, um die neuen Backskistenöffnungen einzubauen. Zwischendurch bohrte ich eine Splintdurchführung durch die 30-mm-Welle, um damit die neue Schraube zu sichern. Die Bohrung saß perfekt und der Sicherungssplint konnte verbolzt werden. Matse verkabelte das Inmarsat-Telefon, die Halterung für D2 und baute einen Kabelkanal, der die umfangreichen Kabel zum Lappi aufnahm. Auch das 12-Volt-Teil für den Laptop fand unter dem Kartentisch Platz. Der Stromverbrauch des Computers lag bei einfachen Programmen ungefähr bei 2 Amp. Nicht wenig, aber notwendig. Auch im Schrank hinter der Funkbude sah es noch wüst aus, und so langsam saß uns der Wasserungstermin im Nacken ... Wir mussten dringend daran denken, die Talkringe für die Stopfbuchse zu besorgen, auch waren die vier Seekegelventile neu zu fetten. Das nächste Wochenende würde diesen Arbeiten gewidmet werden. Alles andere hatte Zeit bis nach der Wasserung. Unser Ehrgeiz lag natürlich darin, schnell mit stehenden Masten den Bereich des Winterlagers zu verlassen, um in den City-Sporthafen zu fahren. Die Entfernung zum Schiff war dann vom Haus aus wesentlich kürzer, und vor allem lagen die wichtigsten Geschäfte in unmittelbarer Nähe.

Wir hatten alle unsere Termine. Ich mein Abitur, Helmut und Bärbel die Praxis. Wir standen sozusagen unter Dampf. Noch schien nicht hundertprozentig geklärt, ob wir unsere Termine rechtzeitig und in der richtigen Art und Weise auf die Reihe kriegen würden. Dennoch ordnete sich alles wie erträumt. Manchmal kommen einem die Dinge eben doch entgegen. Denn die Alternative, diese Reise zu verschieben, wollten wir nicht ernsthaft diskutieren.

Große Gedanken über die Bedeutung einer solchen Reise? Um Gottes

Willen, nein! Wir – ich – machten einfach. Jedes Wochenende ein kleines
Stück, und so entstand immer mehr etwas, was uns nicht mehr losließ.
Segeln war in unserer Familie immer aktuell. Für mich zum ersten Mal
im Alter von drei Monaten. »Ich bin schon zur See gefahren, da warst du
noch gar nicht geboren«, – bei solchen Sprüchen werde ich immer als Ange-
ber abgestempelt. Dabei stimmt es einfach. Da lag ich auf rutschfester
Unterlage im Vorschiff, während meine Eltern mit dem aufkommenden
Seegang beschäftigt waren und mich fast vergessen hätten. So was prägt,
ich wurde schnell selbstständig. Ab einem bestimmten Alter gab es dann
die üblichen Kompetenzstreitereien zwischen Vater und Sohn. Trotzdem
blieb unser Tun ein Gemeinsames. Wir fanden immer irgendwie eine
Linie, eine Übereinstimmung, die sich bis heute gehalten hat. Ich habe das
nie bereut.
Wenn ich mit Leuten meines Alters über unsere geplante Segelreise sprach,
kam nie ein Aufleuchten ins Gesicht, nie der Wunsch, das Gleiche als
Erfüllung langer Träume zu tun. Nein, es war immer der Gesichtsaus-
druck von nicht offen geäußertem Neid oder des völligen Nichtverstehens.
Ein merkwürdiges Gefühl. War das alles so neben der Spur, was wir plan-
ten? Ein eigentlich verrücktes Unterfangen, das ich lieber vergessen soll-
te, um nicht meine Integration zu gefährden? Der Zeitaufwand der Vor-
bereitungen war jedenfalls oft ein Streitpunkt. Wie sollte ich das erklären?
»Ich muss halt jetzt an dem Schiff arbeiten, damit ich dann ein Jahr in der
Karibik sein kann.« Kam es wirklich so rüber? Wahrscheinlich.
Die ANTIMALOCHE ist älter als ich selbst, ein Serienschiff, das im Laufe der
Zeit eine echte Seele bekommen hat und leider auch sehr sensibel ist. So
mussten wir aufpassen, was wir über andere Schiffe sagten. War es zu posi-
tiv, war die nächste große Reparatur nicht mehr weit entfernt. Eine Regel,
die sich oft bestätigte. Eitelkeit ist halt manchmal auch ein Zeichen für den
Wert ...

Der Laptop stand anfangs immer im Wohnzimmer bereit, sodass ich,
wenn ich nach Hause kam, noch meine Aufzeichnungen machen konnte. Da entdeckte ich abends, dass sich Matse gemeldet hatte. Er schlief
schon. Ich dachte nach. Eine schöne Idee. Irgendwann, wenn wir da
draußen auf den langen Distanzen waren, konnte das ein Zwiegespräch
werden zwischen Vater und Sohn ... obwohl, das war es ja bereits jetzt!
Ein Zwiegespräch, das sich zudem täglich in dem ausdrückte, was wir
gemeinsam machten.

Am Sonntagabend war ich geschafft. Ich hatte das Gefühl, viel getan zu haben – und doch blieb so vieles unerledigt!

Darüber musste ich nachdenken, aber heute auch noch dringend über etwas anderes. So stahl ich mich aus dem Haus und machte einen Spaziergang, während die Familie schlief.

Im Takt meiner Schritte dachte ich an diesen von mir so lange gehegten Traum der Atlantiküberquerung. Ich merkte deutlich, dass der Wunsch all die Jahre nicht verdrängt werden konnte und sich jetzt wieder mit der frühen Intensität zeigte. Wünsche drängen immer wieder an die Oberfläche, das ist eine Tatsache.

Ein Teil der Hartnäckigkeit, mit der ich unser Vorhaben voranbrachte, war aus dem alten Gedanken geboren, mir ganz egoistisch die Freiheit an Zeit zu nehmen, eine Arbeitspause einzulegen. Das machte mir schon ein schlechtes Gewissen, denn es stellte sich ja die Frage, inwieweit ich meine Familie, meine Frau und meinen Sohn als direkten Mitstreiter, meinem Wunsch unterordnete. Waren die Wertigkeiten da noch richtig? Das musste ich nochmals prüfen.

Hatte ich meinen Traum unbewusst (und doch bewusst) an meinen Sohn weitergegeben? Hatte ich ihn gezielt so früh an allem teilhaben lassen, weil ich gar nicht anders konnte, als meinen eigenen Wünschen zu gehorchen? Und war er mir nicht manchmal geradezu beängstigend ähnlich?

Lange schon segelten wir zusammen und es war egal, wer was tatsächlich tat; immer schien es so zu sein, als wenn ich es selbst gemacht hätte. So konnte Matse nie wirklich in meine Kritik geraten, denn er machte die Dinge ja so, wie sie mir entsprachen. Doch wo blieb da die Verantwortung? Wenn ich mich als den verantwortlichen Initiator sah, dann manipulierte ich ihn mit meinem Wunsch. Er war doch eigentlich noch so jung! Unser jetziges Vorhaben hatte doch eine ganz andere Dimension, als nur wenige Wochen andauernde gemeinsame Urlaube. Jetzt würde Matse ein ganzes Jahr durch das Segeln »fremd« bestimmt werden. Wie würde er das später sehen? War die unterschwellige Angst, die ein solches Vorhaben beinhaltete, nicht zu viel für ihn? Konnte ich ihn wissentlich einer unter Umständen nötig werdenden Verdrängungsleistung aussetzen?

Bärbel war ganz sicher von der Gefährlichkeit unseres Vorhabens überzeugt. Wenn wir darüber redeten, dann hing natürlich dieses Grundgefühl »es wird schon nichts passieren« wie eine Beschwörungsformel im

Raum. Dennoch war sie sich ihrer Angst bewusst. Ich selbst sprach nicht von Angst, sondern von Risiko, das zu kompensieren war. Einer der Gründe, warum wir so ausgiebig planten und pingelige Vorbereitungen trafen, war ja gerade unsere Fantasiebegabung. Wie ein Film stand uns die Vorstellung eines Misslingens oder gar einer Katastrophe jederzeit zur Verfügung.

Wieder in unserem Garten angekommen, konnte ich noch nicht zu Bett gehen, sondern setzte mich auf die Bank in der Tiefe des Gartens und sah auf das Haus, das friedlich wie ein Schiff in einem windstillen Hafen lag. In Matses Zimmer war noch Licht, auch im Wohnzimmer brannte eine Leselampe, so lugte etwas Helligkeit in den Garten.

Schon bald, Anfang Mai, wollten wir mit den vorherrschenden Ostwinden zur ersten Etappe nach England aufbrechen. Dort sollte das Schiff eine Weile in einer sicheren Marina liegen, bis wir drei in den nachfolgenden Sommerferien den Weg möglichst bis zu den Kanaren fortsetzen konnten. Diese Etappe wollten wir in jedem Falle zu dritt machen. Eines aber stand schon jetzt fest: Bärbel würde nicht mit über den Atlantik gehen. Alles, was wir nach den Kanaren geplant hatten, würde von Matse und mir bestritten werden. Das aber bedeutete, dass er im Grunde bis zur Rückkehr nach Hamburg alleine für die Organisation vor Ort zuständig sein musste, denn ich würde nur jeweils für vier bis fünf Wochen der Praxis fernbleiben können. Damit musste ich mich abfinden. Zugleich war dies genau das, was ich gewollt hatte: Ich wollte die großen Distanzen segeln, wie zum Beispiel von der alten Welt nach Amerika (wobei das Unterwegssein das eigentliche Ziel war, Amerika war dabei weniger wichtig. – Ich war sicher, dass das Matse ebenso sah).

Ich saß noch eine ganze Weile da und fühlte mich nicht gut, weil ich meine Bedenken nicht einfach beiseite schieben konnte. Inwieweit war Mathias mit meinen Wünschen, von denen ich ihm immer erzählt hatte, identifiziert? War er wirklich frei in seiner Entscheidung? Er sollte jetzt das tun, was ich schon lange gewollt hatte. Doch wenn ich ihn morgen nochmals fragen würde, ob er das, was wir planten, auch wirklich wollte, würde er mich sicher für verrückt erklären und die ganze Frage überhaupt nicht verstehen.

Langsam und leise schlich ich mich ins Haus, um noch etwas Schlaf zu finden. Die Tür zum Zimmer meines Sohnes stand offen. Die Lampe brannte immer noch – er war über einem Buch eingeschlafen, erschöpft von der Arbeit am Schiff und der Vorbereitung für das Abitur. Dennoch hatte er ein ganz entspanntes Gesicht, fast stand da ein Lächeln. Vielleicht segelte er schon ein wenig voraus über den Atlantik? Plötzlich sah ich ihn als kleines Bündel von 50 cm Länge im Kreißsaal eben auf die Welt gekommen. Wo war die Zeit geblieben? Nun war er ein junger Mann. Was hatten wir, die Eltern, schon alles falsch oder richtig gemacht? Wir würden auch weiterhin aufpassen und keinesfalls verhindern, dass er weiter wuchs, das nahm ich mir ganz besonders vor. Aber ob ich jemals mit ihm so detailliert über meine Gedanken und Sorgen sprechen würde? Kopfschüttelnd ging ich endlich zu Bett.

Am nächsten Tag war ich wie zerschlagen und zweifelte daran, Gutes getan zu haben, wie ich mich früher gerne ausgedrückt haben würde. Irgendwie waren die Koordinaten verschoben. Wir waren dabei, etwas zu tun, was niemand von uns erwartete und viele eben deshalb nicht verstanden. Im Übrigen fuhren wir weder Mercedes noch eine Swan, eine der Renommieryachten, die nur Wenige bezahlen können. Unser Schiff war eine alte, einfache und relativ kleine Langfahrtyacht, englisch, rustikal und weitab von schwedischen oder finnischen Bootsbauidealen. Wobei ich ja gar nicht bestreiten will, dass unser Schiff im Laufe der Jahre eine Seele bekommen hatte, wie Matse meint.

In der folgenden Woche war ich stets müde, wenn ich an die Belastungen des Tages dachte, aber sehr locker, wenn ich mir vorstellte, dass ich dem Schiff in der Halle einen kurzen Besuch abstatten könnte.
Am Mittwoch war ich regelrecht knurrig, denn der Verkauf einer Eigentumswohnung klappte nicht so, wie ich mir das vorstellte. Doch dieser Verkauf sollte unsere Reise sichern! Segeln kostet eben. Unser Schiff sollte bewacht in sicheren Marinas liegen und die waren heute nicht billig. Außerdem würde unser Plan viele teure Flugstunden kosten, da wir die Flugtermine nicht immer rechtzeitig vorher festlegen und somit auch nicht immer auf ein Flug-Schnäppchen warten konnten.
Anderntags sah die Welt zum Glück wieder fröhlicher aus. Auf einer Posterreklame mit dem Bild einer breit aus dem Wasser herausragenden großen Walflosse inmitten schwach bewegter See unter blauem Himmel las ich den Text: »Entdecken Sie neue Kontinente, indem Sie die alten Küsten verlassen.« Ein guter Wahlspruch!
Die Zeit verging mit Patienten und Arbeiten am Schiff. Abends füllte ich die Formulare für das Inmarsat-Telefon aus. Was die alles wissen

wollten! Ich hatte Mühe, die ganzen Daten zusammenzusuchen – ich hasse solche Arbeiten. Mir fällt zuverlässig jede kleine Schraube, jeder Haken, jeder Beschlag ein, den ich noch besorgen muss, wenn ich mich zufällig oder bewusst in einem geeigneten Geschäft aufhalte, aber Formulare waren mir schon immer ein Gräuel. Zwischendurch hatte ich auch das Holz für eine neue Halterung zuzuschneiden. Ich hatte mir eine klappbare Ablage neben der Spüle überlegt, um die Stellfläche etwas zu vergrößern. Die erste Verleimung brachte ich in die Zwingen, dann war ich zu müde. Am Abend verleimte ich die nächste Serie und bereitete die Werkzeugkörbe vor, denn Matse brauchte am Freitag nicht zur Schule und wollte aufs Schiff, um Kabel zu ziehen. Es wurde auch Zeit, dass wir etwas weiterkamen, denn der Wasserungstermin rückte immer näher. Allmählich wuchs die Spannung in mir und ich konnte den 08.03.99, an dem das Schiff ins Wasser sollte und ich für 14 Tage frei haben würde, kaum noch erwarten.

Doch erst kam das Wochenende und mit ihm wieder viel Arbeit. Unter anderem widmeten wir uns der zweiten UKW-, der Inmarsat- sowie (auf meinen Wunsch!) einer Fernseh-Antenne, dem Unterwasseranstrich, der Kühlbox und natürlich meiner Klapphalterung für die Spüle. Das Anpassen ging nur zu zweit. Das Auflagebrett musste gehaltert werden und zum Schluss kamen die Schnäpper. Als ich das Brett eingebaut vor mir sah, dachte ich: »Warum nicht schon viel früher?« Es sah so integriert aus, als wäre es schon immer da gewesen. Ich spürte jeden Knochen, aber wir waren ein gutes Stück vorangekommen: Vor allem konnte das Schiff nun zu Wasser. Noch drei Tage ...

Ja weiß Gott, die Samstage waren nicht immer sehr knochenschonend. Oft hatten Helmut und ich einen wunden Rücken am nächsten Tag. Wir arbeiteten schnell und machten Fortschritte, trotzdem war ich in diesen Tagen nicht so ganz bei der Sache. Ich arbeitete langsamer, etwas weniger engagiert, schielte immer wieder zu meinem Telefon und verwünschte es gleichzeitig, denn es wollte nicht klingeln, – und »sie« nicht anrufen ... Alles musste man selbst erledigen. Na ja, selbst Schuld, wer kein Handy hat, braucht auch nicht aufs Klingeln zu lauschen.
Am Montag waren es nur noch sieben Tage bis zur Wasserung, der übliche Hamburger Dauerregen ließ aber noch nicht locker. Helmut kämpfte mit den letzten Arbeitstagen, der Ferienanfang nahte nur sehr langsam.

Ich hatte vor, am Dienstag nochmals nach Wedel zu fahren, um die Anten-
nen anzuschließen. Dabei kamen mir zahllose Flüche über die Firma Sai-
lor hoch, die ihr blödes UKW-Gerät, an dem wir geprüft worden waren,
einfach nicht liefern konnte. Wozu hatten wir denn das neue Funkpatent
gemacht, wenn es jetzt an dem Gerät scheiterte? Ob Kolumbus ähnliche
Probleme hatte? Zwiebeln zu kaufen würde für uns jedenfalls wohl kaum
zum Verhängnis werden.
Anders sah es da schon mit den restlichen Fressalien aus. Wie viel Kaffee,
Hautcreme, Cola, Wasser, und, und, und war nötig? Kaum war die Men-
ge festgelegt, kam die große Frage nach dem Stauplatz. Eine Diät auf der
Fahrt zu machen, schien uns irgendwie nicht ganz passend, eher wollten
wir dann schon auf ein paar Bücher verzichten. Oder vielleicht doch mehr
Bücher und weniger CDs und Zahnbürsten? Allerdings – Anfang März
waren wir noch längst nicht so weit, zunächst einmal waren die unzähli-
gen Löcher im Schiff abzudichten.
»Ja Helmut, klar, ich denke an die Talkringe, hast du mich je anders
gekannt?«
»Ja!«, meinte er trocken und hatte Recht, ich hatte sie wirklich seit dem
Herbst aus meinem Hirn gestrichen. Wer fragt, warum, soll mal versuchen
in Hamburg 5 mm starke Talkringe als Meterware zu besorgen! So flogen
die Frotzeleien zwischen uns hin und her, und so würde es noch einige Tage
laufen. Die vergessenen Dinge und scheinbaren Probleme sollten sich spä-
ter regelmäßig entweder als nicht so schwer wiegend oder als leicht lösbar
erweisen, hoffentlich ...
Übrigens fanden wir unsere Ansprüche eigentlich ganz normal. Keiner von
uns glaubte, dass das zur See fahren mit den Möglichkeiten des Erlebens
unbedingt Askese bedeuten müsse. Das Schiff war bereits früher von ande-
ren Seglern als »Hotelschiff« verschrien worden. Wir trachteten danach,
Seefahrt bequem zu gestalten und dazu gehörten warmes und kaltes Was-
ser, gutes Essen, Bücher, Musik und eben der ganze Kram, um den wir uns
jetzt so bemühten. Unsere Reiselust war eine Sache und dreckige Füße und
Holzsandalen eine andere. Das muss man nicht vermengen. Eine Koje kann
ruhig bequem sein, wenn schon die See manchmal nicht bequem ist
Und wo wir gerade bei »bequem« sind: »Helmut, was ist eigentlich mit den
neuen Polstern?«

Die waren schon längst bestellt, das wusste Matse nur noch nicht.
Ich war sehr angetan, wie intensiv und frisch Matse aus seiner Perspek-

tive die Dinge beschrieb. Bei mir klang das alles so entschieden und real. Er aber sah die Dinge auch spielerisch, leicht und frisch. Dennoch verbanden sich diese beiden Sichtweisen wortlos im gemeinsamen Tun. Zwischen uns hing vieles zwischen den Zeilen, über das wir nicht sprachen. Auch nicht während der spannenden und anstrengenden Phasen der Reise.

Heute kann ich das alles besser begreifen und verstehen, und ich glaube, dass es Matse ebenso geht. Mehr miteinander zu reden, hätte uns vermutlich die Kraft zum Weitermachen genommen. Vielleicht hätten wir die Dinge zerredet.

Man kann unsere damalige Befindlichkeit mit einer stimmigen Beziehung vergleichen, die so ist, weil niemand sie infrage stellt. Denn wenn man eine funktionierende Beziehung hinterfragt, ist sie bereits gestört. So aber waren wir zwei selbstständige Glühkerzen eines funktionierenden Diesels, die im Gleichtakt des Systems funktionierten.

Ich hatte erst mal Ferien. Vor uns lag ein gedrängtes Programm. Jetzt hatte ich ja Zeit, die Dinge voranzutreiben. Also ran an den Speck. Zuerst einmal Telefonieren. Wir wollten ein Faxgerät. Nera informierte uns endlich, warum ein normales Fax und damit auch die Inmarsat-Software nicht funktionierten. Es lag an den langen Distanzen, die ein normales Faxgerät vorzeitig zum Aufgeben zwingen. Schließlich betrug die Entfernung über die geostationären Satelliten 2 x 36 000 Kilometer. Die Geräte von Nera waren speziell für diese Situation verändert. Leider brauchte das Gerät 220 Volt, aber wir hatten ja einen Konverter und es würde schließlich nicht ständig in Betrieb sein. Also war das geklärt.

Leider war mit DSC, also mit dem neuen UKW-Funkgerät, nichts zu machen. Das Gerät würde für uns zu spät zur Auslieferung kommen. Inzwischen war aber die Hörwache auf Kanal 16 bis ins Jahr 2005 festgeschrieben. Es gab also keinen dringenden Handlungsbedarf mehr.

An einem heißen Donnerstag packte ich meine Kisten erneut. Auf der Werft fragte mich jemand, ob wir am Montag ins Wasser wollten? Ich blieb ruhig. »So schnell wie möglich«, sagte ich leichthin. Ich wusste, was kam. Wieder war das Schiff in den hintersten Winkel der Halle gestellt worden. Jetzt war es natürlich mit Arbeit verbunden, es da herauszubekommen. Sollte ich da Mitleid haben? – Leider sind immer die Werftarbeiter diejenigen, die am wenigsten Schuld tragen und dennoch alles ausbaden müssen.

Ich lackierte mehrfach das Namensschild am Heck und wärmte den Lack mit einem 500-Watt-Strahler. Leider verursachte die Hitze Blasen, sodass ich das Schild erneut schleifen musste. Gegen Abend war jedoch ein fast schon deckender Farbanstrich zu sehen. Die Randleiste neben der Kühlbox in der Segelstaukammer wurde zugeschnitten und verschraubt. Dann befestigte ich die Kabelführung wieder und vor allem die Heizung, die ja vorübergehend ausgebaut werden musste. Den Teil der Staukammer, in dem sich überwiegend Aggregate befanden, trennte ich mit einem neuen »Relingsnetz«, so konnte über dem Heißwasserboiler immer noch Diverses verstaut werden. Auch die Ersatzleinen und Schoten bekamen ihren Platz an diversen Haken. Der Feuerlöscher wurde ebenfalls fixiert. Dann brachte ich Fender aus und legte zwei Steuerbordleinen parat. So langsam wurde unsere ANTIMALOCHE wieder zum Schiff. Die Klapphalterung für die Pantry war zu Hause schon lackiert worden und konnte nun endgültig platziert werden. Angesichts dieser Perfektion machte ich erst mal eine Kaffeepause. Bärbel und Matse meldeten sich. Mein Sohn klang etwas müde. Stress, meinte er, aber ich glaube, es war etwas anderes. Er dachte wohl über das nach, was er demnächst aufgeben würde, und war sich nicht sicher, wie seine nahe Zukunft aussehen würde. Vielleicht war es aber auch die Freundin, die ich bislang nicht kannte ...

Vielleicht, ja. Aber auch ein Vater muss ja nicht alles wissen. Und was heißt hier Freundin, schließlich war ich Seemann ... Im Ernst, ich hatte nicht die Ruhe für irgendeine Beziehung, die ja im Übrigen dann auch bald ein jähes Ende gefunden hätte. Trotzdem war die Vorstellung verlockend, ein wenig Normalität in meinen Alltag einkehren zu lassen. Denn war ich nicht in der Schule oder auf dem Schiff, versuchte ich den Spagat zwischen Land und Wasser. Meinem ganzen Jahrgang, einschließlich mir, schienen sich die Haare zu sträuben, wenn wir an die bevorstehende Trennung von der Schule dachten. Und doch, wie war das denn da draußen? Jedenfalls konnte ich das Flirten nicht lassen.

Hier also lag die Problematik, die Unsicherheit, die innere Zerrissenheit, das Abwägende, die Grenze zwischen dem Alten, Heimischen, dem Bewährten und dem Neuen, voller Reiz und Unsicherheit. Schon damals hatte Matse es in der Chronologie unserer Aufzeichnungen geschrieben und ich hatte es überlesen, vielleicht nur an eine Störung gedacht ...

40

Unser Vorhaben drängte, alles andere hatte sich dem täglichen Tun unterzuordnen. Gerne würde ich Matses Gedanken in die Normalität eines Entwicklungsschubes einordnen, dem er sich so souverän stellen würde, wie er bislang alles gemeistert hatte.

Doch rückwirkend betrachtet sehe ich vor allem seine Bedenken sowie seinen Mut, sich auf eine so intensive Beziehung mit dem Vater einzulassen. Jeder fantasiebegabte Mensch kann sich vorstellen, dass es eine kompliziertere Beziehung kaum geben kann. Der Vater, das ersehnte Ideal und gleichzeitig der verhasste Nebenbuhler ...

Wir hatten eine Menge gewagt, heute weiß ich das: Die Atlantikroute dauerte 25 und die Azorenroute 20 Tage. Es prüfe sich jeder Vater und jeder Sohn, ob sie sich solche Nähe bei gemeinsamem Tun über so eine lange Zeit auf einem kleinen Schiff ohne jeden Fluchtweg vorzustellen vermögen. Und doch haben wir es geschafft. Und sogar davon profitiert, jeder von uns hat seinen Gewinn aus diesem Erlebnis gezogen. Wir waren jeder wie ein Arm des anderen.

Am Schiff hatten wir weiterhin mit Problemen zu kämpfen: Aufgrund der diversen Kabeldurchführungen glich der Fuß des Besans einer Siebplatte. Außerdem befand sich hier eine Leckage genau über meiner Koje. Es musste ein Schwanenhals her, zuvor aber waren alle Anschlüsse zu entfernen und die Löcher mit Epoxy-Spachtel zu verschließen. Das Ganze wurde dann mit einer mehrfach verleimten Holzplatte bedeckt. Als ich auf die Uhr schaute, war es bereits nach 22 Uhr. Es reichte, Bärbel wartete zu Hause, denn es gab einen Grund anzustoßen: Die Wohnung war verkauft, und so war die finanzielle Seite unseres Unternehmens gesichert. – Hurra!

Morgen hatte ich mich erst mal ein wenig um häusliche Dinge zu kümmern. Ich brauchte eine Pause. Obendrein ging mir das Thema für einen »Yacht«-Artikel durch den Kopf. Herr Gunkel, stellvertretender Chefredakteur der »Yacht«, hatte inzwischen angerufen und war sehr interessiert an unserem Vorhaben. Bis dieser Artikel aber stand, verging eine geraume Zeit. Ich hatte mir bis zu diesem Zeitpunkt lediglich vorgenommen, darüber zu schreiben, was wir im Augenblick taten. Ob wir unser Vorhaben auch tatsächlich umsetzen würden, konnten nur wir selber wissen. Um die Geschichte abzukürzen: Kurz nachdem die ANTIMALOCHE den Hafen von Las Palmas auf Gran Canaria erreicht hatte, erschien ein sehr schöner Artikel.

Am Wochenende lief der eigentliche Countdown vor der Wasserung. Ich versuchte aufzuräumen, doch es schien unmöglich zu sein, unser eigenes Chaos wenigstens dürftig zu beseitigen. Matse war unglaublich fleißig. Er verlegte so ziemlich alle restlichen Leitungen, insbesondere die Antennen. Auch die Anschlüsse für den Laptop wurden durchprobiert. Gegen Abend bekam Bärbel, während wir gleichzeitig mit ihr telefonierten, unser erstes Fax. Das funktionierte trotz der in der Halle nur geringen Antennenwirkung sozusagen vollautomatisch über den PC. Fantastisch. Das Rückfaxen konnten wir jedoch nicht erproben, da die Leitung von D2 noch nicht freigegeben war. Am Abend waren wir geschafft. Der Sonntag war dann dem Einrichten vorbehalten. Mit den Polstern und Kissen bekam der Innenraum wieder seine behagliche Atmosphäre. Bärbel besuchte uns am Nachmittag. Sie war begeistert. Bis dahin hatte sie uns bauen lassen und war nur durch unsere Erzählungen und ab und zu durch einen kurzen Videostreifen auf dem Laufenden. Die Realität erstaunte sie dann doch. »Ein völlig neues Schiff«, meinte sie. Am anderen Morgen waren Matse und ich ziemlich nervös.

Ich hatte mich auf alles eingestellt, denn, wie gesagt, es war die ganze Halle zu entleeren, um die ANTIMALOCHE frei zu bekommen. Erstaunlicherweise war das Tor zur anderen Seite geöffnet worden und die Schneise zu unserem Schiff fast frei. Ich verstaute einige Sachen, kramte die Videokamera aus dem Gepäck, entfernte die Leiter und das Ladekabel und wartete. Matse traf etwas später ein, er war genauso angespannt wie ich. Im Grunde ging es nur um eines: Waren die ausgetauschten Ventile dicht? Wir wollten uns nur ungern blamieren. Der Hafenmeister »West« in Wedel wurde eingeweiht. Wir waren um diese frühe Zeit das einzige Schiff, das ins Wasser kam.

»Alles kein Thema, ihr habt Zeit«, meinte er. Wir waren dankbar für sein Verständnis. Ich machte Aufnahmen von der Lage der Tragegurte im Kran für spätere Verwendung in Häfen, wo danach gefragt wurde, weil sonst niemand die Verantwortung beim Kranen übernehmen würde.

Allmählich senkte sich das Schiff ins nasse Element, immer wieder ein spannendes und erhebendes Gefühl. Dann kletterten wir die Leiter nach unten. Hastig wurden sämtliche Ventilzugänge frei gelegt, bis es endlich feststand: Das Schiff war dicht! Wir fielen uns in die Arme.

Die Maschine brauchte eine Weile. Dann tuckerte der Diesel nach langer Pause und wir atmeten auf, denn er war sozusagen die Versorgungszentrale für das Schiff, und das bedeutete Strom und zumindest in dieser Jahreszeit und Gegend auch Wärme. Wir fuhren gegenüber an einen Steg und genossen, dass unser Schiff wieder schwamm. Während Matse das Auto zur Werft fuhr, machte ich einen kleinen Trip durch den Hafen. Mir war recht mulmig zumute, da der Bagger dabei war, den Hafen vom Tidenschlick zu säubern und die Tiefe bei dem zurzeit herrschenden Niedrigwasser stellenweise nicht auszureichen drohte. Doch es ging gut. Die Rigger hatten für diesen Tag keine Meinung mehr, obwohl das Setzen der Masten abgesprochen war. Wir bekamen aber einen Termin für den nächsten Morgen um 09.00 Uhr. Jetzt war Zeit, das Schiff auch ohne Masten in Ruhe fertig zu machen. Wasser musste her, um die Tanks zu spülen, doch die Wasserpumpe wollte nicht anspringen. Als Matse alle möglichen Leitungen freigelegt hatte, kam er auf eine Idee. Wenn gleichzeitig die Sicherung der Duschpumpe eingeschaltet wurde, lief auch die Frischwasserpumpe. Also ein Fehler von Rolf? Der hatte die Anlage eingebaut.

Die neuen Sicherungen wurden zugeordnet. Die Kühlbox lief auf vollen Touren. Die Anschlüsse am Laptop für D2, Inmarsat und USB-Maus sowie für die Tastatur funktionierten. Gegen Abend probierten wir die ersten Telefonate mit Inmarsat. Jetzt verstanden wir auch das Fax-Problem, weil nach dem eigenen Sprechen immer eine Pause folgte, bis der Teilnehmer sich meldete. Das war die Auswirkung der Distanz von 76 000 km! Um die Anrufbarkeit zum Schiff zu überprüfen, riefen wir über D2 unsere Inmarsat-Nummer. Ein gutes Gefühl, als nach einer kurzen Pause die Satellitenanlage klingelte und darauf wartete, dass wir uns meldeten.

Endlich war Schluss, wir suchten uns in Wedel ein Lokal und hatten Glück. Es gab zwei Riesenteller mit pikantem Salat und anschließend Roastbeef mit Bratkartoffeln. Das tat gut. Bärbel hatte derweil eine Verabredung mit ihrer Freundin, weshalb wir bei unserer egoistischen Fresserei kein schlechtes Gewissen haben mussten. Als die Müdigkeit über uns herfiel, gingen wir in die kalte Koje. Wir schliefen fest und traumlos einen verdienten Schlaf, denn wir hatten seit Anfang des Winterlagers eine stramme Leistung vollbracht und das Bewusstsein um diese Tatsache ließ uns gut schlafen. Nach Sigmund Freud bedurfte es keiner weiteren Wunscherfüllung!

Der nächste Tag wurde schön und sonnig, wenn auch kalt, und ich dachte insgeheim an eine Heizung, die per Fernbedienung aus der Koje gestartet werden konnte. Matse rief ich erst, als das Frühstück auf dem Tisch stand. Wir hatten noch Zeit. Die Rigger kamen erst gegen 09.30 Uhr. Wir fuhren zum Mastenkran und passten im Wesentlichen auf. Die Masten standen nach einer halben Stunde so weit, dass das Nachriggen am Werftsteg besorgt werden konnte.

Wir hatten den Tag noch vor uns und nutzten die Windstille, um zunächst die Reffgenua zu setzen. Das war das erste Mal, dass uns die Puste ausging. Dann kam der Besan als Erholung und schließlich das Groß, wieder eine schweißtreibende Arbeit.

Dann wurden die Kabel unter Deck gefiert und angeschlossen.

Endlich lohnte sich die Arbeit des Maststellens mal! Schließlich wussten wir, dass die Masten nun für eine längere Zeit stehen bleiben konnten und nicht wie sonst immer nach einer Saison wieder gelegt würden. Wenn ich denn schon mal dabei war, brachte ich auch gleich Ordnung in die Kabel und beschriftete sie anständig. Das würde uns das Leben auch in Zukunft erleichtern. Der Schwanenhals am Besan machte sich gut. Die Öffnung hätte aber auch keinesfalls kleiner ausfallen dürfen, da das Kabelbündel eine beträchtliche Stärke hatte. Insgesamt brauchten wir für das Aufriggen viereinhalb Stunden. Das war eine gute Zeit. Wie so oft wurde dabei nicht viel geredet, weil es eigentlich reine Routine war.

Der Fernsehempfang mit der neuen Antenne war exzellent. Als wir nach diesem Test das Schiff gegen Abend verließen, waren wir sehr zufrieden.

Am Mittwoch, den 10.03.99, machte ich einen Termin bei Bade und Hornig. Wir wollten konventionelle und elektronische Karten benutzen, wobei der Laptop als Kartenplotter eingesetzt werden sollte. Außerdem wurde es Zeit, dass das GPS mit dem neuen Update fertig und die E-Mail-Nutzung bei T-Mobil beantragt wurde. Am Donnerstag waren wir im Seekarteninstitut. Herr Winter demonstrierte uns das Prinzip des Programms »Tsunamis«. Die Möglichkeiten waren frappierend. Nach langem Hin und Her entschieden wir uns erst mal für einen vollständigen Papierkartensatz von Cuxhaven bis Plymouth und wählten für den Kartenplotter fünf Übersegler bis etwa zum Kap Finisterre. Abends versuchte ich mich mit einer Demo-Version, der ich aber nicht viel Freude abgewinnen konnte. Am Freitag holte ich die Software ab und ließ sie gleich auf dem PC installieren – in dieser Beziehung hatte ich wirklich keinen eigenen Ehrgeiz. Freudig registrierte ich daher, dass die Installation auch vom Profi nicht problemlos vonstatten ging. Herr Winter musste mehrfach bei der Lieferfirma nachfragen. Daraus aber lernte ich. Die gesamte Software, also um die 4 000 Seekarten, war auf eine CD gebrannt, die man mitbekam. Die Karten konnten jedoch nur ins Programm geladen werden, wenn eine Zugangs-Nummer in Verbindung mit einem Benutzerschlüssel eingegeben wurde, der an der Druckerschnittstelle zwischengeschaltet wurde. Ich wählte als Zusatz das Tidenmodul. Jeder Punkt der Seekarte konnte nun mit dem Cursor abgefahren werden und erlaubte das ständiges Ablesen der Koordinaten. Per Mausklick konnte zudem im Tidenmodul jeder Punkt der Karte auf momentanen Tidenstand inklusive der Strömung abgefragt werden. Beim Anklicken der Seezeichen schaltete sich eine Schrifttafel ein, auf der unter anderem die gesamte Information des Leuchtfeuerverzeichnisses abzulesen war. Ich war begeistert. Dennoch planten wir, unter der Tastatur auf dem Kartentisch wie bisher die Papierkarte liegen zu haben. Die notwendigen Navigationsdaten wollten wir aber dem Bildschirm entnehmen.

Ich fuhr anschließend nach Wedel und installierte unser altes GPS, denn das neue Update war fertig geworden. Anschließend versuchte ich, per PC unsere Route von Cuxhaven bis etwa Terschelling festzulegen. Dazu musste ich zunächst die Koordinaten aus der Papierkarte entnehmen, um sie dann in den Übersegler zu setzen, indem ich einfach den Cursor in die jeweilige Position verschob und anklickte. Außerdem wurde die Route in Form einer Tabelle abgelegt, die zusätzlich redigiert werden konnte. Auch die Richtungsangaben für den Kompasskurs sowie die Entfernungen waren angegeben. Das Ganze war selbstverständlich ausdruckbar und konnte dann in toto in die Segelplan-Liste des GPS eingegeben werden. Etwas verunsichert war ich schon über diese neue Technik. Aber vielleicht mussten wir einfach unsere Erfahrungen machen. Jedenfalls war es jederzeit möglich, auch während des Unterwegsseins einen neuen Zugangscode für weitere Karten zu erhalten, die sich ja bereits auf der mitgelieferten CD befanden. Das war das neue Zeitalter: Wenn früher Papierkarten fehlten, konnten sie nicht mitten auf dem Meer beschafft werden, dann war guter Rat teuer. Jetzt aber stand die elektronische Karte, prinzipiell genauso gut, praktisch stets für fast die ganze Welt zur Verfügung.

Wie immer, wenn ich auf dem Schiff war und diverse Dinge kontrollierte, ging mir durch den Kopf, wie sehr ich zufrieden war, wenn ich dort sein konnte. Es ging so viel Geborgenheit von diesem Schiffsbauch aus. Stets hatte ich das Gefühl, einer lieben Freundin nahe zu sein, obwohl es draußen merkwürdigerweise wieder sehr kalt und windig war. Der Frühling ließ auf sich warten. Vielleicht war es aber auch meine Ungeduld, die der Zeit keine Zeit ließ.

Einige Tage später bekamen wir auch die Daten für die Seekartensoftware. Das heißt, das virtuelle Schiff, das beim Starten des Programms auf den Koordinaten 0° Nord, 0° West lag, stellte sich auf den Yachthafen von Wedel ein, den Bug etwa auf 185° ausgerichtet. Das war exakt die Richtung, in der wir am Steg lagen. Es war alles so, wie es sein sollte. Einfach toll.

Dann beharrte Matse auf einer Probefahrt. Es war windstill und relativ warm. Sämtliche Geräte wurden eingeschaltet, Seekartensoftware, Tidenmodul, Wetter-Empfänger, Logbuch, Kühlschrank, Eisschrank, Telefone etc. Unter Maschine liefen wir nach draußen auf die Elbe. Zunächst unter gedrosselter Fahrt, später unter Vollgas. Wenn etwas nicht stimmte, dann sollte sich der Fehler jetzt zeigen. Der Laptop blieb von alledem unberührt. Kein Flackern, stattdessen ungestörter Empfang von beispielsweise drei Seiten Warnnachrichten für die Nordsee. Später empfing ich auch zwei gut aufgelöste Wetterkarten per Fax. Ich hatte nur den einen Gedanken, endlich fertig zu werden.

Die Probefahrt war ein erster Höhepunkt während unserer Vorbereitungen, die so mühsam waren, weil alles statisch war, sich nicht bewegte, wir noch nicht unterwegs sein konnten. Natürlich war uns klar, dass die Akribie der Vorbereitungen auch Abwehr bedeutete, denn wir sprachen nicht über unsere Angst. Kein Mensch, der mit einem so kleinen Schiff über den Atlantik will, ist frei davon. Wir setzten die Angst in Aktivitäten um, wussten aber, dass diese Ordnung urplötzlich zusammenbrechen konnte. Nichts funktioniert auf einem Schiff auf Dauer, dazu ist das salzhaltige Milieu viel zu aggressiv. Aber das, was wir selbst installiert hatten, kannten wir und konnten wir deshalb auch im Bedarfsfalle selbst reparieren.

An den Abenden begann ich so langsam, die alten »Literaturkenntnisse« aufzufrischen. Meinen geliebten Slocum und auch Moitessier kramte ich wieder hervor. Vor vielen Jahren hatte ich deren Berichte verschlungen, immer mit dem Gefühl, selbst mitzusegeln. Oft war ich aufgeregter als der Autor, der sich gerade in der beschriebenen Situation befand. Viele der Geschichten waren mir ständig im Gedächtnis präsent. Eine meiner liebsten Episoden hat Moitessier erlebt: Eines Tages war er irgendwo da draußen vor der fernen Küste Australiens und erfreute sich einer wild tobenden Schule von Delfinen, die er über lange Zeit beobachtete. Schließlich wurde er müde und begab sich zu Bett. Als er aufwachte und sich nicht sicher war, was ihn aus dem Schlaf geholt hatte, waren die Tiere weg, worüber er verstimmt war. Irgendeine Unruhe war gleichfalls in ihm. Er versuchte dem Gefühl nachzuspüren, bis ihn schließlich etwas trieb, die Position zu überprüfen. Mit außerordentlichem Erschrecken entdeckte er, dass er sich unter Beibehaltung des anliegenden Kurses wenige Meilen vor einer Untiefe befand. Als er den Kurs rechtzeitig änderte und so wieder in Sicherheit war, kamen plötzlich die Delfine zurück. – Fantastisch! Ich war mir sicher, dass man da draußen andere Sinne würde entwickeln können. Vielleicht waren diese ursprünglicher, echter und unmittelbarer als die, die hier an Land gebraucht wurden.

Ich erinnere mich an eine eigene Geschichte, die demonstriert, wie sehr man geneigt ist, die einen umgebenden Dinge zu personifizieren. Bei einer handigen Brise war ich im Sommer 1975 allein von Ebeltoft nach Korshavn unterwegs. Das Wetter war sonnig und warm, »Sonntagnachmittagssegeln« eben. Ich lag auf dem Achterschiff und fuhr unter Windselbststeueranlage. »Gustav« nannten wir sie damals. Gustav tat seine Arbeit, ich hatte frei. Der Kurs war abgesteckt. Ich konnte mich, das Schiff beobachtend, ausruhen. Plötzlich sah ich eine Tonne, die genau in der Kurslinie lag und auf die Gustav zuhielt. Ich war zu faul, um aufzustehen. So redete ich mit ihm. Ich bat ihn, doch gut aufzupassen. Das führte jedoch nur dazu, dass er sein Spiel mit mir trieb. Immer, wenn ich ihn anredete, hielt er für eine kurze Weile das Schiff so, dass die Tonne passiert werden konnte. Dann wieder lenkte er das Schiff genau auf sie zu. »Gustav, ich bitte dich, treibe keinen Schabernack mit mir. Schau doch, es ist so schön hier auf meinem Platz. Nun zwing mich doch nicht. Wirklich, Gustav!« – Es schien ein Manöver des letzten Augenblickes erforderlich zu sein. Ich erhob mich und griff zum Heckkorb, als plötzlich das Schiff durch eine Bö etwas anluvte und wir, ohne ein weiteres Manöver zu machen, mit einem sicheren Abstand die Tonne passierten. Ich glaubte damals, Gustavs Antwort gehört zu haben, indem er mich bat, doch in Zukunft mehr Vertrauen in ihn zu haben. Später entwickelte ich dasselbe Gefühl, wenn es darum ging, auf der hohen Kante in einer schmalen Einfahrt die nächste Tonne zu passieren, stets im sicheren Vertrauen darauf, die Tonne auf Abstand zu halten.

Dann kam der Tag, an dem wir morgens nach dem Berufsverkehr zu unserem Heizungslieferanten fuhren. Die vorhandene Heizung war zehn Jahre alt und musste entfernt werden. Der Heißluftausstrom war zu klein geworden, und die Verbrennung schien nicht mehr optimal zu sein. Natürlich brauchten wir im Passat keine Heizung, doch zum damaligen Zeitpunkt war die Gesamtroute noch nicht abgesteckt, und wir wollten für alle Fälle gerüstet sein. Nach einigem Prüfen entschieden wir uns für den Typ 5, der für Segler bis 15 Meter ausgelegt war. Leider kamen damit diverse Probleme auf uns zu, unter anderem war der Austausch von vier Metern Schlauchleitung mit dem neuen Durchmesser von 10 cm erforderlich. Es war zu erwarten, dass die Schotten beim Einbau der ersten Heizung gerade auf das seinerzeit erforderliche Maß von 8 cm aufgebohrt waren und dieser Schlauch verlief durch unwegsames Terrain! Um genau zu sein von der Segelstaukammer unter einer Sitzducht unter der Pantry hindurch, durch einige Backskisten bis zum Salon, wo die Hauptaustrittsöffnung war. Außerdem war die erforderliche Halterung für den Heizkörper nicht zu haben. Wir wollten den Einbau aber noch am selben Tag bewerkstelligen. Also nahmen wir einige Locheisenstränge mit, die eventuell Verwendung finden konnten.

Es war alles so, wie erwartet. Der Heizkörper selbst war relativ leicht einzubauen, aber die Erweiterung der Schottöffnungen auf 10 cm war eine mühselige Arbeit. Peter, der jetzt fast jeden Tag irgendwann aufkreuzte, war eine große Hilfe. Man konnte mit lang ausgestrecktem Arm in einer engen Öffnung, durch die auch noch der Kopf musste, immer nur eine kurze Weile mit einem an einer Bohrmaschine befindlichen Fräser arbeiten. Dann verkrampfte sich alles und man brauchte eine Pause. Dabei lief auch der Staubsauger permanent, denn der Polyesterstaub ist nicht ganz ungiftig. Uns abwechselnd, arbeiteten wir bis spät in die Nacht hinein.

Matse nahm derweil die elektrische Verkabelung vor. Mir war schleierhaft, wie er das alles zusammenbrachte. Er schien vor sich selbst und vor der Materie einen gewissen Respekt zu entwickeln, denn die Inbetriebnahme vertagten wir völlig übermüdet und durchgefroren auf den nächsten Tag. Matse sprach ein kurzes Stoßgebet und drückte auf »Start!« Wir hörten ein leises Summen aus der Segelstaukammer, und im Handumdrehen verbreitete sich eine wohlige Wärme im ganzen Schiff. Erstaunlicherweise war die ausströmende Luft nicht mehr heiß, und auch den Heizkörper konnte man nun gefahrlos anfassen, ohne sich zu verbrennen. Der Warmluftausstrom hingegen war gewaltig. Nach einer Viertelstunde regulierte sich die Heizung wie von selbst über den eingebauten Temperatursensor und hielt in dosiertem Lauf die Wärme im Salon optimal. Hier war wirklich ein enormer Entwicklungsschritt gegenüber früher erkennbar.

Langsam gingen die Ferien zu Ende, und ich überlegte, ob wir mit dem Restpensum wohl fertig werden würden. Vielleicht schafften wir es ja tatsächlich, in diesen letzten Ferientagen unsere Vorbereitungen zu vollenden. Ich kannte das schon an mir. Wenn nicht einmal das Gefühl auftauchte, fertig zu sein, würde ich mich auf der ganzen Reise nicht wohl fühlen. Matse ging es da wohl genauso, denn er war im Grunde von der Unrast ebenso infiziert wie ich selbst.

Am Abend meldete sich unser Freund Rolf, der mit uns bis nach England segeln sollte. Er wollte den genauen Abfahrtstermin wissen. Rolf ist nicht mehr ganz jung und entwickelte langsam, aber sicher zu diesen modernen Dingen eine Art Phobie, wie sie älteren Menschen häufig eigen ist, wenn sie das Gefühl nicht ertragen können, den Anschluss verpasst zu haben. Weil er von der Seekrankheit stets komplett verschont blieb und von der Struktur her bereit war, jedes Ding mitzumachen, war er ein idealer Begleiter für uns. Und dann war da noch ein weiterer Grund: In der Vergangenheit hatte ich erlebt, dass wir im Grunde stets recht handiges Wetter hatten, wenn er mitsegelte ... So abergläubisch war ich! Außerdem kam auch Bärbel gut mit ihm aus.

Schließlich fuhren Matse und ich zum Schiff, um die Nacht dort zu verbringen. Ich war wach bis 03.00 Uhr morgens und genoss zum ersten Mal seit Beginn dieses arbeitsreichen Winterlagers ein funktionierendes Schiff und dessen behagliche Atmosphäre. Ich war bereit, jetzt zu verstehen, was wir in der Hast der vergangenen Wochen und Monate alles bewerkstelligt hatten. Freude kam auf, wie eine neue Beziehung zu diesem Schiff, das das alles mit sich hatte geschehen lassen. Wir schliefen bis zum Mittag, das hatten wir uns verdient.

Inzwischen war Rolf eingetroffen und begutachtete unser Werk. Ich sei wohl inzwischen Bootsbauer geworden, murmelte er. »Perfekt«, gratulierte er mir schließlich.

Ich fuhr den Laptop hoch. Dann tranken wir erst mal Kaffee und ich zeigte ihm die Route nach England und unseren Terminplan.

»Willst du mal ein Fax von der ANTIMALOCHE haben?« Verunsichert lachte er. Ich stellte die Faxsoftware ein, notierte seine Telefonnummer und schrieb einen Text. Dann schickte ich das Ganze raus.

»So wie die Animation jetzt über das Fenster läuft, rollt dieses Fax zu Hause aus deinem Gerät. Das ist doch was, oder?«

»Kaum zu glauben«, er war völlig von den Socken. Ich konnte weitermachen.

»Rolf, jetzt wollen wir mal schauen, wie die Weltwetterlage aussieht!« Ich stellte in der Wettersoftware die Weltkugel mit den Wetterstationen ein und zoomte auf Deutschland. Wir hatten genaueste Angaben von mindestens 20 Stationen wie Sylt, Emden, Hamburg, Fuhlsbüttel, München, Augsburg usw. Dann schauten wir innerhalb von Europa, labten uns an den Temperaturen von Portugal, Spanien, den Kanaren und Madeira und schauten dann noch nach Übersee, der Karibik, Florida und New York. »Und hier«, sagte ich stolz wie ein Vertreter, der eine schwierige Ware zu verkaufen hat, »hast du auch einige Angaben von Schiffen im Atlantik, die ihre Beobachtungen weitergegeben haben.« Nun hatte es ihn gepackt. Wenn er sich auskenne, so meinte er, könne er sich wohl ebenfalls stundenlang damit auseinander setzen.

Dann kamen die Seekarten. Wir schauten uns die Position des Schiffes im Hamburger Yachthafen an und machten uns per Computer auf den Törn nach England. Ich druckte die Wegepunktliste aus und übergab sie ihm zusammen mit dem Routenbild und allen Wegepunkten.

»Wir können die Wegepunkte leider nicht automatisch in den GPS überspielen, weil das Programm das nicht vorsieht. Das geht nur in der professionellen Version, die kostet aber mal eben 1000,- DM mehr und das sah ich nicht ein, obwohl natürlich bei der Übertragung so vieler Zahlen per Hand immer Fehler entstehen können. Da muss man eben genau sein«, räumte ich schließlich ein.

Rolf verstand, er erinnerte sich an die Reisen, wo wir früher mit den Decca-Geräten bei der Übertragung der Wegepunkte durchaus Fehler gemacht hatten. Irgendwann kam der gemütliche Teil des Nachmittages und wir genehmigten uns ein geistiges Getränk, um die grauen Zellen zu spülen. Immerhin hatte Rolf die Entwicklung von vielleicht zwei Generationen mal so eben nachgeholt. Nun war ein bisschen Schnacken angesagt, um die »Koordinaten« wieder zu stabilisieren. Nach etlichen »Weißt du noch, damals...?« kam ich spät nach Hause. Die Familie fragte, ob Rolf trotz der Neuerungen mit dabei bliebe? Doch nach diesem Nachmittag konnte ich sie leichten Herzens beruhigen. Alles verlief bestens. Was Rolf anging, hatte ich keinerlei Bedenken mehr.

Endlich kam der Tag, an dem wir unsere Lady in den City-Sporthafen überführten. Entspannt genossen wir das frühsommerlich bunte Treiben auf der Elbe. Als wir die Landungsbrücken hinter uns ließen und in den Sportboothafen einschwenkten, erwartete uns bereits Herr Rottmann, der Hafenmeister. Wir fanden unseren angestammten Platz im Hafen leer und machten wie üblich fest. Langsam kam ich zur Ruhe. Das Osterfest konnte beginnen. Bärbel wollte den Arbeitstag zu Hause ausklingen lassen, und ich freute mich auf einen ungestörten Abend am PC auf dem Schiff bei zunehmender Dunkelheit, Petroleumlicht und behaglicher Wärme durch die Eberspächer, die geräuscharm im Hintergrund vor sich hin brummelte. Matse hatte in der Nähe seine Mammut-Abiturvorbereitungsfete, war im Stress und brachte dennoch den neuen Drucker vorbei, den wir sogleich installierten und ausprobierten. Ich genoss seit langer Zeit den ersten ruhigen Abend in der Abgeschiedenheit des antimalochischen Schiffsbauchs. Die Hafenlichter flammten auf, der Mond ruhte voll und rund am Himmel und nur von Ferne hörte man die beruhigende Geräuschkulisse einer geschäftigen Großstadt. Ich hätte sofort losfahren können, doch noch fehlte das Ausprobieren und Verproviantieren. Dazu hatte es bisher nicht gereicht. Wir wollten es so schnell wie möglich nachholen.

Die Anspannung löst sich

Probezeit

Ich schrieb und telefonierte vom Kartentisch aus bis in die Nacht. Währenddessen lief im Hintergrund die ganze Software: Wetterprogramm, Fax- und Kartenmodul. Von beidem holte ich mir durch Blick auf die Karte immer mal Anregungen für die Reise. Es wurde sehr spät, was ich mir erlauben konnte, da die freien Ostertage vor mir lagen. In der Nacht gab es noch eine Kleinigkeit aus der schnellen Bordküche, eine Portion Wiener Würstchen mit Roggenbrot aus der Dose und süßem bayrischem Senf. Ich dachte an die Überfahrt vor drei Jahren von Guernsey nach Plymouth, wo ich sehnsüchtig in Richtung Brest geschaut hatte. Der Hafen von Plymouth war zunächst wenig eindrucksvoll gewesen, dann aber doch zunehmend attraktiver, da wirklich alles zu bekommen war. Wir lagen damals in der Marina im Nordosten, der »Queen Anns Battery«, die recht gut geschützt ist und in der wir bei strahlendem Sonnenschein diverse Einbauten vornahmen, u. a. erstanden wir die beiden Davits, die jetzt das Heck des Schiffes zieren und der ANTIMALOCHE ein recht schiffiges Aussehen verleihen.

Ich erwachte spät, Herr Rottmann war schon emsig dabei, die neuen Osterlieger freundlich zu begrüßen. Ich versuchte erst mal, ihm einen Stromanschluss zu entlocken, der nur durch das Fenster des Hafenbüros ermöglicht werden konnte, da die Stege noch ohne Strom auskommen mussten. Zum Glück zeigte er Verständnis.

Am späten Vormittag rief Bärbel an. Das war gut, denn ich sehnte mich nach einem Frühstück mit ihr. Um 12.30 Uhr kam der Polsterer mit einer reichhaltigen Kollektion an Stoffmustern, bei ihm hatten wir die neuen Polster bestellt. Was für ein Unterschied, die Stoffmuster draußen im Cockpit im Sonnenlicht und dann im Salon zu betrachten, dennoch fiel die Entscheidung nicht allzu schwer.

Der Polsterer entpuppte sich als Kollege, der etwas spät neben der Tätigkeit im mütterlichen Betrieb seinen Facharzt für Rehabilitationsmedizin machen wollte. Bärbel meinte, er habe so fachkundig von einer

»Lendenlordose« gesprochen, dass ihn das verraten hatte. Aber so bekam das neue Polster unserer Lady zum ersten Mal eine sitzangepasste Form. Und auch dieser Zulieferer sagte den Satz aller anderen: »Ich finde Ihr Vorhaben beneidenswert!« Woran lag das nur? – Es scheint unheimlich schwer zu sein, genau das zu machen, was man für das eigene und nicht fremdbestimmte Ziel hält.

Später kam Matse. Er musste dringend Schlaf nachholen und wurde erst gegen Abend aktiv, um dann bald wieder zu verschwinden. Von zu Hause schickte er das erste Fax, das die ANTIMALOCHE erreichte. Die einlaufenden Faxe konnten archiviert, gedruckt oder sofort gelöscht werden. Das Wetter an diesem Osterfest war ein Genuss, der Hamburger Hafen belebt wie selten, während die Innenstadt ausgestorben schien.

Ich hatte so langsam ein sicheres Gefühl im Umgang mit der neuen Technik. Die Synop-Nachrichten wurden vom Wettersystem in Form von kleinen Icons auf die Weltkugel projiziert und konnten per Mausklick »entblättert« werden. Dass in diesen Nachrichten aber noch mehr steckte, ahnte ich zunächst nicht. Erst durch Zufall kam ich auf eine Art Animation, bei der sich wichtige Informationen, wie zum Beispiel die Isobaren, wie ein Vorhang über den Atlantik legten. Wenn man wollte, konnte man zugleich die Windrichtungen der einzelnen Seegebiete darstellen. Das bedeutete im Klartext, dass das gesamte Gebiet, das in den nächsten 24 Stunden durchfahren werden sollte, zum Zeitpunkt des Abfahrens wie ein Bilderbuch offen zutage lag: Windrichtungen, Isobaren, Seegang, Lage von Hochs und Tiefs, Bewölkung, Windgeschwindigkeit etc. waren zum ersten Mal keine unbekannten Größen mehr. So wurde das Wetter endlich eine im Voraus berechenbare Sache. Im Bericht zur Wetterlage vom Seewetteramt Hamburg ist um dieselbe Zeit die Rede von einem Sturmtief auf 51° N und 30° W, was nach dieser Animation auch für einen Laien verständlich wurde. Das Besondere aber ist die ständige Verfügbarkeit dieser Informationen. So kündigte sich plötzlich ein Wetterumschwung in der Nordsee bereits für den Montag an, nachdem er im mittelfristigen Wetterbericht für die Nordsee später vorausgesagt war. Die Deutsche Bucht war aber wohl nicht in dem Maße so schnell betroffen wie ursprünglich angenommen. Wären wir in diesem Fall bereits am Anfang des Osterfestes gefahren, hätten wir noch einen längeren Zeitraum handiges Wetter behalten und wären unter dieser Voraussetzung eben nicht in einer Marina verschwunden, sondern mit berechtigter Sicherheit weitergefahren. Ich weiß aus Erfahrung, dass der englische Kanal ein so scheußliches Revier ist, dass solche Informationen ein enormes Maß an Sicherheit darstellen.

Hier vor Ort blieb, was die Wettersoftware anging, kein Wunsch offen. Ein wenig Sorgen machte mir hingegen unsere Stromversorgung. Im Hafen nahmen wir natürlich keinerlei Rücksicht, denn die Geräte mussten laufen, insbesondere der Lappi mit all seinen Funktionen, neben der Heizung, dem Fernseher (ab und an) und der hellen Beleuchtung in allen Räumen. Eine gewisse Sicherheit stellte der »DCC 4000« dar, ein zentraler Rechner für die Strombilanz, nach dem man sich unbedingt richten konnte, da alle unsere Geräte angeschlossen waren. Wie früher auch würden wir auf See nach den jeweiligen Erfordernissen entscheiden, welche Stromfresser wir angeschaltet ließen und welche nicht. Übrigens hatte unsere Tiefkühltruhe auf Stufe eins nach fünf Stunden Betrieb eine Kühlung von -26 °C erreicht. Damit war natürlich in wärmeren Gewässern nicht zu rechnen, aber ich hoffte, dass uns die Eiswürfel in jedem Falle sicher waren. Um es vorweg zu sagen: Auf den Kanaren hatten wir in der Box bei einer Wassertemperatur von 24 °C immer noch -17 °C.

Am Abend ging ich dann noch für einen kurzen Moment per D2 im Internet spazieren. Auch das funktionierte bestens.

In der folgenden Woche war ich vielen beruflichen Belastungen ausgesetzt. Dabei wurde mir in einem inneren Prozess immer klarer, wie sehr mir die Reise ein zentrales Anliegen war, das anderes in den Hintergrund rücken ließ. Ich war ständig in einer Art abwartender Position. Es war mir oft nicht möglich, mit dem früheren Ernst bei der Arbeit zu sein. Ich wollte einfach nicht mehr und brauchte wirklich eine Zäsur. Eigentlich eine ganz normale Sache, dennoch hatte ich ein schlechtes Gewissen.

Eines Abends entdeckte ich, dass die Frequenz 147,3 des Senders Offenbach mit enormer Klarheit zu empfangen war, aber die anderen Frequenzen mit der verwendeten Aktivantenne praktisch kein zu dekodierendes Signal abgaben. Exoten, wie zum Beispiel spanische Sender, bekam ich einfach nicht rein. Dabei zeigte unser Kenwood 5000 einen klaren Empfang, und das nur mit der Achterstagantenne.

Ich hatte mich beim Ausprobieren die ganze Zeit über mit nur einer Frequenz begnügt und natürlich viele Informationen speichern können, doch diese Frequenz war ja bekanntlich nur in der Nähe zu empfangen.

Bereits mit der Fünftausender ging es nicht mehr. Auch eine bessere Einstellung der Software ließ keinen erweiterten Empfang zu. Nach Austausch der Antennen am Achterstag, Kenwood gegen Icom-Aktivantenne, ergab sich ein ungeschmälerter Empfang über den Kenwood, wobei sich die Empfangsleistung des Icom nicht zu verbessern schien. Schließlich holten wir ein Versäumnis nach, wir erdeten den Icom. Aber auch dies ließ die Empfangsleistung nicht ansteigen. Verschiedene Telefonate ließen den Icom als sehr empfindliches Gerät erscheinen, das spezielle Antennenprobleme machte. So etwas erfuhr man natürlich nicht auf der Bootsausstellung, denn meist kannten die Verkäufer ihre Geräte selbst noch nicht. Keineswegs war eine schnelle Lösung in Sicht. Schließlich machte man mir den Vorschlag, ein Potentiometer als Signalminderer in die Antenne einzubauen. Dieses sollten wir aus Emden zugeschickt bekommen.

Am Mittwoch war ich wieder draußen, da wir uns doch noch die Sanierung der Motorraumbilge vorgenommen hatten. Unterhalb der Maschine bei den engen Platzverhältnissen die Altlagen von Sikaflex und Polyesterspachtel zu entfernen, gehörte nicht gerade zu meinen liebsten Arbeiten. Doch nur einige Tage später konnten wir, nach Erledigung dieser Vorarbeiten, immerhin die dritte Schicht Owatrolprimer aufbringen. Peter schickte das erste Fax über Inmarsat. Es war eine Geduldsprobe. Während kurz das Telefon läutete, ging das Inmarsat-Fax auf den Modus »Receiving«, und dann dauerte es eine geraume Weile, bis sich endlich das ersehnte Fax von der Rolle wickelte.

Inzwischen hatte Bärbel ihren PC-Einführungskurs in Windows 95/98 erfolgreich abgeschlossen und ordnete erst einmal das Chaos meiner Dateien. Ich war begeistert und bat lediglich, sie möge neben der Ordnung doch bitte auch weiterhin den schnellen Zugriff auf die notwendigen Dateien für unterwegs sicherstellen. Ein Mann gibt ja so schnell auf, wenn ihn ein Weib überzeugt ... So bugsierten wir denn das »Logbuch« und die »Fahrtnotizen« für den ständigen Zugriff ins Desktop. Wir konnten so jederzeit Daten per Tastatur eingeben und als Logbuchseiten ausdrucken, denn warum sollte ich, seit Jahren an das Schreiben mit der Tastatur gewöhnt, auf dieser Reise darauf verzichten? Für die Zeiten allerdings, zu denen der Laptop nicht eingeschaltet sein würde, wollten wir weiterhin ein handgeschriebenes Logbuch führen. Am Montag kam endlich das Potentiometer für die Aktivantenne. In der

Zwischenzeit hatte ich auch noch mit einem anderen Spezialisten gesprochen. Er klärte mich nochmals über den Icom PCR 1000 auf. Die Signale seien für das Gerät einfach zu stark. Er würde einen Klingeldraht von 6 m Länge unter Deck verlegen und mit der Seele eines Coaxkabels verbinden. Wahlweise könne man die Abschirmung des Coaxkabels noch an einen weiteren Draht von ebenfalls 6 m Länge hängen, was aber nicht unbedingt notwendig sei. Zunächst war das Ergebnis des zwischengeschalteten Potentiometers frappierend. Ich bekam alle Signale rein, also auch die bislang fehlenden höheren Frequenzen von Offenbach. Außerdem erhielt ich nun auch das erste Fax von bislang nicht gesehener Qualität. Am Mittwoch probierten wir dann die Sache mit dem Klingeldraht. Der Empfang war sicherlich bemerkenswert, wenn man einen Preisvergleich anstellte: Klingeldraht gegenüber der aufwändigen Aktivantenne. Doch diese lieferte jetzt mit dem Potentiometer eindeutig bessere Ergebnisse. Insgesamt konnten wir die Verhältnisse auch nur hier vor Ort mit den erreichbaren Sendern erproben. Unterwegs würden andere Verhältnisse herrschen, die das Anpassen der Antenne erforderlich machten. Das aber beherrschten wir jetzt leidlich.

Insoweit war ich erst einmal zufrieden und merkte, wie sich die Anspannung der vergangenen Tage löste. So langsam konnte ich mich jetzt auf die weniger anstrengenden Vorbereitungen der Fahrt konzentrieren.

Unser Schiff nickte mit dem Bug: »Ich warte!«

Die letzten zwei Wochen

Es wurde spannend, weil die Zeit bis zum Aufbruch nunmehr überschaubar wurde. Wir waren weit fortgeschritten, hatten viel gemacht, diverse Probleme gelöst. Nun rückte die Zeit immer näher, für die wir uns dem Stress der Vorbereitungen ausgesetzt hatten. Es war nicht mehr so viel zu tun, es konnte nun langsamer gehen, so langsam vielleicht, wie ein Schiff segelt. Und einige Probleme verschwanden auch von alleine. Wenn ich jetzt auf dem Schiff war, dann glaubte ich, wieder Zeit für mich selbst zu haben. Erst jetzt erzählten wir Freunden und Bekannten, was wir vorhatten. Andererseits hatte ich aber während der beruflichen Tätigkeit den Mund darüber zu halten. Denn eines war klar: Von den Patienten würde niemand meine Intention verstehen. Das konnte ich sogar nachvollziehen. Ein praktizierender Internist, der den Atlantik überqueren will, einfach mal so eben, muss einfach den Eindruck erwecken, verrückt zu sein. Die langjährigen Patienten würden überdies die Konstanz der Betreuung vermissen und sich je nach Beziehungsfähigkeit mit ihrer Krankheit genau zu dem Zeitpunkt artikulieren, zu dem ich nicht erreichbar sein würde. Damit hatten sie die Motivation, sich an einen anderen Arzt zu gewöhnen. Das und mehr war zu bedenken. War es mir egal?
Wenn ich mal wieder zum Schiff unterwegs war – also quasi täglich –, tagträumte ich und setzte mich in Gedanken unterschiedlichen Situationen aus. Wie sehr war ich in der Lage, nach so vielen Jahren nun doch den befristeten Ausstieg zu wagen und meine bisherige Tätigkeit vorübergehend nicht mehr so wichtig zu nehmen? Ich würde Patienten verlieren, was ich schmerzlich fand. Zwar gab es viele, die erst dann wieder kamen, wenn ich wie auch früher wieder aus dem Urlaub zurück war. Jetzt aber würden die Zeiträume länger sein. Auch Bärbel hatte große Bedenken. Zu praktizieren war all die Jahre persönlicher Gewinn im Feedback des sichtbaren Erfolges und im Sinne der immer wieder bestätigten Beziehungsfähigkeit gewesen. Im Grunde war und ist die Insti-

tution einer ambulanten Praxis eine Art Führung und Seelsorge, ein Gesprächsforum mit Leitfunktion und viel Verantwortung. Wenn diese Tätigkeit mit all dem Ernst und der Verantwortung, die die Wissenschaft der Medizin ihren Betreibern auferlegt, betrieben wird, dann funktioniert sie zum Wohle derer, die ihren Arzt gefunden haben. In dem Augenblick, wo sich Geschäft und Mode mit der zeitgemäßen Hysterie paaren, wird diese Tätigkeit jedoch zu bloßem Kommerz, der einseitig orientiert ist und Fehler in allen Bereichen macht. Medizin ohne die Richtschnur, die sie sich selbst vorgibt, ist orientierungslos, aber genau so schien sie derzeit zu funktionieren. Ich wusste ja, dass ich eine Zäsur brauchte, ich war mir nur nicht sicher, ob ich nach den neuen Erlebnissen auch den Wiedereinstieg finden würde. Wer kann schon in die Zukunft schauen? Wenn ich ehrlich war, dann war ich über die Entscheidung zu dieser Reise ganz zufrieden. Ganz sicher in den Momenten, wenn ich vor dem Schiff stand. Da war dann immer alles klar: Ich würde zurückkommen und dann eine Entscheidung treffen. Bis dahin musste ich eben warten.

Es kam mir oft das Gedicht von Hermann Hesse in Erinnerung, in dem von den neuen Ufern die Rede ist, wenn die alten allzu vertraut sind. Mit Hesse konnte ich die notwendige Zäsur spüren, die ich nun brauchte. Ich dachte ein weiteres Mal an meine frühere Sicht, nämlich, dass es wenigstens alle zehn Jahre möglich sein müsse, für ein Jahr zu pausieren. Dazu gehörte auch der Aspekt, dass die Anlagen und Wünsche, die ich aus meist zeitlichen Gründen immer aufschieben zu müssen glaubte, zu ihrem Recht kommen sollten.

Ich verbrachte einen Abend auf dem Schiff, in dem ich die Ruhe spürte, die aus dem Gefühl entstand, langsam das Ende der Vorbereitungen erreicht zu haben. Die ANTIMALOCHE neigte sich jedes Mal in der Hafenwelle mit dem Bug auf und nieder, als begrüße sie mich mit den Worten: »Ich warte!«

Die bisherige Hektik schwand, sodass der Humor sich wieder regen konnte. Ich hatte eines Tages die Idee, dass es schön sei, vielleicht auch den Äquator zu überqueren. »Aber wie du vielleicht gehört hast«, sagte ich zu Matse, »ist das nicht so leicht. Ich habe schon überlegt, wo wir die stabilen Äquatorbänke unterbringen.«
»Wie meinst du das denn?« fragte er, nicht ganz sicher, was nun kommen würde.

»Tja«, sagte ich, »wie gesagt, nicht so leicht. Also, wenn du den Äquator erreicht hast, dann stoppst du auf, um die Äquatorbänke seitlich auszubringen. Auf diese Bänke müssen sich dann mindestens zwei Personen mit breiten Tragegurten, die unter dem Schiff durchgezogen werden, stellen und langsam und vorsichtig das Schiff über den Äquator hinüber heben.«

»Ah, ja«, meinte er gedehnt und Bärbel schaute in die Runde, wie sie immer schaut, wenn sie meint, wir unterhalten uns über technischen Kram, den wir ihr beizeiten nochmals erklären würden. Bevor sie aber andeutete, dass sie den Ordnungsdienst für die Hamburger Psychiatrische Anstalt Ochsenzoll rufen werde, hakte ich nach, dass es auch möglich sei, diese Arbeit des Hinüberhebens zu delegieren, wenn man bereit wäre, sozusagen aus Bordmitteln eine vorgeschriebene Strecke des Äquators neu zu lackieren. Auch dafür gäbe es bestimmte Vorschriften. Die vorgeschriebene Farbe könne man in besonderen Äquatorfachgeschäften am Hafen kaufen.

Nach diesen Äußerungen wollte mich sowieso niemand mehr als vernünftigen Gesprächspartner akzeptieren, und ich konnte mich beruhigt zur ANTIMALOCHE verziehen.

Zwischendurch hatte ich einen Termin im Hotel Atlantik. Den Wagen parkte ich in der Langen Reihe, kaufte noch ein paar Filme und machte mich auf den Weg. Ich genoss die eigenen Beine, die engen Straßen von St. Georg und hatte in der eigenen Wohnstadt das Gefühl, auf Besuch zu sein. Die kleinen Restaurants und Cafés, die Straßenbistros, in denen schwule Paare saßen ... ich fand alles schön, spannend und irgendwie neu. Ich kann nicht sagen, dass ich »fremdelte«, eher hatte ich die Empfindung, nach Hause zu kommen: Was in aller Welt hatte ich all die Jahre gemacht?

Ich war etwas zu früh und setzte mich in den Empfangsraum des noblen Hotels. Dynamische Leute mit Laptop und Handy machten Geschäfte an den vielen kleinen Tischen. Pagen begrüßten den eintretenden Gast mit jugendlich frischem »Guten Tag«. Hier tobte das Leben, das Leben derer, die andere Koordinaten hatten.

Nach meinem Termin tauchte die Sonne die Alster in eine liebliche, fast sommerliche Farbenpracht. Ich war rundherum zufrieden und glücklich – bis ich zufällig mein Spiegelbild sah und erschrak. Ich schaute starr und maskenhaft, dabei fühlte ich mich doch gerade jetzt voller Leben!

Spontan beschloss ich: Hier würde ich wieder hingehen, wenn ich von meinem Törn zurückkam. Vielleicht hatte ich es dann geschafft, diese Lebendigkeit nach außen zu kehren.

Ich hatte zwei Freunde gebeten, mir Anfang Mai bei der Überführung des Schiffes vom City-Sporthafen nach Wedel zu helfen, denn von dort sollte es endgültig losgehen. Matse hatte in den beiden Tagen zuvor alles noch mal einem Check unterworfen und das Boot seeklar gemacht. Ich wollte dem Hafengeburtstag und dem unvermeidlichen Pulk entgehen. Es war wieder ein Ausprobieren, diesmal der Maschine. Das Schiff war schwer geworden. Wie würde es segeln? In Wedel angekommen, konnten wir nach dem Tanken auf B 120 bis zum Abfahrtszeitpunkt »parken«. Hier herrschte einfältige hanseatische Sorgfalt. Die Maschine konnte kaum auslaufen, schon wurde das Ausstellen angemahnt. Mein Freund Hans-Werner meinte nur knurrig, dass er solches gar nicht erst zur Kenntnis nehme.

Rolf hatte sich bereit erklärt, uns abzuholen, er wollte anschließend bei uns zu Hause wissen, wie es nun weitergehe. Das wusste ich auch noch nicht, denn nun war das Wetter ein entscheidender Faktor. Ich brachte die restliche Arbeitswoche mit Mühe hinter mich. Der letzte Tag war wie ein Abschiednehmen von den Patienten. Es schien, als ob die halbe Praxis kam. Am Freitag packte ich und nahm einen Teil des frischen Proviants an Bord.

Am Sonnabend waren verschiedene Arbeiten zu tun, wie die Durchsicht der Maschine, Öl, Wasser, Wasserfilter. Diesel war in den neuen Kanistern an Deck zu stauen und kleinere Kanister wurden in die Segelkammer verbannt. Beim An-Bord-Bringen war ich etwas unvorsichtig, Dieselspritzer gelangten auf den Steg. Der Nachbar stieg von seinem Schiff und bemerkte, ohne ein Wort des Grußes: »ANTIMALOCHE, was schmieren Sie denn hier rum!« – Ich habe noch nie in meinem Leben ein solches Maß an Selbstbeherrschung geübt, denn ich sagte nichts. Dem Hafenmeister »Ost« gegenüber fand ich nur ein äußerst unflätiges Wort. Wortlos gab er mir Recht.

Peter meldete sich an für den nächsten Morgen, ich hatte seine Mitfahrt bis Cuxhaven versprochen. Rolf kam am späten Nachmittag. Wir verholten das Schiff nochmals dichter zum Ausrüstungskai, um etwas Strom zu haben.

Morgen würde es losgehen. Ich hatte nicht alles geschafft, aber ich glaubte, jetzt losfahren zu können. Matse ging von Bord. Er wäre gerne mitgefahren, und ich war so unsensibel, meine Trauer darüber nicht zu spüren. Es war wie so oft: Ich hätte nicht mit ihm darüber reden können. Nahezu alle Vorbereitungen hatten wir zusammen geplant, hatten alles gemeinschaftlich besorgt und installiert. War eine bestimmte Realisierung nicht klar, »schliefen« wir sozusagen beide das Problem aus, bis einer von uns dem anderen die Lösung präsentierte.

Natürlich brannte er genauso wie ich darauf, jetzt das Schiff zu erproben. Wie musste Matse sich vorkommen, dass ich jetzt ohne ihn in den Genuss kommen würde?

So ging er von Bord und wollte auch keineswegs, wie erst angedacht, bis Cuxhaven mitfahren. Ich glaube, er konnte den Abschied und das alles nur ertragen, indem er sich eine Weile von unserem Projekt distanzierte. Gründe dafür gab es genug. Schließlich begann für ihn ein neuer Lebensabschnitt und er entdeckte den Wert der alten Bindungen.

Ich war zu aufgeregt, zu sehr unter Dampf, auch zu sehr im Zweifel, um mich um ihn zu kümmern. Zu lange waren wir ein Team gewesen, in dem man sich aufeinander verlässt und auch etwas von der eigenen Selbstständigkeit verliert. Alles was ich tat, war zu hoffen, dass er meine eigene Abwehr so verstand, wie ich die seine.

Dieser Abfahrt fehlte alles Spektakuläre. Eben war ich noch an Bord am Werkeln und schon im nächsten Augenblick wieder zu Hause. Nur würde diesmal das Schiff nicht mehr da sein, wenn ich wiederkäme. Mir fehlte eben doch die Anwesenheit an Bord, verbunden mit dem Gefühl, nicht umkehren zu müssen, immer weitersegeln zu können. So verliert man Perspektiven. Natürlich war das Abgeben von allem an Helmut schwer, aber das Teilen waren wir gewöhnt. In der folgenden Zeit, besonders nach seiner Rückkehr, trennte uns einfach, dass er schon eine Passage hinter sich hatte.

Gleichzeitig lernte ich in dieser Zeit, dass man selbst bei einer so kurzen Überführung wie der nach England doch unglaublich besorgt sein kann, dass der an Land immer Angst um die auf See hat. Mir war das vorher nie bewusst gewesen. Vielleicht lag das aber auch an meiner leicht überheblichen Meinung über die Oldiebesatzung. Da fehlte einfach der Scharfsinn der anderen Generation!

Für mich war der Beginn der Reise bezogen auf die Anspannung während der Vorbereitungen eine Fortsetzung meiner bisherigen Intention.

Über das Seglerische machte ich mir überhaupt keine Gedanken. Das war jahrelang erprobt. Mich nervte nur die Abwesenheit von Matse, der während unseres gemeinsamen Tuns immer ein Gesprächspartner war, wenn etwas nicht funktionierte. Jetzt fühlte ich mich allein gelassen und etwas verunsichert. Ich sollte nun ganz allein probieren, was wir zu zweit erdacht und uns vorgestellt hatten. Diese letzte Nacht an Bord schlief ich unruhig, und zwar nicht nur aufgrund der Unruhe vor einer Reise nach England ... Was bislang nur Träume waren, wurde jetzt Realität. Jetzt bewegten wir uns in ein Abenteuer hinein, jetzt waren wir all den Unwägbarkeiten des Zufalls, des Wetters und des Mangels an Mut ausgesetzt. Wir hatten so vielen gesagt, was wir zu tun beabsichtigten: mal eben nach England, dann durch die Biskaya nach Spanien, dann zu den Kanaren ... Würde es auch klappen? Für das Schiff hatten wir alles getan, aber hatten wir das auch für uns selbst?

Wie gesagt, das Segeln war keine Frage, aber da würden doch sicher Eindrücke auf uns zukommen, die völlig neu sein würden. Waren wir denen gewachsen? War der Atlantik lediglich so ein Gewässer, wie die Ost- und Nordsee, nur etwas größer und weiträumiger? Kann man sich etwas wirklich vorstellen, was man noch nicht erlebt hat? Waren da nicht auch viele Freunde gewesen, die früher beruflich zur See gefahren waren, die die Gewässer wirklich kannten und daher niemals wieder auf die Idee kommen würden, sie zu befahren – erst recht nicht mit einem kleinen Segelschiff?

In dieser Nacht half es, mir zu sagen, dass wir zunächst einmal nur nach England fahren wollten. Das hatten wir bereits oft gemacht. Das war kein so großes Wagnis. Und anschließend konnten wir ja weitersehen. Unruhig schlief ich ein, innerlich trotz aller guten Vorsätze bereits auf den Atlantik gefasst. Ich würde bereit sein zu lernen, ganz von vorne anfangen, vorsichtig sein. Dass, was ich von Moitessier verstanden hatte, gab mir Mut.

Stürmische Begrüßung im Kanal

Cuxhaven – England

Hurra, wir haben Regenwetter! Das schien bei der Abfahrt aus Wedel ein gutes Omen für die Karibik zu sein. Ich war ebenso gespannt wie unsicher bei all den Neuerungen, die jetzt zu beachten waren, obwohl wir die Fahrt nach Cuxhaven schon so viele Male gemacht hatten. Die Elbe war höflich und nahm uns im Strome mit, sie kräuselte sich nur wenig bewegt und ließ unsere Lady, vom Diesel getrieben und unterstützt von einer halben Genua, gut vorankommen. Die Besatzung war fröhlich. Gegen 14.00 Uhr rauschten wir an Brunsbüttel vorbei, hier hatten wir oft nach rechts zum Nord-Ostsee-Kanal abbiegen müssen, die andere Richtung zwar gewünscht, aber nie gewählt. Es bedarf eben bei allem erstmal eines Entschlusses!

Je weiter wir dem Elbverlauf folgten, desto ruhiger wurde ich. Ich konnte das Glück kaum fassen, schaute aber nach außen ähnlich griesgrämig, wie oft in der Praxis. Nur wenige Menschen kennen diesen Gesichtsausdruck und wissen, dass er sich blitzschnell verändern kann. Fremde sind dann immer ganz erstaunt.

Das Wetter machte mir nichts aus. Cuxhaven würden wir in jedem Fall erreichen, erst dann war weiter zu entscheiden. Drei Wochen Zeit sollten wohl für den Törn nach England reichen. Dennoch war alles anders als sonst.

Diesmal war es kein reiner Erholungstrip, sondern eine Überführung zu einem vorher bestimmten Zeitpunkt. Das galt auch unter der Prämisse, dass Segeln ein Traum ist, wenn der Wind von achtern kommt, aber zumal in Tidengewässern eine Sauarbeit, wenn gekreuzt werden muss. Cuxhaven war nicht zu voll, wir fanden einen Platz, doch leider war es nicht der richtige. Das aber kannte ich von früheren Besuchen her. Wir waren gerade so weit fest, als der neue Hafenmeister plötzlich kam und unsere eigenmächtige Wahl gar nicht in Ordnung fand. Es gab einen Wortwechsel, den ich mit meinen untertänigsten Gebärden würzte. Schließlich verzog sich er sich mit den Worten, was er denn hier solle, wenn jeder das mache, was er wolle. Das schien ein ganz neuer Wind zu sein.

Vor geraumer Zeit fand der Generationenwechsel statt. Ich war darüber ein bisschen traurig, denn der vorherige Hafenmeister war mir fast ein Freund geworden. Als wir vor einigen Jahren von Dover nonstop nach Cuxhaven gesegelt und nicht mehr in der Lage gewesen waren, mitten in der Nacht den richtigen Liegeplatz zu suchen, machten wir an dem bequemen Schlengel für supergroße Yachten fest. Noch im Halbschlaf malte ich ein Schild für die Fenster: »Lieber Hafenmeister, nonstop von Dover, bitte schlafen lassen«. Am anderen Morgen öffnete ich nichtsahnend das Luk, als mir eine Stimme entgegenbrüllte: Wie ich dazu käme, anzunehmen, er hätte uns geweckt. Er sei doch kein Unmensch! Naja, vielleicht würde sich der neue Hafenmeister ja auch noch entwickeln.

Die erste Etappe war also geschafft. Peter verabschiedete sich von uns und wir schliefen zum ersten Male auf dieser Reise in einem Hafen unterwegs.

Am 10.05.99 brachen wir von Cuxhaven auf. Meine Dusche fiel aus, denn ich kam just in dem Moment, als das Wasser aus welchen Gründen auch immer abgestellt werden musste. Im Duschraum standen merkwürdig unfertige Menschen, den Seifenschaum um die Bartränder und an sonstigen Stellen, die in ihrem Unfertigsein irgendwie unwirklich schienen, wie künstlich aus Wachs in einem Duschkabinett. Ich, der »Normale«, war merkwürdig berührt, fühlte mich als störender Zuschauer. Also ging ich, auch weil die Tide weglief.

Der Morgen war schön. Leichte Winde kamen um die Mole, die Elbe kräuselte sich nur, der erste Tidenstrom hatte eingesetzt und die Sonne schien. Unbemerkt fuhren wir aus dem Hafen, abwärts ging es mit uns, dem Strome nach, und aufwärts mit unserem Vorhaben. Der anfängliche Ostwind, sowieso nur schwach, erstarb, die Maschine hatte Dienst, sollte sie sich beweisen im weiteren Probelauf. Dunst kam auf, wie in einem kalten Hoch, »Elbe 1« war schemenhaft an Backbord zu sehen. Ein letzter Gruß am Tor zur Nordsee.

Später kam der Wind von vorne aus 270°, nahm zu und machte das Segeln auf dem abgesteckten Kurs sehr schwer. So verblieb ein kleiner Teil des Großsegels als Stütze und wir liefen unter Maschine weiter. Ich wusste um die Wetterlage und dachte an das Ziel. Zum gegenwärtigen

1 + 2

  Luxus pur: die fertige Tiefkühltruhe lieferte auch in der heißen
  Karibik −18 °C.

3 Kabelsalat an der Rückwand der
   Funkbude, doch Matses Genie
   beherrschte das Chaos.

4 Erste Annäherungsversuche an
   unser neues Inmarsat-Telefon.

5

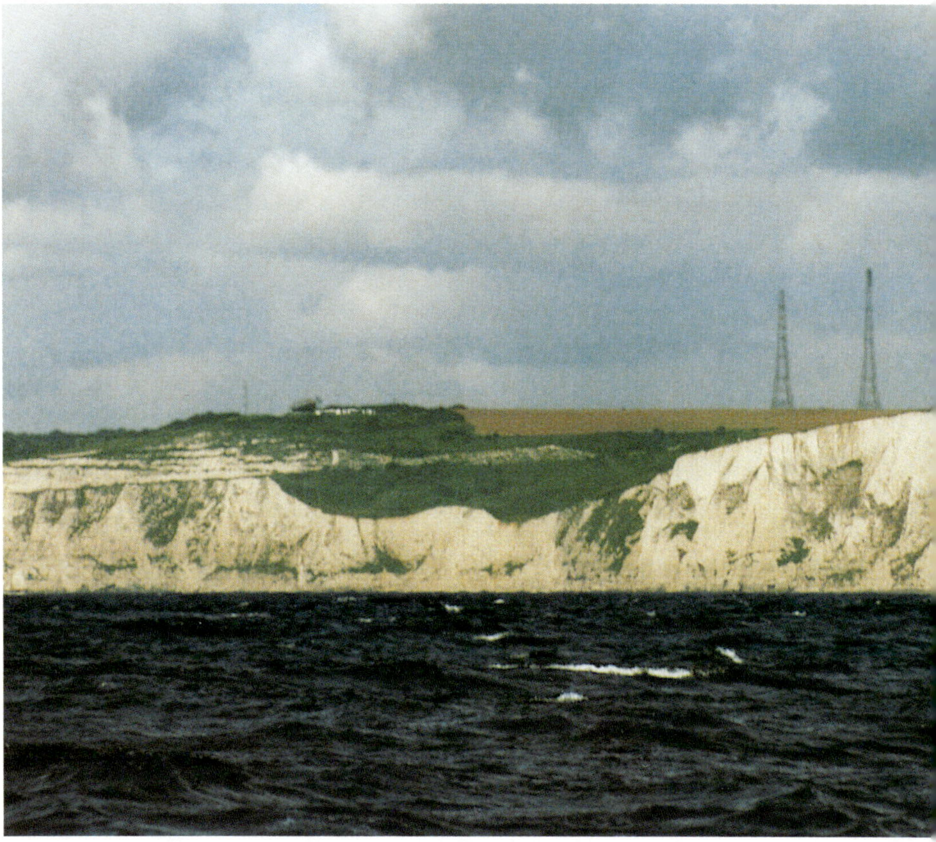

6

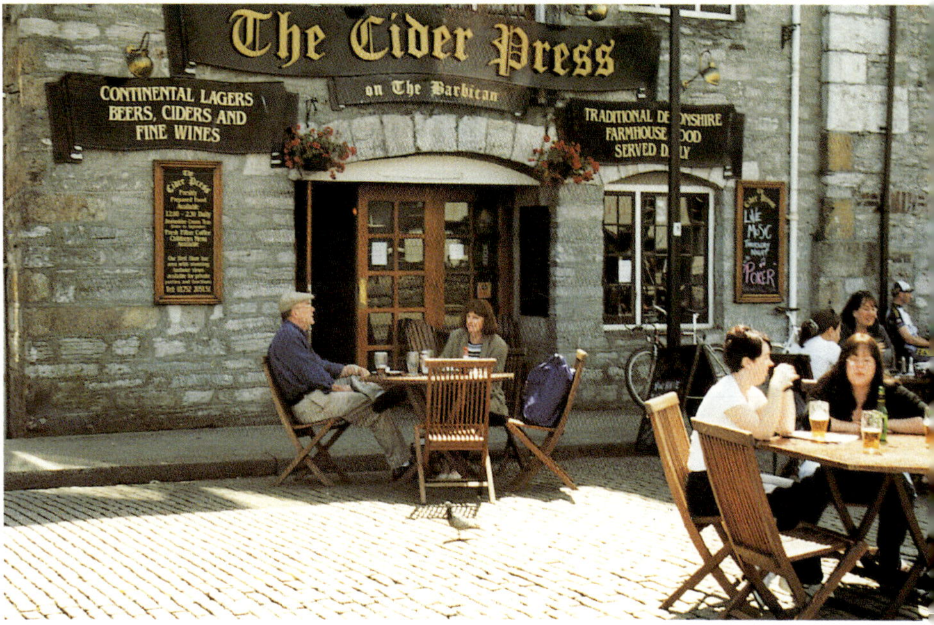
The Cider Press
on The Barbican
CONTINENTAL LAGERS
BEERS, CIDERS AND
FINE WINES

5   Immer wieder schön: die Steilküste von Dover.

6   Ein Pub in Plymouth: »very british!«

7   Die Uferpromenade von Camaret sur Mer.

8   Stets wartete unser Schiff geduldig auf uns.

9

10

9 Erste Meilen auf
  dem Atlantik.

10 Totenflaute
   ermöglichte ein
   Bad in der »stür-
   mischen« Biskaya
   auf 3000 m
   Tiefe.

11 Unser Frisch-
   proviant pendelte
   in Netzen.

12 Nach dem Papier-
   krieg endlich an
   Bord: Konserven
   und Tauch-
   flaschen aus
   Deutschland.

13

14

15

16

13 + 14
　　Atlantikstimmung im Passat.

15　Ungebetener Gast: ein fliegender Fisch.

16　Wale hingegen waren uns stets
　　willkommen.

17　Ein »blinder Passagier«.

18

18 Sonnen-Wolken-
    Gemälde, jeden
    Abend wunderschön.

19 Abwasch und
    Lüftung: haus-
    frauenspezifische
    Aufgaben des
    Wachhabenden.

19

Zeitpunkt konnten wir England noch nicht nonstop erreichen. Der Wind blieb West, den ganzen Tag und die folgende Nacht bedeutete das gegenan. Das Maximum der Windstärke betrug 30 Knoten, bis der Seegang so unangenehm wurde, dass ein Weiterlaufen unter Maschine nicht mehr möglich war, weil wir praktisch bei einem Knoten Fahrt auf der Stelle standen. Was sollten wir uns quälen? Lieber Maschine aus, Segel hoch und das Schiff an den Wind, Kurs Nordwest, weg von unserem Wegepunkt. Die ANTIMALOCHE fand sich bald ein in die kurze Nordseedünung, schaukelte sich und uns und war es zufrieden. Ich nicht. Wo sollten wir hin? Aufkreuzen war sinnlos, da wir wegen der Tide kaum in Richtung auf unser Ziel vorankamen. Ich musste etwas tun. Der Seegang machte mich müde, für mich ein erstes Anzeichen von Seekrankheit. Auch nachdem ich geschlafen hatte, musste ich gegen die Schaukelei ankämpfen. Ein mieses Gefühl. Gewöhnlich hilft es, wenn ich mich ablenke. Also füllte ich zunächst die 40 Liter Reservetreibstoff nach. Bei dem schwankenden Schiff eine reine Freude, die mich anfänglich fast hätte kotzen lassen. Nachdem man die Kanister nämlich aus der Segelkammer jeweils einzeln nach oben in die Plicht getragen hatte, waren sie mit feiner List im dünnen Strahl, nichts verschüttend, in den Einfüllstutzen zu entleeren. Irgendwann vergaß ich einfach, dass es Seekrankheit gab und kehrte erschöpft meine Aufmerksamkeit dem Kartentisch und damit dem Lappi zu. Es war ein Vergnügen, die möglichen Anlaufziele einfach mit der Peilfunktion vom jetzigen Schiffssymbol aus auszumachen und sie nach Richtung, Distanz und Koordinaten zu bestimmen. Ich hatte den Verdacht, dass wir nach der Wende mit derselben Höhe am Wind nur Weniges an Wegstrecke zum nächsten Wegepunkt würden gut machen können. Das bestätigte sich, aber ich hatte bereits meine Entscheidung, Borkum anzulaufen, getroffen. Die Mannschaft war damit zufrieden, besonders Bärbel freute sich auf die Insel, die wir beide nicht kannten. So bummelte ich auf Borkum zu, wobei der Wind nun von hinten kam.

Bis wir schließlich vor Borkum standen, war es mittlerweile Nachmittag geworden. Bei starkem mitlaufenden Strom waren wir bereits eine halbe Stunde später an einem Schwimmsteg im westlichen Teil des Hafens fest. Der zuständige Hafenmeister verwies uns jedoch mit friesischer Freundlichkeit auf den Burkanteil des Hafens, den wir uns von seinem Office aus genau beschreiben ließen. Also verholten wir hinter das Feuerschiff BORKUM-RIFF, holten den Strom aus einer einzigen Steckdose in einer Art Katakombe unter einer schweren Eisenplatte und zapften Wasser aus einem dickem Schlauch. Hier lag die Ruhe spätmilitärischer maritimer Idylle über dem Hafen. Alles schien dem nagenden Zahn des Verfalls ausgesetzt. Selbst das in großen weißen Buchstaben bemalte Areal der Steinbrüstung, »Willkommen«, begann sich aufzulösen. Große überdimensionierte grasbewachsene »Maulwurfshügel« mahnten an die Existenz von Bunkern.

Mitstreiter unseres einsamen Liegeplatzes war ein schwedisches Aussteigerehepaar, das sich in einem wohnlichen Stahlpanzer, dem Gegenwind trotzend, bis hierher verholt hatte. Nach dem ersten Mahl des Tages sanken wir alle in einen tiefen, traumlosen Schlaf, den nicht einmal der Schwell des nach Süden breit offenen Hafens stören konnte.

Der Morgen brachte Regen und Schauerböen und rechtfertigte die Entscheidung Borkum auch nachträglich. Dann kam die Sonne heraus, und das trostlose Gras der Anlage wurde in ein liebliches Licht getaucht. Das Feuerschiff leuchtete rot auf und wartete auf Besucher.

Per Computer erfuhren wir, dass ein Tief nördlich über uns hinwegzog. Die westlichen Winde würden also bleiben. So kümmerten wir uns um das Schiff, das mit nickenden und wippenden Bewegungen im Hafenwasser dankte. Vielleicht wollte es aber auch daran erinnern, dass wir die Entscheidung, hier abzuwarten, getroffen hatten und nicht es. So entschuldigte ich mich heimlich bei unserer Lady, weil mir nach der langen Phase des arbeitsreichen Winters noch keine ordentlichen Seebeine gewachsen waren. Ich glaube, sie verstand und tröstete mich, weiter schön artig mit dem Bug nickend.

Wir blieben ein paar Tage in Warteposition auf Borkum. Das Wetter ordnete sich. Dann endlich war das Tief nach Norden abgezogen, und ein großes Hoch näherte sich. Laut Voraussage hatten wir nördliche Winde zu erwarten, die in wenigen Tagen auf nordöstliche Winde übergehen sollten. Das bedeutete für uns einen guten weiteren Start nach England, vermutlich auch in den englischen Kanal hinein bis nach Brighton. Wir waren sehr gespannt.

Abends lernten wir das schwedische Ehepaar kennen, das auf seinem Stahlschiff, mit genügend Zeit ausgestattet, in Richtung Portugal und Spanien unterwegs war, um vielleicht den Winter auf Malta zu verbringen. Sie befuhren zum ersten Mal diese Gegend und waren natürlich neugierig, was die Ansteuerung des englischen Kanals anbetraf.

66

Die Schweden waren anderntags um 10.00 Uhr verschwunden. Wir hatten beschlossen, noch zu warten, der Wind sollte erst sein eigentliches Gesicht zeigen. Gegen Abend war es dann so weit.

Wir verließen Borkum bei NNE 4-5. Schon bald waren wir im inneren landseitigen Wasserweg, der relativ frei von der Großschifffahrt ist. Wir kamen gut voran. Der Wind nahm auf 6 Beaufort zu, ebenso die Wellenhöhe. Ich hatte Freude daran, die letzten Dinge innen zu ordnen, um die Geräusche hin- und her schwankender Utensilien zu mildern. Auch war der beträchtliche Ballast unserer Lady nicht anzumerken. Unerschrocken nahm sie die schräg von achtern einlaufenden Seen, schüttelte sich vielleicht einmal, nahm wieder Haltung an und schnellte etwas langsamer als die Seen nach vorne, während die Fahrt durchs Wasser auf acht Knoten zunahm. Der Großbaum war beidseitig gut gelascht, die Genua dem Wind angepasst. Die Nacht konnte kommen. Der Jahreszeit entsprechend war es kalt. Volle Bekleidung war angesagt: Lifawäsche, Ostfriesenpelz und Gore-tex-Jacken nebst Pudelmütze, tief über beide Ohren gezogen, und Handschuhe. Jede Bewegung zum Kartentisch und wieder zurück ins Cockpit war eine Balance, die noch ungewohnt war und anstrengte, zumal in dieser Winterbekleidung.

Der Morgen graute vor Terschelling. Die ersten Bohrinseln standen wie verlassene stählerne Häuser da, als suchten sie Käufer, vielleicht mit grüner Gesinnung, um sie zu integrieren in diese Welt, Bäume und Büsche zu pflanzen, sie bewohnbar zu machen. Sie schienen so verlassen, als wären sie von der Industrie aufgegeben. Ich tagträumte, näher an sie heranzufahren, um die Verkaufsschilder zu lesen.

Wir folgten der ausgearbeiteten Route entlang der holländischen Küste. Das Warten auf Borkum hatte sich gelohnt. Ich wollte bis England keinen weiteren Zwischenstopp. Abends kam Schiffsverkehr auf. Der Scheinwerfer zum Anstrahlen der Segel fand reichlichen Einsatz. Aber in dieser dunklen und kalten, sternenklaren Nacht hatte uns niemand besonders auf dem Kieker. Sogar eine Marineflotte machte einen weiten Bogen um uns, nachdem wir uns zu erkennen gegeben hatten. Wie sich später herausstellte, hatte dieses Ausweichmanöver natürlich auch einen anderen, weit gewichtigeren Grund. Aber für einige Stunden fühlten wir uns etwas größer und wichtiger, als wir eigentlich waren. Die neuen Polster waren ein Segen, ich hatte auch nach kurzen Schlafintervallen ein gutes Gefühl. Ich hasste es, mich in Klamotten ins Bett zu legen. Schließlich ist ein Schiff ein Haus wie jedes andere und man geht nicht in Pantoffeln zu Bett. Andererseits war das Ankleiden jeweils ein Balanceakt, der Kräfte brauchte. Ich erinnere mich an die vielen Fahrtenberichte namhafter Segler, die, je länger sie auf See waren, ihre Kräfte schwinden sahen. Ich hingegen hatte eher das Gefühl, in diesen Wellen und den daraus resultierenden Schiffsbewegungen im Training zu sein. Aber noch fehlte mir die Erfahrung anderen Seeverhaltens. Noch befand ich mich in den Gewässern, in denen ich mich auskannte.

Auch in dieser zweiten Nacht war der Himmel wie eine Serie von Gemälden in einer Ausstellung ohne Eintrittspreis. Der Morgen brachte schwächere Winde, Dunst und das Gefühl, weit draußen, wie auf einer Insel zu sein. Die Hochrechnung des weiteren Verlaufs ergab für die Ankunft in der Höhe von Dover einen ungeschickten Zeitpunkt, da wir Gegenstrom haben würden. Ich war etwas bangmutig, da mir nur Fantasien über »Strom gegen Wind« zur Verfügung standen. Bislang hatte ich die Ansteuerung von Dover immer zur besten Zeit geschafft. Ich versuchte zu bummeln, die Fahrt aus dem Schiff zu nehmen. Doch Tidengewässer haben ihre eigene Gesetzmäßigkeit. Plötzlich nahm die Fahrt über Grund zu, als würden wir mit Schlepperhilfe in den Strudel der in den Kanal einlaufenden Wassermassen gezogen. Ich dachte an den Tidenhub von annähernd zehn Metern auf den Kanalinseln, das gleiche Wasser, das vom Atlantik aus vom Schlepper »Mond« gezogen, ständig hin und her pendelte. Welche ungeheuren Wassermassen, die mancherorts in Form von meterhohen Walzen über die See rollen und durchaus gefährlich werden können!
Die Zeit rann dahin und der Tag neigte sich dem Ende entgegen. Die Lichter der Seezeichen flammten auf und ersetzten durch ihre Leitfunktion die mangelnde Sicht in der Nacht. Am Ende der Fahrrinne, die uns über das Feuerschiff NORTH FALLS zu SOUTH GOODWIN führte, kamen die hellen Lichterketten von Dover in Sicht. Gespenstisch glühten die Lichter in der Nacht, wo die hohen Kreidefelsen die Grenze zwischen Wasser und Land markieren. Dover hat den späten Reiz eines alten Seebades mit der langen Promenade vor alten Hotels und dem Duft der von weither kommenden See. Ich erinnerte mich an den letzten Spaziergang dort auf der Promenade, den Blick auf die Wellen gerichtet – und nun saß ich hier auf dem Schiff und dachte mich wiederum auf die andere Seite.

Das kleine schwarze Feuerschiff SOUTH GOODWIN wies uns vor beleuchteter Kulisse den Weg in den Kanal. Im Süden blitzte die Lichterkette der aufgereihten Großschifffahrt, im Norden die schemenhaft erhellte Steilküste Dovers. Rolf und ich mühten uns, die Konturen der Nacht zu enträtseln. So waren ein Stück der Steilküste und die drei roten Lichter übereinander ein riesiges Schiff, ein weißer Zerstörer, der die Küste von Dover zu bewachen schien. Als die Wellen des entgegenkommenden Stromes vom Gegenwind überhöht vor den Bug kamen, musste die Maschine ein Stück des Weges helfen. Das war ganz praktisch, denn die Stromreserven wurden geringer.

Es dauerte lange, bis der Hafen von Dover achteraus lag und der Kurs auf die nächste Huk abgesteckt werden konnte. Ich hatte meinen müden Punkt erreicht und meldete mich ab. Bärbel kam zur Verstärkung ins Cockpit, sodass ich ein paar Stunden schlafen konnte, bis ich am frühen Morgen Bärbel in der Sonne im Cockpit eingemummt sitzen sah. Der Wind hatte beträchtlich zugelegt. Wir hatten immer noch nur das Groß gesetzt, was wir jetzt schleunigst änderten. Lediglich unter der zu einem Drittel ausgerollten Genua stürmte die ANTIMALOCHE vor den achtern anlaufenden Wellen voran.

Die Sonne stand hoch am Himmel, es war in einem jener Hochdruckgebiete, in denen es kalt ist und die Winde stark sind. Ständig kamen die Sturmwarnungen über UKW. Die Engländer halten auf ihre Seeleute. Doch auch die zuverlässigsten Warnungen nutzten nichts, wir waren da mittendrin und konnten keinen vernünftigen Hafen vor unserem vorläufigen Ziel Brighton anlaufen. Ich war dick eingepackt, hatte die Wollmütze tief über beide Ohren gezogen und nahm dem Autopiloten die Arbeit ab, die ihm zu schwer wurde. Die Wellen rauschten förmlich von achtern heran. Sie trieben eine Gischtsee vor sich her, hoben das Schiff an, das nach steuerbord wegdrehte, und rollten unter dem Kiel hindurch. Diese Gesetzmäßigkeit des Kurvens um eine Grundlinie ist bei achterlicher See besonders typisch. Wenn man es kennt, können die Steuerausschläge des Ruders relativ klein sein. Aber oft kommt mit einiger Regelmäßigkeit die Welle nachgefolgt, die höher ist als alle anderen und sich wie ein Berg vor dem Schiff aufbaut, nachdem sie unter dem Kiel hindurchgelaufen ist. Das ist der Moment, an dem man sich fragt, wie es diese ungeheuren Wassermassen geschafft haben, das Schiff zu durchlaufen. Auch Angst kommt auf, da die Fantasie die Wellen höher macht, als sie sind. Was, wenn der Wind weiter zulegt?

Trotz der Kälte des von hinten anbrandenden Windes schwitzte ich vor Anstrengung. Angeleint im sicheren Halt, wagte ich das Ruder keinen Moment lang aus den Augen zu lassen. Ich war so wach wie gleichzeitig müde, wollte nach Hause, in mein Bett, nur schlafen, aber auch keinen Moment dieses Hochgefühls versäumen, das mir die Natur kostenlos vermittelte. Während des Eingebundenseins in die Aufgabe des Steuerns, des Fortkommens, des Verharrens, schwebte ich zugleich über dem Schiff und stand neben mir. Ich träumte und war wach zugleich, ich dachte nicht und hatte doch das Gefühl, irgendetwas entscheiden zu müssen. Es war eine fast paradiesische Gelassenheit, weil die Entschuldigung, kein weiteres Konzept zu haben, mir gleichsam durch die Notwendigkeit des Steuerns vorgegeben wurde. So träumte ich mich bereits auf den Atlantik, wo ein Zurück ebenso wenig möglich war wie ein Ausweichen.

Doch wir sollten mit der jetzigen Erfahrung zufrieden sein. Das Phänomen viel Wind gegen den Strom hatte dieser Tag enttarnt. Bezogen auf den Kanal kannte ich es nun, und irgendwo anders würde es ähnlich sein. Die Situation war zu meistern, die Prüfung bestanden. Es war auszuhalten, in der realen Begegnung schon fast unwirklich ruhig, jedenfalls im Schiff, wo sich Bärbel ohne Mühe von einer Seite zur anderen bewegte, als ginge sie zu Hause im Wohnzimmer spazieren.

Rolf fragte, ob er etwas für mich tun könne. Ich wollte einen Kaffee und eine Zigarette, wenngleich letztere durch den Wind verglühte; eine gesunde Art des Rauchens. Irgendwann hatte ich Lust zu relaxen, wollte lieber auf dem Schiff herumturnen, Aufnahmen machen, filmen. Wenn doch Matse hier wäre!

Es dauerte scheinbar unendlich lange, bis der Leuchtturm »Royal Souvereign« sichtbar näher kam. Plötzlich sahen wir einen Segler auf Gegenkurs zum Wind an der Kreuz. Das Schiff machte die bekannten Nickbewegungen in kurzen und harten Stößen. Mir tat das Schiff Leid, was für eine unnötige Materialbeanspruchung!

Wir jedenfalls waren seit drei Nächten und drei Tagen unterwegs und nicht auf einem harten Daysailing. Dann endlich hatten wir den Leuchtturm, und jetzt setzte auch der Strom wieder mit uns. Langsam näherten wir uns Beachy Head. Wie immer schien es, als dauerte es noch eine Ewigkeit, bis wir den Windschatten spüren konnten. Dann wurde es spannend. Obwohl wir bereits nahe der Huk waren, nahmen die Seen nicht ab. Im Gegenteil, sie schienen einen letzten Anlauf zu nehmen.

Gleichzeitig heulte der Wind, als sei er wütend, mit uns sein Spiel nicht mehr treiben zu können. Jetzt war die Aufmerksamkeit dem Steilküstenverlauf zu widmen. Ich steuerte bis auf eine Distanz von etwa einer halben oder einer Seemeile an das Ufer heran und achtete auf die Wassertiefe, die etwa bei 36 m lag. Es schien geschafft. Wir hatten jetzt nur noch dem Küstenverlauf zu folgen und würden so, weiterhin im Windschatten der hohen Küste, Brighton anlaufen. Wir machten noch etwa acht Knoten über Grund zum Ziel gut, während das Achterliek der spärlich gesetzten Genua wie ein loses Brett im Wind knatterte. Ich dachte an die Fahrt im kleinen Belt vor einigen Jahren, wo sich bei einem Amwind-Kurs bei nahezu zehn Windstärken das Achterliek der Genua wie ein Streifen Papier abgelöst hatte. Doch hier war es zum Glück anders: Nach zwei Kurbelumdrehungen an der Genuawinsch waren die Geräusche wieder weg. Jetzt schien die Atmosphäre unter den nahen Felsen der Steilküste wie in einem Akustikstudio, wie die relative Stille nach einem Sturm, wo man besonders hörbereit und aufmerksam wird.

Als die Tiefe um zehn Meter abnahm, kam eine Welle zischend und dumpf grollend hinter uns her, holte uns ein und drehte mit plötzlicher Wucht das Schiff fast auf die Seite. Dann verschwand sie unter dem Kiel und türmte sich in einer großen Walze vor der ANTIMALOCHE auf, eilte voraus, sich irgendwo in der Ferne erschöpfend. Ich war zu überrascht, als dass ich hätte irgendetwas anderes tun als instinktiv gegensteuern können. Das war ein letzter Gruß des Sturmes, eine Ahnung der Gefahren, denen ein kleines Schiff in Landnähe bei plötzlich abnehmender Tiefe ausgesetzt ist. Ich hielt schleunigst wieder auf den 30-Meter-Bereich zu und gab jetzt Rolf das Ruder, dankbar, mich mit weichen Knien setzen zu können, meine Erschöpfung plötzlich deutlich spürend. Wäre der Hafen nicht nur einige Meilen entfernt gewesen, hätte ich mich hingelegt. So aber blieb die Aufmerksamkeit voll dem Küstenverlauf zugewandt. In Gedanken überprüfte ich die Möglichkeit des Ankerns, indem ich das Wasser dicht unter den Felsen beobachtete. Hier schien es relativ ruhig zu sein, wie im Windschatten der Kreidefelsen von Klintholm, wo ich mehr als einmal vor einem stürmischen Südwest Schutz gesucht hatte. Seltsam, wie sich Erfahrungen immer in Erinnerung brachten. Doch wir wollten nicht ankern, sondern den Hafen von Brighton finden, der auf dem Weg in der Verlängerung des Küstenverlaufs lag. Schon bald wurden in der Ferne Konturen sichtbar. Brighton? Ich bat, die Flaggen zu richten, wir wollten den englischen

Landfall nach alter Tradition mit der Flagge »Q« ankündigen, die in der Steuerbord-Saling zu setzen war. Ich hatte das Ruder wieder übernommen und beobachtete Rolf, der in dem immer noch frischen Wind seine Mühe mit der Flagge hatte. Bärbel ordnete die Festmacher und legte die Fender bereit. Dann waren wir unmittelbar vor einer Hafenmole, die mir völlig fremd vorkam. Das konnte nicht sein, was war denn falsch?

Jetzt wollte ich in den Hafen, ich war müde und hatte Hunger. Ich war ärgerlich, aber im Grunde auf mich selbst. Das Schiffchen auf der elektronischen Seekarte war einem Hafen zugestrebt, das war richtig, nur es war nicht Brighton, sondern Newhaven! Unser Hafen lag noch etwa 6,5 sm weiter im Westen. Wir waren erschöpft. Jeder hatte angesichts des nahenden Hafens abgeschaltet, so passieren Fehler. Doch zum Glück blieb uns die Tide erhalten. Nur kurze Zeit später entdeckten wir Brighton, das wiederum fremd wirkte, denn die sonst bei niedrigerem Wasserstand so gigantischen Betonmauern schienen klein geworden zu sein und gerade eben aus dem Wasser zu ragen. Das Anlaufen war hier im weiter anhaltenden Windschutz der hinter uns liegenden Küste ein Kinderspiel.

Um 15.30 Uhr hallte die Maschine in der beidseitigen Betonabdeckung des Eingangs in die Marina, eine scharfe Rechtskurve, und schon standen wir vor dem Steg für die einlaufenden Yachten. Ich war müde, ungeduldig und genervt und verbot Rolf, an Land zu springen, da ich ihn für zu müde hielt. Bärbel aber konnte das Schiff nicht halten, denn der Wind war auch hier im Hafen von beträchtlicher Stärke. Glücklicherweise kamen die Leute eines Zollkreuzers zu Hilfe und wir schafften es, die ANTIMALOCHE, die wohl wieder raus wollte, an den Steg zu binden. Ich war wütend und raunte meiner Mannschaft ein »Ist das peinlich!« entgegen. Die wiederum verstand mich nicht und nervte mich stillschweigend an, bis wir uns zu einem Begrüßungsschluck ins Cockpit setzten und froh waren, hier zu sein.

Die Schweden kamen kurz darauf vorbei, sie hatten es vor uns geschafft und waren von dem stürmischen Ostwind gerade noch verschont geblieben. Der Unterschied lag eben genau in zehn Stunden, die sie vor uns aus Borkum ausgelaufen waren. So aber hatten wir nur wenige Maschinenstunden verbraucht und waren um eine Erfahrung, was den Kanal anbetraf, reicher: eine Sturmerfahrung.

Nachdem der Zoll an Bord war und nichts weiter wollte als die Pässe und unser »Woher« und »Wohin«, verholten wir das Schiff, dösten, räumten auf und besannen uns auf unsere Mägen. Rolf wollte lieber schlafen und so gingen Bärbel und ich allein in ein Lokal, das das Viel-Fressen für elf Pfund ermöglichte. Wir bemühten uns, dem Anspruch zu genügen, hatten wir doch seit dem Frühstück nichts Vernünftiges mehr genossen. Ein oder zwei große englische Biere halfen zu spülen, und dann war es auch für Bärbel und mich Zeit, die Koje aufzusuchen.

Ich schlief traumlos bis in den späten Morgen, denn ein Hafentag war angesetzt, um dem weiteren Wetter auf die Spur zu kommen und etwas zu relaxen. Wir lagen schließlich gut in der Zeit. Nach einem herzhaften Frühstück schlenderten wir zum Supermarkt und beluden mit Enthusiasmus einen großen Einkaufswagen voller Köstlichkeiten, unter anderem einer großen Packung Eis für die Tiefkühltruhe an Bord.

England ist das Land der Kreditkarte, sowohl im Hafenoffice als auch im Supermarkt oder den sonstigen Geschäften. Eine Ein-Pfund-Münze für den Einkaufswagen klaubten wir noch aus alten Bordbeständen, einem kleinen Behälter, in dem wir Münzen aus diversen Ländern gehortet hatten. Danach stürmte ich die Seglergeschäfte und fand ein Zodiakschlauchboot, das mit Hochdruckboden und geformtem Kiel genau dem entsprach, was ich mir vorgestellt hatte. Es wurde ein schwieriger Handel, denn der jugendliche Besitzer wollte seine Härte voll ausspielen, während ich auf dem Standpunkt beharrte, dass die Höhe des englischen Pfundes nicht mein Problem sei und ich nicht bereit wäre, in England mehr zu bezahlen als zu Hause. Im Gegenteil, eigentlich erwartete ich einen Exportbonus. Nach langem Feilschen, wie unter guten Kaufleuten üblich, machte ich den Deal und er nahm mein altes Schlauchboot in Zahlung, das ich liebevoll für die lange Reise vorbereitet hatte. Matse, mit dem ich telefonierte, war zufrieden. Er freute sich darauf, endlich den Yamaha-Außenborder voll ausfahren zu können, ohne durch das überkommende Wasser im Nassen zu sitzen.

Dann liefen wir wieder aus. Es war diesig und fast windstill und wir versuchten, die Isle of Wight mit dem Hafen Cowes zu erreichen. Leider blieb es bei der schwachen Brise und so schob uns lediglich der Tidenstrom die meiste Zeit, sodass wir erst spät in der Nacht in den Fluss Cowes einbogen und in dem Wirrwarr der Lichter an Land und der zahlreichen Fähren den Hafen über seinen Südeingang erreichten. Die Ansteuerung war ein Lehrbeispiel für die elektronische Navigation, denn wir konnten in der dunklen Nacht, lediglich vom Computer aus Informationen an den Rudergänger gebend, unser Ziel erreichen. Natürlich war die entsprechende Papierseekarte immer zur Hand, nur muss man wirklich sagen, dass diese moderne Form des Navigierens ein erhebliches Maß an zusätzlicher Sicherheit darstellt – besonders in Tidengewässern. Die Versetzung durch den Strom ist jederzeit vom Bildschirm ablesbar. Im Grunde kann der Rudergänger sich auf Zurufe des Navigators voll verlassen. Ich war durch die Anwendung in der Praxis ein weiteres Mal von unserer Wahl der Ausrüstung begeistert.

In Cowes blieben wir eine geraume Zeit, da das Wetter sich vorübergehend verschlechterte und der angenehme Ostwind sich verflüchtigt hatte. Fast verfluchte ich meine Entscheidung, Brighton anzulaufen und nicht den Ostwind genutzt zu haben. Andererseits wollten wir auch etwas sehen, und die Atmosphäre in dieser geschäftigen Seglerwelt tat gut. Hier ist Segeln eine Normalität. Es schien nichts anderes zu geben. Ich machte viele Spaziergänge. Den ersten am anderen Morgen zum Hafenbüro, denn wir hatten uns bei der Dunkelheit nur in den Hafen geschlichen und provisorisch festgemacht. »Es ist voll demnächst, weil mehrere Regatten anstehen und 150 Schiffe erwartet werden«, bekam ich dort zu hören und nahm es gelassen zur Kenntnis, denn aus Erfahrung wusste ich, dass die Engländer auch scheinbar Unmögliches möglich machen. Tatsächlich bekamen wir einen Liegeplatz im Nordhafen, der uns den Betrieb der nächsten Tage nicht merken ließ. Rolf wurde etwas selbstständiger und machte sich allein zu einem ausgedehnten Spaziergang auf den Weg, von dem er völlig scholle zurückkehrte, um wieder seinen Rentnerplatz im Cockpit einzunehmen. Ich versuchte, mich nicht daran zu stören und arbeitete die immer vorhandene Liste notwendiger Verbesserungen ab. Ich entdeckte einen Rigger in Cowes, der mir einen Heißstropp für das Schlauchboot herstellte, das bis Plymouth im Davit gefahren wurde. Spaziergänge in den Ort waren totale Entspannung. Als Rolf uns zum Essen einlud, waren wir fast die einzigen Gäste in dem altenglischen Lokal, sodass unser unverschämter Hunger auffiel. Ich verdrückte eine Portion, die mich an Studentenzeiten erinnerte.

Die Tage auf der Insel vergingen wie im Fluge. Wir waren ja schon ein Stück weit gekommen, sprachen aber bei der schlechten Wetterlage, die uns vor Ort hielt, vom Verbleib des Schiffes im nahen Portsmouth, wo wir bereits einmal gelegen hatten. Ich erinnerte mich an eine Schlauchbootfahrt über den Fluss, vorbei an den vielen ausgedienten Falkland-U-Booten und den ganzen Westerly-Yachten, als wenn es in England nur diese eine Werft gegeben hätte. Doch dann gab es eine andere Chance für uns, wie wir meinten. Morgens gegen 9.00 Uhr liefen wir aus, aber es war noch nicht unser Tag. Im Solent kam uns der Wind entgegen und wir fuhren reumütig zurück, um anderntags bei Sonnenschein und nur kargem Westwind den Hafen erneut zu verlassen. Diesmal stimmte das Timing, wir waren bereits in etwa eineinhalb Stunden mit dem reißenden Strom in Höhe der Needles, die eindrucksvoll den Westeingang des Solents bewachen. Draußen schlief der Wind ein, was uns angesichts der Tatsache, dass wir vorankamen, wenig beeindruckte. Ich wollte jetzt die Verabredung mit Plymouth einhalten, komme, was da wolle. Es blieb den ganzen Tag über sonnig. Rolf und ich saßen im Cockpit und genossen die Sonne. Bärbel schlief, denn der Seegang war nicht so gleichmäßig, wie ich es ihr gewünscht hätte. Die Nacht wurde kalt, der Himmel zum Zeitpunkt des Sonnenuntergangs eine Ausstellung moderner Malerei. Später nahm der Seegang zu, und der Diesel hatte bei dem seitlich zum Groß einfallenden Wind reichlich zu tun. Wir machten das Beste daraus. Die Düse 1 unseres Diesels war nach meiner Reparatur in Cowes dicht und so waren wir immerhin von dem Kopfschmerzen bereitenden Dieselgestank verschont. Es verblieb viel Zeit zum Relaxen, Ausprobieren und Lauschen auf die verschiedenen Geräusche, die stets die Ordnung und das Funktionieren unterwegs akustisch eindeutig signalisieren. Ich glaube, ich würde inzwischen aus dem Tiefschlaf erwachen, wenn etwas Gravierendes nicht in Ordnung war. Matse meldete sich per Fax und ich antwortete ihm. Er brannte auf unseren Bericht. Bald war es geschafft.

Ich hatte durch das genaue Studium der Wetterkarten im Fernsehen – einmal Segler, immer Segler – natürlich den Verlauf der Reise verfolgt und war über den glatten Verlauf überrascht. Helmut schwärmte von den Windstärken im Kanal und hatte seine erste Empfindlichkeit (andere nennen es Seekrankheit) und Angst überstanden. Er machte dicke Backen in seinem Bericht, was mir gar nicht schmeckte. Ohne mein Dabeisein konnte doch eigentlich nichts wirklich Vernünftiges laufen. Ich machte mir Sorgen. Hatte ich etwas verpasst?

Am Morgen brauchte ich dann doch Schlaf und auch Rolf musste in die

Koje. Bärbel übernahm die Wache, sah die Sonne aufgehen und berichtete beim Frühstück von ihren schrecklichen Erlebnissen. Sie hatte ein Kriegsspiel der Engländer ertragen müssen, die vor der Küste von Plymouth eine Seenotrettung bei brennendem Schiff vorführten. Zudem war es neblig, aber die Software und die Geräte signalisierten ihr absolute Sicherheit der Position des Schiffes und des Weges voraus. So war es kein Problem, den Hafen von Plymouth zu finden, in den wir morgens um 10 Uhr, 24 Stunden nach unserer Abfahrt aus Cowes, einliefen. Auch wenn man schon einmal in einem Hafen gewesen ist, ist man immer wieder verunsichert. Nur schemenhaft fielen uns die Seezeichen ein, die wir zu passieren hatten. Schließlich fanden wir die Mole zur Queen Anns Battery Marina, an deren Tankstelle vor dem Dockhafen wir festmachten. Es war geschafft, alles andere war zwar wichtige, aber nur organisatorische Routine. Im Hafenbüro war es kein Problem, den Liegeplatz für die nächsten Wochen zu sichern. Allerdings kam mir später, als der Himmel sich bezog und ein nettes Gewitter auf uns hernieder prasselte, die Vorstellung, dass der Schwell hier im Hafen dem Schiff nicht gut tun würde. So machte ich mich anderntags auf einen langen Spaziergang in die Stadt, wo ich unter anderem bei der Sutton Harbour Marina vorbeischaute. Sie lag im Norden des Dockhafens, und kein Wellchen störte die an den Stegen ruhig daliegenden Schiffe.
»Sorry, Sir«, versuchte ich mich beim Hafenmeister, »do you have a berth for us? We are staying at the Queen Anns Marina and the swell yesterday evening was a special problem there!« Er versprach, die Dinge zu regeln, meinte aber, es werde vermutlich nichts daraus, denn ich würde sicherlich mein Geld in Queen Anns nicht zurückerhalten. Als ich mich zum Office aufmachte, war ich etwas verunsichert und schwor mir, in den Folgehäfen erst einmal gründlich nach dem Rechten zu sehen, bevor ich mich für Wochen festlegte – und bezahlte. Doch wider Erwarten war alles kein Problem. Die Buchung wurde rückgängig gemacht, es ging lediglich um die Frage, ob mir denn etwas nicht gefallen hätte. Ich erwähnte nicht die nicht funktionierende Dusche am Morgen nach unserer Ankunft (wohl ein häufiges Vorkommen im Mai, zugegeben), sondern machte allein die größere Sicherheit für ein unbemanntes Schiff für meine Entscheidung verantwortlich, was verstanden wurde. Dann lief ich erneut zurück und bezahlte 300,- englische Pfund für vier Wochen Liegezeit. Und das bei einem Wechselkurs von 3:1! – Das Budget unserer Liegegebühren wurde damit reichlich strapaziert. Dann

verholten wir. Jetzt zeigte sich, wie es ist, wenn man irgendwo willkommen ist. Die Schleuse öffnete auf Anruf sofort, der Hafenmeister von gegenüber verkündete laut dem Schleusenwärter, dass die ANTIMALOCHE einen vorgemerkten Platz habe, und wir konnten unter militärischem Gruß passieren: »Straight on, Sir, just opposite, you are welcome!« Oben, im Hafenmeisterbüro beugte sich jemand vor Lachen. »You really got the money back? Thats great!« − Und obwohl auch hier die Liegegebühr königlich war: Hier war die Stimmung gut und wir hatten ein sicheres Gefühl.

Am nächsten Tag verließen wir schweren Herzens das Schiff. Mit dem Bus fuhren wir direkt nach Heathrow, wo wir unser Flugzeug rechtzeitig erreichten. Fast hätte sich Rolf, der noch etwas Bummeln ging, verlaufen, er kam 2 Minuten vor dem Abflug. Dann düsten wir in der Luft in einer guten Stunde zurück. Ein merkwürdiges Gefühl, dass es so schnell ging!

Warten auf die zweite Etappe

Hamburg

Wieder zu Hause, erlebten wir die Endphase von Matses Schulzeit und sein mündliches Abitur. Bärbel und ich waren stolz, er hatte es gut gemacht. Die Abiturabschlussfeier war der hohen Sache angemessen. Es war eine Feier in vornehmer Kleidung, wie zurück in einer Welt, die zwar ganz anders, aber doch auch gewohnt war. Dann kam für Matse eine Zeit des Abschieds von den Freunden. Ich ahnte, was ihm da schwer fiel. Aber ich kannte ihn auch, es würde nicht so lange dauern. »Sie« war denn auch auf den Kanaren bereits vergessen.

Was soll ich über meine Gefühle viel sagen. Ich war ohne Schiff und insofern ein halber Mensch. Ich entwickelte manche Aktivitäten, um ein Gefühl von Schiffigkeit in den festen Grenzen unseres Hauses zu erzeugen. Die ausgebaute Garage schien mir dem Schiffsinneren am ähnlichsten zu sein, so richtete ich mir hier mit dem Laptop einen Arbeitsplatz ein, eine Art Fluchtburg, in der ich meinen Reisetraum weiterspinnen konnte. Da war zum Beispiel der Artikel für die »Yacht« zu schreiben, nach dem Erscheinungsdatum zu fragen, der Liegeplatz auf den Kanaren zu sichern. Herr Muth von der »Yacht«-Redaktion empfahl uns, Puerto Rico anzulaufen, da der dortige Trans-Ocean-Stützpunktleiter ein Mitarbeiter war. In Puerto Mogan, von wo wir zur dritten Etappe starten wollten, war erst Mitte Oktober eine Box frei. Las Palmas konnte ich nicht erreichen. Damals glaubte ich auch noch die Berichte über das ölverschmutzte Hafenwasser und hatte daher sowieso wenig Neigung, dort zu liegen.

Anfang Juli besuchten Bärbel und ich das Schiff in Plymouth. Das war gut, denn es lag inzwischen im hintersten Winkel des Hafens und die Batterien waren leer, weil ich einen Verbraucher angelassen hatte. Der Windgenerator hatte hier in der Tiefe des Hafens kaum arbeiten können. Wir klarten auf, fuhren in die Stadt, kauften ein, verproviantierten und verholten das Schiff an einen vernünftigen Platz mit Stromanschluss. Außerdem machte ich Aufnahmen vom Schiff für das Flaggenzertifikat als einzig gültigem Schiffspapier, das ich beantragen wollte. Sogar zum Relaxen blieb noch Zeit, bevor wir mit dem Leihwagen wieder zum Flughafen Heathrow zurückfuhren.

In der Praxis war es ungemütlich. Ich genoss die Patienten, aber nicht die Politik. Das Neueste war ein Medikamentenbudget. Wir mussten den Patienten nun so genannte Generika, also preiswertere Medikamente verschreiben, wenn wir sie nicht irgendwann aus eigener Tasche bezahlen wollten, was natürlich nicht ging. Wer glaubt schon in dieser Welt, dass etwas, was billiger ist, genauso gut ist wie das bekannte Original? Wir hatten also Wunder zu erklären beziehungsweise glaubhaft zu versichern, dass es einen Mercedes nunmehr zum halben Preis zu kaufen gab.
Schließlich waren die Seekarten zu besorgen. Ich verbrachte ein paar Stunden bei Bade und Hornig und entschied mich zusammen mit Herrn Winter für die großmaßstäbigen elektronischen Karten sowie Detailkarten zusätzlich auch in Papier für die Route von Plymouth bis zu den Kanaren über Porto Santo auf Madeira. Zu Hause installierte ich sie auf dem PC und betrachtete voller Respekt die Distanzen, die vor uns lagen. Kein Zweifel, wir hatten uns was vorgenommen!

Matse wollte nun doch lieber fliegen, so mussten wir die restlichen Dinge auf unser aller Reisegepäck verteilen – und auf die Tauchflaschen verzichten! Vielleicht brauchten wir sie ja auch gar nicht. Am Freitag, eine Woche vor unserem eigenen Flug, machte sich Matse mit kiloschwerem Gepäck auf den Weg zum Flughafen. Gegen 21.00 Uhr rief er an. Er stand vor der ANTIMALOCHE, hatte sie schon begrüßt und meinte, es sei alles in Ordnung. Einen Tag später rief er erneut an und war sehr heiter. Erst verstand ich gar nicht, was er mir zu erzählen versuchte, doch dann fiel mir die Situation vor Dover wieder ein, wo so viele Schiffe einen unerhört großen Bogen um uns geschlagen hatten ... Matse hatte das Rätsel gelöst: Beim Überprüfen der Topplaterne stellte er fest, dass sie um 90 Grad zur Vorausrichtung verdreht gewesen war. Erst wollte ich den Riggern die Schuld geben. Das wäre schön einfach gewesen, stimmte aber nicht. Wir selbst hatten die Birne getauscht und dabei die Lampe falsch justiert! Und er hatte den Fehler erst jetzt bei einem nächtlichen Check bemerkt.

Es war eine Lust, nach dem Abitur ein neues Vorhaben zu beginnen, über dessen Konsequenzen ich mir zu diesem Zeitpunkt noch wenig Gedanken machte. Die Zeit bis zu meinem Abflug verging sehr träge. Einerseits wollte ich los, andererseits auch wieder nicht, und es dauerte, bis ich mich eingestimmt hatte. Helmut verbrachte seine freie Zeit in der Garage und schrieb. Manchmal las er vor, so konnte ich an seinen Gedanken teilhaben. Er machte auch die Routenplanung, aber das war mir alles noch zu unbestimmt. Kein Mensch konnte wissen, was auf uns zukam. Ich trennte mich schwer, und es dauerte, bis ich in die Hufe kam. Dann aber fieberte ich dem Abschied entgegen und stöhnte unter der Last des Gepäcks, mit dem ich ja ohne Leihwagen per Bus die Strecke von Heathrow bis Plymouth zurückzulegen hatte.

Als ich dann das Schiff sicher und wohlbehalten dort im Hafen liegen sah, überkam mich endlich die Freude, auf die ich mangels Gelegenheit so lange warten musste. Da lag sie, meine alte Lady, und sprach mit mir. Jetzt war ich wieder zuständig, konnte auf sie aufpassen. Jetzt mussten wir richtige Freunde werden, denn nunmehr war sie für eine lange Zeit mein Zuhause ...

Nach einem Endlauf mit vielen Einlagen, dem Abschluss von Versicherungen, einem Testament, dem Endspurt auch in der Praxis, bevor der Vertreter kam, war plötzlich der ersehnte Tag da: Am 23.07.99 nachmittags um 17.00 Uhr kam ich nach Hause und überlegte, was alles mitzunehmen sei. Kurz, ich musste packen. Das war etwas nervig, eigentlich hätte ich mich hinlegen sollen, um erst einmal 24 Stunden zu schlafen. Stattdessen suchte ich Dinge, die ich hatte, aber nicht fand, außerdem waren die 20 kg Reisegepäck zu bedenken ... Kurz: Ich kam um 01.00 Uhr ins Bett und war bereits gegen 09.00 Uhr wach, viel zu früh, aber dennoch etwas ausgeruhter als am Abend zuvor. Ich rief Matse an, es sei nun alles so weit, er war gerade vom Supermarkt gekommen und schwitzte in der Hitze, die Plymouth erreicht hatte. Dann war es geschafft. Wir riefen die Taxe, die uns zum Flughafen brachte.

Wieder ging es ein Stück voran. Nun stand die Biskaya auf dem Plan. Da war eigentlich wenig Raum für Bedenken. Rein äußerlich war es eine Situation ähnlich der vor allen großen Urlauben in den Sommerferien. Wir waren als Familie zu dritt unterwegs, kannten uns aus, würden uns ergänzen, helfen, abwechseln. Bärbel, die ja auf den folgenden Etappen nicht mehr dabei sein wollte, sollte es besonders gut haben. Ich hatte ihr versprochen, dass die Reise nach Süden vor dem Wind stattfinden werde, weil es in dieser Jahreszeit da den »Norder« gebe, der uns den Geschmack von Ozeansegeln vermitteln werde. Vorbei sei nun bald die Zeit des mühseligen Kreuzens wie zu Zeiten auf der Ostsee. Wenigstens dem Anschein nach glaubte sie mir.

Diesmal waren die Bedenken vor dem Neuen in den Reiz des Unbekannten verpackt, wie ein gut verschnürtes Paket, das man auf die Reise schickt. Aber über die Biskaya hinaus zu denken, war mir immer noch nicht möglich. Genau genommen konnte ich nur bis Brest denken, dem wir uns mit dem Gefühl, dem englischen Kanal zu entrinnen, annähern wollten. Das schon war etwas Neues, nie Dagewesenes und zugleich eine erste Ahnung von unserer Blauwassertaufe.

Der Abschied vom Schiff nach dieser nächsten Etappe war vollends jenseits meiner Vorstellungskraft, vielleicht auch, weil er mir zu schmerzlich schien.

Während dieser ersten Interimszeit war ich in Gedanken immer auf dem Schiff gewesen. Auch in Zukunft würde das so sein, erleichtert durch die vielen E-Mails von Matse. Das ist vielleicht ein Stück der Besonderheit meiner Beziehung zu ihm, denn ich konnte nicht immer der unmittelbar Erlebende sein, weil ich meine Verpflichtungen hatte. Er wusste das und tat alles, um mich dennoch teilhaben zu lassen.

Biskaya

Am 28.07., ausgeruht von unserer Sturmfahrt zur Île de Quessant, verließen wir bei Hochwasser den Hafen von Camaret sur Mer. Ich bezahlte im Hafenbüro mit der Kreditkarte und fragte nach der Tankstelle.
Während wir uns langsam über die tiefste Rinne aus dem Hafen
schlichen, schaute ich zu der imposanten Kirche hinüber. Sie steht auf
der Spitze der Landzunge, die die Bucht von Camaret sur Mer begrenzt.
Bärbel hatte sie besucht. Sie fand sie Furcht erregend, überladen und keineswegs nordisch schlicht. Es sei dort üblich, eine Kerze anzuzünden, um
für eine sichere Überfahrt zu bitten. Leider hatte sie aber kein Geld dabei
gehabt, und ich zweifelte jetzt, ob wir nicht doch noch einmal hätten hi-
naufgehen sollen.
Andererseits kam der Wind aus Nord bis Nordost und die Voraussage war
günstig für die nächsten fünf Tage. Dennoch war mir etwas mulmig
zumute. Wir legten nicht aus der Marina Minde in der Flensburger För-
de ab, um in Richtung Fehmarn zu segeln, vorbei an vielen möglichen
Häfen und Landzungen, die im Falle eines Wetterumschwungs hätten
Schutz geben können. Das Ablegen am Abend und die Nachtfahrt hatten jetzt eine besondere Dimension. Auf der heimischen Ostsee würden
wir am folgenden Tag wieder Land sehen, zum Beispiel die Küste Feh-
marns, und die ganze Nacht würden uns die Leuchttürme im Norden
den Weg weisen. Hier aber fuhren wir immer weiter von Land weg, not-
wendigerweise, denn es galt auf kürzestem Wege den Kontinentalsockel
zu verlassen, um im Falle einer Wetterverschlechterung im tiefen Wasser zu sein. Die 1000-m-Tiefenlinie war der Markierungspunkt, von wo
aus der Kurs dann direkt zum Verkehrstrennungsgebiet vor dem Kap
Finisterre verlaufen sollte.
Die Tankstelle lag im Bereich des vorderen Hafenbeckens in der Tiefe
eines schlauchförmigen Zugangs, direkt in der Hafenmole, und hier
stand der Wind drauf. Langsam ließ ich mich in die Sackgasse hinein-
treiben und stoppte vor der Stegbrücke ab, um das Schiff auf engem

Raum so zu drehen, dass ich an dem kleinen Tankstellensteg mit Steuerbord anlegen konnte.

Was im Hafenbüro noch problemlos möglich war, schien hier auf Schwierigkeiten zu stoßen: Die Kreditkarte sollte nicht akzeptiert werden. Wir waren aber in einer günstigen Position, denn der Tank war bereits voll. So wurde scheinbar Unmögliches doch möglich. Wir konzentrierten uns nunmehr auf das Manöver, aus diesem Loch wieder herauszukommen. Ich gab Matse die 50 m lange Ankerleine nach achtern auf die Kaimauer, und er ging damit ein gutes Stück in Richtung Ausfahrt. Dann zog er das Achterschiff vom Steg weg, während ich mit der Maschine etwas nachhalf. Langsam spurte die ANTIMALOCHE sich rückwärts in Richtung Ausgang ein, bis sie auf das eigene Ruder gehorchte, während Matse die Leine Meter für Meter wieder einholte. Einen halben Meter von der rauen, steinigen Kaimauer entfernt sprang er über – geschafft. Inzwischen hatten sich zirka 50 Zuschauer versammelt, die sich wohl fragten, ob ein solches Manöver üblich sei. Ein Blick in unsere nunmehr total entspannten Gesichter und auch unser freundliches Winken überzeugten sie aber wohl endgültig, Zuschauer eines nicht normalen Manövers gewesen zu sein.

Das war geschafft. Das Wegkommen von Land war ähnlich schwierig wie das Ankommen. Also musste es jetzt leichter werden. »Es ist schön hier«, meinte Bärbel und zeigte auf die normannisch-herrschaftliche Küste zur Rechten, an der wir entlangfuhren, bis wir auf unseren Kurs »überwiegend West« einbiegen mussten. Es war ein warmer Abend. Wir freuten uns auf Besinnlichkeit im Cockpit bei noch flachem Wasser und achterlichem Wind. Der Barograph stand auf 1021 hPa und hatte steigende Tendenz. Sicherheit fuhr mit. Die Bordroutine begann. Ich wollte den Abend allein bestreiten und irgendwann die anderen wecken. Immerhin war es jetzt so weit. Wir fuhren in den Golf von Biskaya ein, der großen Bucht des atlantischen Ozeans zwischen Nordspanien und Westfrankreich mit der größten Tiefe von 5872 m und 194 000 km² groß, wegen der häufigen Stürme von den Seefahrern gefürchtet. Unser vorbereiteter Sollkurs zeigte den Respekt, den wir vor diesem Gewässer hatten. Unser Ansinnen war, so schnell wie möglich hindurch zu kommen, bis zur letzten Klippe, die die Anreise aus unserer Sicht darstellte, dem Kap Finisterre.

Der Seeweg nach Spanien, Madeira und den Kanaren oder auch andersherum, von den Inseln nach Norden, ist lange bekannt. Bereits etwa 100

Jahre vor Christus, zur Zeit der größten Ausdehnung des Römischen Reiches unter Trajan, hatte man Kenntnis von dieser Region, die dann später mit dessen Untergang wieder verloren ging. Erst unter Heinrich dem Seefahrer wurden die Gewässer und ihre Inseln wiederentdeckt, 1418 Porto Santo, 1419 Madeira und 1427 die Azoren. Vermutlich war vieles von dem, was wir heute in der Seefahrt selbstverständlich verwenden, von ihm angeregt worden. Seit 1431 war er Protektor der Universität von Lissabon und zog eine ganze Reihe von Seefahrern, Kartographen und Astronomen an. Das Zeitalter der Entdeckungen erhielt dadurch eine wissenschaftliche Grundlage. Ich hatte fast ein historisches Gefühl für dieses Gewässer, das wir jetzt durchfahren wollten, um es ein weiteres Mal zu entdecken, diesmal für uns.

Der Wind aus Ost blieb leicht, die See ruhig. Hin und wieder musste die Maschine helfen. Gegen 1 Uhr wurde ich müde in der Dunkelheit und Kühle des Abends. Die Riffe im Süden bereiteten keine Probleme, wir kamen frei. Bärbel war wach und wollte die Wache übernehmen. Ich machte noch etwas Kaffee, verschwand in der Koje und versank in einen tiefen Schlaf.

Als ich wach wurde, hatte Matse die Segel wieder getrimmt. Der Kurs war jetzt südlicher, der Wind hatte auf Nordwest gedreht, wir liefen auf Backbordbug mit 4-5 Knoten. Es war erstaunlich, wie sich die Farbe des Wassers so langsam in ein tiefes Blau verfärbte. Der Himmel war bedeckt und es war nicht so warm wie am Abend zuvor. Die ersten Flossen von Tümmlern zeigten sich kurz, wir waren wohl noch zu neu hier. Das musste besser werden. Die D2-Verbindung war irgendwann in der Nacht abgebrochen, jetzt waren wir draußen, fern von Land, und hatten nur noch die Verbindung über Inmarsat zur Verfügung. Der Laptop war bis zum Tageswechsel um Null Uhr ausgestellt gewesen. Seither zeichnete er wieder unsere Tracklinie auf. Ein Blick auf das Display zeigte uns jeweils sofort unsere Position, die wir angespannt verfolgten, denn wir wollten den Moment nicht verpassen, wenn wir die 1000-Meter-Linie überfuhren. Plötzlich war es dann so weit und fast schlagartig, vielleicht auch mit dem Wiedererscheinen der Sonne, nahm das Wasser diese intensiv blaue Farbe an, die eigentlich nur eine Waschmittelreklame im Fernsehen zustande bringt. Staunend und andächtig standen wir an der Reling, dann plötzlich brüllte ich vor Freude, denn mir war gerade bewusst geworden, dass wir von nun an Blauwassersegler waren.

Im Laufe des Tages wurde es immer wärmer. Ich döste in der Sonne und schaute auf dieses Meer von Wasser, tiefblau bis zum Horizont. Lange war das eine fantastische Vorstellung gewesen, jetzt wurde sie Realität. Die allmählich ansteigenden Dünungswellen kamen wie kleine Gebirge auf uns zu, bis sie langsam, fast unmerklich unter dem Schiffsbauch hindurch rollten. Wie in einer großen Badewanne, die hin und her schwankte. Über dieser Dünung lag nur eine sich schwach kräuselnde Windsee, in der unsere Lady langsam, aber stetig vorwärts marschierte. Die Situation hatte schon beinahe etwas Selbstverständliches. Wir waren draußen, auf dem Wege nach Spanien, mal so eben. Hatten wir den Entschluss, diese Reise zu wagen, nicht gerade erst gefasst? Tatsächlich waren schon vier Monate vergangen seit Matse den Laptop gekauft hatte. Das war am 22.02. gewesen, Winter in Hamburg. Und jetzt saßen wir in der Sonne und alles funktionierte ganz selbstverständlich. All die Mühen, die Zweifel, die bangen Fragen waren vergessen, denn wir waren mittendrin. Mitten in der Biskaya.

Ich war wieder runtergegangen, um vorzuschlafen, als Matse ein lautes Konzert anstimmte und plötzlich verstummte. Ich eilte den Niedergang hinauf, etwas schlaftrunken, und sah ihn am Bug stehen. Vier oder fünf Tümmler spielten in unmittelbarer Nähe um das Schiff, als seien wir Weggefährten. Da plötzlich tauchte ein schwarz-braunes kleines Riesending in fünf Metern Entfernung vor uns auf, prustete und verschwand unter dem Schiffsbauch in die Tiefe. So unmittelbar vor uns, dass ich dachte, es werde den Kiel rammen. Doch nichts geschah. Bald waren die Tiere wieder weg, und nichts hinterließ irgendwelche Spuren von ihnen.

Wir überquerten die 3000-m-Linie, unheimlich! Natürlich ist das dem Schiff egal, ob es auf 3 oder 3000 m tiefem Wasser schwimmt, aber uns? Sich vorzustellen, dass die Zugspitze unter den Kiel passt, ist schon merkwürdig, wir sind doch kein Flugzeug. Gegen Nachmittag ließ der Wind nach, lediglich die Dünung bewegte die ANTIMALOCHE ganz schwach hin und her. Wir strichen die Segel bis auf ein kleines Stück Groß und warfen die Maschine an. Im Geiste kalkulierte ich schon unsere Dieselvorräte. Wie war das noch in Stockholm, während des letzten Urlaubs? Da waren wir mal wieder Abtrünnige und meinten, ein anderes Schiff würde für unsere jetzige Reise besser geeignet sein. Es war ein Motorsegler von 17 Metern Länge. Die Tankvorräte dieses Schiffes, das der Skipper gerne verkaufen wollte, reichten, wie er sich ausdrückte, bis Afrika, von Schweden aus! Doch unsere Entscheidung war pro ANTIMALOCHE ausgefallen – eine richtige Entscheidung zwar, aber das Problem der geringen Reichweite unter Diesel blieb. Doch ich wollte nicht schon wieder an Grundsätzen rühren.

Die Nacht brach herein. Ein fahles Mondlicht erhellte den Himmel. Wir hatten Schiffsbegegnungen an Steuerbord, und an Backbord erschienen bisweilen die Lichter der Fischer, die hier weit draußen wohl das günstige Wetter nutzten. Voraus war es dunkel, meist reichte der Blick auf den Radarschirm, dann konnte man wieder ein wenig runtergehen und am Kartentisch sitzen oder sich einen Kaffee gönnen. Die Maschine lief ruhig auf 1700 Touren und trieb das Schiff mit 5 Knoten vorwärts. Noch dreihundert Meilen bis zur Nordspitze Spaniens.

Das Maschinengeräusch ist in seiner Monotonie ein guter Schlafwächter. Plötzlich riss mich eine atemberaubende Stille aus dem Schlaf. Ich sprang aus der Koje und eilte so schnell wie ich konnte zum Niedergang. »Was ist los?«, keuchte ich, während meine Augen erst jetzt eine erschrockene Bärbel im Cockpit wahrnahmen. Die rote Lampe am Kontrollpanel der Maschine leuchtete, aber der Motor stand. Ich ahnte, was passiert war, wollte es aber nicht wahrhaben. Matse kam von vorne hinzu. Mechanisch griff ich zur Taschenlampe und eilte zum Heck des Schiffes. Meine Befürchtungen stimmten leider: Im Schein der Lampe lag ein riesiger kleinmaschiger Netzteppich hinter dem Schiff im Wasser, während zwei große Parten wie gerollte Bündel unter dem Heck verschwanden. »Verdammte Sauerei! Wir haben das ganze Netz in der Schraube!« Ich war fertig, weil ich ahnte, was das bedeutete. Es war nicht das erste Mal, dass uns so etwas passierte, doch wir waren hier nicht auf der Ostsee, sondern weit draußen in der Biskaya – und wir hatten keine Tauchflaschen an Bord. Jetzt wären sie notwendig gewesen, um mir wenigstens die Andeutung des Gefühls zu geben, dass unser Problem zu lösen wäre. Was sollten wir nur tun, hier auf 3000 Meter Wassertiefe und in einem der sturmreichsten Seegebiete?

Andererseits war bei dieser Flaute ohne die Maschine kein Fortkommen. Das Netz hing überdies so dicht am Ruderblatt, dass die Gefahr bestand, dass das Ruder verklemmte. In der Ferne zog die Großschifffahrt vorbei. Ohne die Maschine würden wir bald keinen Strom mehr haben, und die Navigationsbeleuchtung fraß an unseren Batteriereserven. Die Maschine war abrupt gestoppt worden. Der Gang ließ sich nicht herausnehmen, das Getriebe saß also fest. Ich stürzte eine ganze Tasse Kaffee hinunter und suchte nach einem Ausweg. Es war unwahrscheinlich, dass wir fremde Hilfe bekommen würden. An so viel Glück, dass ein Tauchschiff oder Ähnliches zufällig in der Nähe war, konnte ich nicht glauben.

Immerhin brachte mich dieser Gedanke dazu, erst einmal das Naheliegende zu tun. Wir waren für den Augenblick bei dieser Flaute manövrierunfähig und das musste per Funk an die Großschifffahrt in der Nähe ausgegeben werden. Seufzend griff ich zur UKW-Funke: »Securité, Securité, Securité, hello all ships, all ships, all ships, we are a sailing yacht in position ...« Ich gab die Position durch und den Grund unserer Manövrierbehinderung, bat alle Schiffe mit Vorsicht zu navigieren, einen weiten Bogen um uns zu fahren und fragte zum Schluss, ob vielleicht ein Schiff zufällig in der Nähe sei, wissend, dass wir keine Antwort erhalten würden. Es war wieder still. Wir waren allein. Alle mochten uns gehört haben, doch niemand antwortete.

Wir mussten etwas tun. Dazu brauchten wir das Schlauchboot. Matse machte sich an die Arbeit, während ich den Neoprenanzug und meine Taucherbrille suchte. Das Mondlicht reichte nicht aus, Bärbel half mit der Taschenlampe. Das Netz hing als langer Teppich hinter dem Schiff. Ganz mechanisch begann ich es zu kappen, erst mit der Schere, dann mit einem scharfen Messer, eine Sauarbeit, da die Schnittrichtung bei der Größe des Netzes und der geringen Beleuchtung kaum zu bestimmen war. Endlich kamen wir an das Ende. Vergeblich versuchten wir, die verbleibenden Bahnen zu ordnen. Was wäre, wenn wir die Welle rückwärts drehten, um zu versuchen, das Netz abzudrehen? Während ich im Wasser arbeitete, stieß ich immer wieder mit dem Kopf an das Achterschiff, das in der Dünung auf und nieder ging. Das war gefährlich. Zwecklos! So ging es nicht. Wir waren erschöpft.

Für den Fall, dass bis zum Morgengrauen und dem dann einsetzenden Tageslicht Wind aufkäme, fädelte ich durch einige Kardeele des Netzes ein Bändsel und band es nach oben an die Reling, damit wir wenigstens weitersegeln konnten. Aber es blieb windstill. Mehr konnte in der Nacht nicht erledigt werden. Wir sicherten das Schlauchboot am Heck und versuchten, bis zum Beginn des Tageslichtes zu schlafen. Bärbel wachte derweil im Cockpit, den Hörer der Funkanlage für alle Fälle griffbereit.

Ich kann nicht sagen, dass ich traumlos schlief in den letzten Stunden dieser Nacht. Ich schien ständig über Probleme einer Situation nachzudenken, die ich nicht verstand, fühlte mich wach und schlief doch bis zum Morgen. Nach einem kurzen Frühstück stiegen wir erneut ins Schlauchboot und von hier aus ins Wasser. Matse versuchte am Heck zu tauchen. Er konnte gerade die Schraube erreichen und mit einer Zange ein wenig das Netz entwirren. So ging es nicht. Ein ein Meter langer Barsch habe ihn neben dem Kiel wartend zudem so lüstern angeschaut, dass er wenig Neigung zeigte, sich zu lange an der Schraube aufzuhalten, was außerdem enorme Kraft kostete. Verdammt, es musste doch eine Lösung geben!

Unsere Tauchanzüge hatten viel zu viel Auftrieb, als dass wir so ohne weiteres nach unten kommen konnten, und das Wasser war nicht so warm, als dass das Tauchen Spaß gemacht hätte. Schließlich kam mir eine Idee. Wir brauchten eine Leine, an der wir uns nach unten ziehen konnten. Also führten wir einen Tampen unter dem Schiff und der Welle hindurch und belegten ihn straff an beiden Seiten auf den Winschen im Cockpit. Jetzt brauchte ich das schärfste Messer, das wir hatten. Ich ging ins Wasser, holte tief Luft und zog mich unter das Heck zur Schraube. Dort fasste ich einen Teil des Netzes und säbelte mit dem Messer mit aller Kraft auf der Schraubennabe herum. Das hatte Erfolg, aber es dauerte. Ich tauchte in kurzen Abständen etwa zwanzig Mal, bis mir der Atem knapp wurde und ich pausieren musste. Ich hatte mich übernommen, mir war speiübel. »Matse, jetzt musst du ran, es scheint zu gehen«, keuchte ich und zog mich ins Schlauchboot zurück. Er arbeitete langsam und verbissen. Wir mussten es schaffen, es gab keine Alternative. Nach einer Stunde lösten sich plötzlich große Teile des Netzes, und dann waren wir mit einem Mal frei, während das Netz in der Strömung langsam nach achtern abtrieb. Das ging so schnell und wir waren so erleichtert, dass wir vergaßen, es zu sichern. Auch Mathias war jetzt total erschöpft. Wir stiegen an Bord und zogen die völlig verschmierten Tauchanzüge aus. Erst jetzt sahen wir, was das Netz angerichtet hatte. Alles, was mit ihm in der Hektik unserer Bemühungen in Berührung gekommen war, war mit Teerflecken übersät. In diesem Moment hätte ich jeden Fischer in meiner Nähe erschlagen können. Doch wir waren noch nicht am Ziel. Würde die Maschine starten, war das Getriebe unbeschädigt?

Vorsichtig drehten wir die Welle, bis der Gang auf Leerlauf zu stellen war. Die Maschine startete prompt, das Getriebe wurde eingekuppelt und ab ging es wieder mit 5 Knoten Fahrt bei 1700 Umdrehungen unserem Ziele entgegen. Geschafft! Wir setzten uns ins Cockpit und leckten unsere Wunden, während der Himmel über der Biskaya in ein leuchtendes Blau getaucht war und die Sonne einen heißen Tag verhieß.

Später verholten wir das Schlauchboot zum Vorschiff und unterzogen ihm und uns einer gründlichen Reinigung, bis alles ein menschenwürdiges Aussehen zurückgewann. Was war ich froh, dass wir ausreichend Reinigungsbenzin an Bord hatten! Diese Arbeit wäre sonst noch scheußlicher geworden. Wenig später entdeckte Bärbel das treibende Netzteil etwa hundert Meter vom Schiff entfernt in der Dünung. Es schwamm dort unschuldig wie ein Lamm. Hatte es uns verfolgt? Schluss damit! Aber jetzt fiel mir wieder ein, dass sich nach meinem Funkspruch ein Fischer über Kanal 16 eingeklinkt hatte und eine merkwürdige melancholische Melodie sang, sodass mir ein Schauer über den Rücken gelaufen war. War das der Ausdruck des schlechten Gewissens eines Missetäters gewesen? Wer weiß. Während unserer nächtlichen Versuche meinte ich am Horizont ab und zu auch die Lichter eines Fischers gesehen zu haben ...

Die Fahrt ging voran, der Tag wurde wirklich heiß, kein Wind kühlte, wir hatten die Maschine weiter zu ertragen. In der Kajüte wurde es ungemütlich, Vor- und Achterluk waren ständig geöffnet, und die Sprayhood über dem Niedergang wurde zurückgeklappt. Die ANTIMALOCHE schwamm mit langsamen Schaukelbewegungen in diesem Meer von Wasser. Delfine kamen in Horden, sprangen durch die Luft, als wollten sie posieren, dem Schiff zu mehr Bewegung und Geschwindigkeit verhelfen, wie in einem großen Wasserzirkus ihre Kunststücke darbieten. Welche Lebenslust von diesen Tieren ausgeht!

Sie gehören zur Familie der Zahnwale mit etwa 30 verschiedenen Arten und sind ein bis neun Meter lang. Meist ist die Rückenflosse stark ausgeprägt, woran sie leicht zu erkennen sind. Und sie treten in Gruppen auf. Ihre Schnauzen, mit denen sie sich zum Beispiel auch vor Haien wirklich Respekt verschaffen können, sind schnabelartig verlängert. Man sagt, sie seien intelligenter als Schimpansen und man könne sie zu Botendiensten im Unterwasserbereich abrichten. Ich erinnerte mich ungern an einen Film, in dem demonstriert wurde, wie man sie im Dienste der Marine abgerichtet hatte, Haftminen an Schiffen anzubringen. Welch groteske Idee! Schon im Altertum kannte und schätzte man die Delfine. Viele Geschichten ranken sich um diese Tiere. Sie sind sozusagen ein Symbol der Götter gewesen. In der frühchristlichen Kunst galten sie als Fischsymbol auch als Symbol Christi. Dabei geht von diesen Tieren mit ihrer Lebenslust auch etwas Erotisches aus. Ich konnte schon verstehen, dass, als Poseidon sich um Amphitrite bewarb, ihm ein Delfin zu Hilfe kam. Beinahe jeder kennt Geschichten, in denen Delfine auch Menschen zu Hilfe kommen. Dabei setzen sie ein Instinktverhalten ein, das wohl dem unsrigen gleicht.

Als mir all diese Informationen durch den Kopf gingen, fühlte ich mich mit meiner Zuneigung diesen Tieren gegenüber wirklich nicht allein. Später kamen auch Wale, die das Schiff umkreisten, zwar neugierig zu schauen schienen, doch immer Distanz wahrten, als sei ihnen das Geräusch des laufenden Diesels nicht ganz geheuer. Sie bliesen große Fontänen in die Luft, um alsbald erneut schnaufend die Oberfläche zu verlassen und an anderer Stelle wieder in Warteposition aufzutauchen. Was würde wohl dieses merkwürdige Monstrum von Schiff machen, auch mal tauchen und mit ihnen ein Spielchen treiben?

Dann war es wieder still um uns, und wir stoppten die Maschine, um ihr und uns Ruhe zu gönnen. Ein Bad war angesagt, ich hatte als Erster die Idee. Ich musste einmal das Gefühl haben, nur aus Spaß auf 4000 Meter Wassertiefe zu schwimmen. Derweil saß Bärbel an der Reling und passte auf. Das Wasser hatte dieses irrsinnige Blau besagter Fernsehreklame und war schon 20 Grad warm. Ob wir später auf der Fahrt im Passat auch einmal schwimmen konnten bei einer solchen Flaute wie dieser? Doch was sollte ich mir jetzt schon Gedanken über die Zukunft machen. Wir waren hier, da, wo wir sein wollten, angepasst an den Moment. Was hinter uns lag, war vergessen, auch das Netz, und was vor uns lag, durften wir erleben.

Von der schwimmenden Perspektive aus sieht jedes Schiff imposant aus. Es ist jedes Mal wieder spannend, an Bord zu kommen, die Badeleiter zu besteigen und das eigene Körpergewicht zu spüren, wenn man sich über den Heckkorb ins Achterschiff zieht. Man ist dann ganz erschöpft, spürt die Wärme der Sonne und verharrt im Cockpit, wie auf einem Schwimmponton in der Lagune einer Malediveninsel, vom Schnorcheln ermüdet. Matse hatte nachgeschaut, der fette Barsch war nicht mehr da gewesen.

Baden macht hungrig. Wir nutzten die Flaute für die Zubereitung eines leckeren Menüs. Die Pellkartoffeln gerieten so reichlich, dass ein Rest in der Nacht zu Bratkartoffeln verarbeitet werden konnte. Am Nachmittag fuhren wir weiter. Noch 200 sm bis zur Nordwestküste der Iberischen Halbinsel.

Bei Annäherung an das Land kam Wind, aber aus Süd, wir mussten kreuzen. Bis Vigo war es zu weit. So machten wir den Landfall in der ersten Bucht oberhalb des Kaps in Mugia, wo wir am späten Nachmittag des 01.08.99 den Hafen erreichten und neben einer deutschen Yacht vor Anker gingen, die uns mit Diesel aushalf, weil sie genug hatte und warten konnte: Rentnerglück, das die Beschaulichkeit der Reisehast vorzog! Sie würden irgendwann wieder tanken und außerdem sollte es nur ins Mittelmeer gehen.

Der erste spanische Hafen war wie ein Amphitheater. Ein kleiner Ort im Norden Galiziens, an die Berge gebaut, ohne Touristen, wie auf einer Bühne, mit dem natürlichen Leben einer kleinen Stadt, einem Supermarkt, einer Bank, ein paar Straßen mit den Geschäften für dies und das und den vielen kleinen Fischerbooten, die, auf die Pier gezogen, der Tide entkommen waren. Der Bankautomat funktionierte nicht, in der Bank gab es auch kein Geld, wir mussten Geduld haben. Und irgendwann klappte alles. Die vielen Tüten mit frischen Lebensmitteln brachten wir mit dem Schlauchboot zum Ankerplatz und verließen nach einem tiefen Schlaf den malerischen Ort in Richtung Vigo.

Nordwind dringend gesucht!

Vigo

Der »sturmreichen« Biskaya waren wir entronnen und hatten sie ganz anders erlebt. Windstill, aber auch zum Fürchten, denn mit dem Netz erfuhren wir eine ungewollte Zugabe, auf die wir hätten verzichten können. So hängt diesem Gewässer auch für uns etwas an, das auf der Hut sein lässt. Und diesem Bewusstsein würde ich mich weiterhin verschreiben, wenngleich unsere Prüfung im Umgang mit der Materie bestanden war. Wir waren gefahren, als es möglich schien, und wir hatten es geschafft. Das war für uns wichtig.

Mugia verließen wir am späten Abend. Draußen vor der Küste stand der Schwell einer Dünung, die den Wind aus der Ferne anzeigte. Aber es wurde wieder eine Fahrt durch die Flaute, für den Rest des Tages und die Nacht bis zum Morgengrauen, an dem wir mit Bedacht durch die vorgelagerten Inseln in die lang gestreckte Bucht von Vigo einliefen. Diesmal passten wir besonders gut auf, denn auch hier lagen Fischernetze.

Am Vormittag liefen wir ein. Es war Siesta-Zeit und warm, wir hatten vorausschauend gebunkert und konnten den Schweiß der Biskaya mit viel Süßwasser abspülen: Endlich eine ausgiebige Dusche im Bauch unseres Hotelschiffs, das sich freute über unsere Reinlichkeit, denn mit jeder Dusche wurde das Badezimmer sauberer.

Die ersten Erkundigungen folgten, landfein gemacht. Vigo ist die große Hafenstadt Galiziens, in der spanischen Provinz Pontevedra gelegen. 276 100 Einwohner leben hier und es ist zugleich Standort der größten Fischereiflotte Spaniens, besitzt Muscheln- und Austernzuchten, Werften, Fisch-, Eisen- und Holzverarbeitung, Auto-, Porzellan- und Glasfabriken, ein Seebad, einen Übersee- und einen Flughafen. Vigo ist seit der Antike ein bedeutender Hafen. Wir waren gespannt, die Stadt zu erleben und machten lange Spaziergänge, auf denen wir uns dem Flair dieser schönen Stadt hingaben. Blumenreiche Anlagen wechseln mit verkehrsreichen Geschäftsstraßen und Fußgängerzonen, in denen unzählige Lokale zum Verweilen einluden. So verwöhnt, verzichteten wir eine Weile auf die Hotelküche unserer ANTIMALOCHE und probierten den städtischen Speiseplan. Das Einkaufen machte Spaß, denn der Kunde schien hier König zu sein. Vielleicht war es aber auch das südländische Temperament, das uns so angenehm berührte. Und warm war es weiterhin, wenngleich die Wettermeldungen auch von zu Hause ungewöhnlich hochsommerlich anmuteten. Zwischendurch regnete es und der Himmel bezog sich wie zu einem dänischen »Scheißwetterhimmel«, wenn die Ostsee mal wieder zeigt, dass das Mittelmeer weit ist. Den Ausdruck »Scheißwetterhimmel« kenne ich auch aus meiner Heimatstadt, wo die Berge der Mittelgebirge wochenlang ein Wolkenmeer festhalten konnten. Zudem schwieg hier die Wetterinformation, die wir noch auf der Hinfahrt über unseren Lappi einwandfrei erhalten konnten. Der Empfang war denkbar schlecht. Ob das die Folge militärischer Abschirmung war, konnten wir nicht klären.

Insgesamt verbrachten wir sieben lange Tage in Vigo, es war eine Zäsur vor einem für uns ungewohnten Vorhaben. Es ging jetzt auf das Meer, auf den Atlantik hinaus und wir hatten den Anspruch, dass wir wissen wollten, was uns da erwartete. Wenigstens das Wetter sollte bekannt sein. Eigentlich eine ungeheuerliche Forderung, wenn man an früher denkt. Hatte Kolumbus eine weitergehende Wettervoraussage, als die, die der Himmel vor Abfahrt signalisierte? Wohl kaum. Und wir? Heutzutage ist es doch nur noch die Frage, wie diese Informationen eingeholt werden können und nicht, ob es sie überhaupt gibt. Wie sicher ist die Luftfahrt geworden! Der Pilot hebt das Flugzeug auf eine Höhe, in der nur noch die Höhenwinde eine Rolle spielen, und die sind vor Abflug exakt bekannt. Anders als in den Zeiten von Saint-Exupéry, wo die Postkuriere unter den Wolken fliegen mussten und so den Unbilden örtlicher Wettersituationen ausgesetzt waren. Diese Flieger waren unter denen, die sich dem Naturgegebenen aussetzten, genauso wie Moitessier, der Segler, der die Einfachheit des Daseins für sich und andere erfand. Für ihn galt es, den Willen des Wetters und der See zu erforschen und sich niemals dagegen zu stellen. Das bedeutete es für ihn, eins zu sein mit dieser Welt. Das war die Sinngebung in seiner Welt, dann war es friedvoll trotz der Gewalten, die er dennoch erlebte. Das Rüstzeug war ein selbst entworfenes, heute schon fast sagenumwobenes Schiff, dessen oberste Maxime die Einfachheit war, die Pflegeleichtigkeit, mit der Möglichkeit der Reparatur mit Bordmitteln, jederzeit. Er fuhr los bei Flaute, denn er war ein Vorsichtiger und gewöhnte sich so langsam an das, was die See da draußen von ihm wollte. Sein Schiff hatte Segel und Rigg und die Einrichtung, die dem Notwendigsten entsprach. Mehr nicht. Nicht einmal Winschen hatte er an Bord. Lieber benutzte er Taljen und verzichtete auf komplizierte Mechanik.

Dennoch, wenn man so wie wir zum ersten Mal vor einer solchen Fahrt steht, dann entscheidet vieles, auch der Bauch, und zwar der eigene und nicht der von Saint-Exupéry oder Moitessier.

Wir hatten die Stadt gesehen, die irgendwann wie die eigene war, in der man alles bekam, sogar eine Dichtung für den Zylinderkopfdeckel einer Maschine, die seit 20 Jahren nicht mehr gebaut wurde. Die Dichtung verdankten wir einem spanischen Monteur, den ich in der Werkstatt umarmte, weil ich solche Leute mag. Matse meinte nicht zu Unrecht, dass ihm dieses Leben besser bekäme, als zwölf Jahre humanistischer Bildung. Das stimmte auch mit meiner Erfahrung überein, wenngleich ich zugebe, mich damit schwerer zu tun als er.

Es war schon ein geiles Gefühl, durch die Straßen von Vigo zu ziehen, sei es auch nur, um ein paar Zigaretten zu holen. Da lag sie, die ANTIMALOCHE, wohl behalten, machte sich gar nicht so schlecht unter all den anderen Schiffen, war ihnen gegenüber jedenfalls auf dem neuesten Stand der Technik, zudem gemütlich. So langsam fing ich an, mein neues Zuhause zu lieben. Ich will ja nicht anmaßend sein, aber ich freute mich schon jetzt auf mein Nomadentum, auf die Zeit, da mir das ganze Schiff alleine zur Verfügung stand. Aber hier, von Vigo aus betrachtet, musste das noch eine Weile dauern.

Jedenfalls brauchten wir das Wetter vor der Überfahrt, die erst in den Bereich des Möglichen rückte, nachdem der ständige, über Tage dauernde Südweststurm vorüber war. Es hatte auch Diskussionen gegeben. Ich hatte Bärbel versprochen, dass wir ab Spanien immer achterliche Wind haben würden. Was aber hatten wir? Ich stand da als ein Prophet, der versagt hatte, als der, der immer nur verspricht und nichts einhält. So war auch ich den Mächten gegenüber nicht freundlich gestimmt und versuchte, ordentliche Instanzen anzurufen, die es schließlich wissen mussten. Dazu gehörte seit alten Zeiten das Seewetteramt in Hamburg. Sollten sie doch mal sagen, wo es längs ging.

Das Seewetteramt hatte Schwierigkeiten mit der Übermittlung des Wetters in unsere Fax-Software. Sogar ein »Man hätte wirklich auch noch anderes zu tun« kam. Ich ließ natürlich sofort mein Faxgerät von der Praxis überprüfen, was die Mädels dazu nutzten, uns, die wir mit dem Wetter rangen, mitzuteilen, dass der Hamburger Sommer himmlisch sei! Das interessierte mich weniger, als dass das Fax in Ordnung war. Danach funktionierte es auch, und eine Sensation tat sich auf. Wir hatten wirklich für die nächsten sechs Tage überwiegend achterliche Winde in Richtung auf Porto Santo, und die Windstärke würde nur in Böen mal die Stärke acht erreichen.

Dies war das Signal, jetzt hieß es Aufbrechen, zumal am Abend des 09.08.99 fast Flaute herrschte und ich mich im Sinne Moitessiers gut begleitet fühlte. Wir verließen den Hafen nach einem nochmaligen Check, alles schien so, wie wir es wollten, Sicherheit lief mit, weil die Vorbereitungen stimmten. Wir wollten das Abenteuer. Es wurde Zeit!

Herz, was begehrst du mehr?

Porto Santo

Wir verließen den Hafen am Abend gegen 20.15 Uhr, der Barograph stand auf 1019 hPa mit leicht steigender Tendenz, und der Wind aus Nordwest mit 3 Beaufort. Die Maschine brachte uns hinaus zur südlichen Ausfahrt der Bucht von Vigo, die wir erreichten, als es dunkel wurde. Eine mittelhohe Dünung kam als letzter Gruß des Südweststurms von backbord und dauerte so lange, bis wir weiter draußen vor der Küste wieder die Flaute der Nacht zu spüren bekamen. Fischer trieben ihr Unwesen und ließen ihre Position nur erahnen, Leuchttürme schoben ihr grelles Licht zu uns herüber. Es war wie immer, wenn man eine Küste verlässt. Irgendwann ist man allein und empfindet das als angenehm, weil die Dinge, die zu beachten sind, überschaubar werden.

Die Routenplanung war diesmal wieder denkbar einfach gewesen: Raus aus der Bucht und Kurs auf Porto Santo, der Sonneninsel oberhalb von Madeira. Zwei Wegepunkte nur, aber mit einer Distanz von etwa 700 sm. Von den Wassertiefen her würden wir wieder richtig verwöhnt werden, denn nach einem Drittel des Weges erreichte die Wassertiefe 4000 bis 5000 Meter. Wir waren gespannt. Außerdem drängte die Zeit, denn am 28. August ging das Flugzeug für Bärbel und mich nach Hamburg zurück. Wir kamen doch – und wollten es nicht – in die Vorstellung der Zeitnot. So mussten wir den Besuch von Lissabon auf unbestimmte Zeit vertagen.

Die Nacht nahm ihren Lauf. Gegen 00.00 Uhr übernahm Mathias die Wache. Das Großsegel wurde zur Stabilisierung gesetzt. Noch umspielten uns leichte Winde aus 40 Grad. Weiter ging es, wir kannten das ja nun schon, unter Maschine. Wir vertrauten der Wetterprognose. Irgendwann würden wir sicher die Winde bekommen, die uns in den Atlantik hineintrieben.

Gegen 04.00 Uhr morgens war es endlich so weit. Ein stetiger NW schob die ANTIMALOCHE vor einer mittelhohen See nach Süden, unserem Ziel entgegen. Bordroutine setzte ein, es war warm im Cockpit. Fast schon

96

T-Shirt-Wetter, aber der Pullover und die Daunenjacke lagen in Griffweite. Auch der Lifebelt und die Lampe, eine Dose Kekse und das Buch auf dem Kartentisch, um die Langeweile zu vertreiben, denn die Nacht ist wieder schwarz, auch auf dem Radar ist nichts zu sehen. Wir pendeln mit dem Gerät auf der Distanz von 8 und 16 sm und fühlen uns ausreichend gewarnt vor der Annäherung der Großschifffahrt, die mehr im Süden in Richtung Lissabon verläuft. Die ANTIMALOCHE rollt sich ein. Jetzt spürten wir die Bewegungen des Rumpfes. Sie waren wie eine verhaltene Rolle um drei Achsen. Das war nicht schlimm, aber ungewohnt und machte erst einmal müde. Dieses Geschaukel würde uns wohl auch in den nächsten Tagen erhalten bleiben.

Bärbel übernahm die erste Wache, Matse und ich gingen in die Koje. Am Morgen mussten wir kurzzeitig wieder motoren, doch gegen 10.30 Uhr konnten wir alle Segel setzen und die Maschine ausstellen. Das Spiel wiederholte sich. Um 12.00 Uhr versuchten wir den Blister zu setzen, doch es war zu wenig Wind, er fiel in sich zusammen. Die Maschine musste wieder helfen, aber um 15.30 Uhr war das vorbei, alle Segel wurden gesetzt. Wir rauschten mit 5,8 kn durch die See. Um 18.00 Uhr refften wir den Besan und rollen die Genua für die Nacht etwas ein. Wir hatten in 24 Stunden knapp 118 sm geschafft. Auch abends hatten wir noch schönen Raumschot-Wind. Wir konnten Groß und Genua für die Nacht stehen lassen. Eine einfache Segelei. Bärbel übernahm. Der Barograph stand auf 1024 hPa. Bordroutine. Nichts ereignete sich. Das Schiff rollte mäßig, die See war verhalten ruhig. Hatte das Seewetteramt Recht? Würden wir uns »durchflauten«?

Um 22.00 Uhr übernahm Mathias. Wir machten jetzt 6,2 kn Fahrt über Grund, so langsam spürte man, dass sich die alte Dame bewegt. Das Wasser gurgelt an der Bordwand vorbei.

Um 02.00 Uhr nachts trat ich die Wache an. Es war schwarz draußen, kein Schiff, keine Abwechslung, kein Klönschnack auf Kanal 16 mit irgendeinem Kapitän, der sich über den Besuch freuen würde. Auf dem Kartentisch lag der Krimi, dessen Seiten ich verschlang und den eigenen Standort vergaß, mich der Spannung hingab. Um 05.15 Uhr hatte ich keine Meinung mehr, ich wollte in die Koje und freute mich, dass Bärbel wach war. Der PC und damit unser Kartenplotter war ausgeschaltet. Es gab hier nichts zu beachten. Der Kurs lag an. Das Radar überwachte die Vorauslinie und den anliegenden Wegepunkt, der immer noch weit entfernt war und Porto Santo hieß.

Um 10.00 Uhr vormittags war ich ausgeschlafen und schaltete den PC wieder ein. Matse durfte noch weiter pennen. Die Sonne stand schon hoch am Himmel und verursachte ein gleißendes Licht. Es war warm. Um 11.00 Uhr hatten wir die Pos. 39° 42,6' N und 11° 16,1' W erreicht. Da waren wir schon weit draußen auf über 4000 Meter Wassertiefe. Der Blick zum Horizont war frei. Nur ein paar Cumuli hingen ringsum über der Kimm. Über uns war der fast wolkenlose Himmel geradezu unverschämt blau. Es war die Zeit für das Gefühl des In-Fahrt-Seins. Als ich am Kartentisch saß und mich mit der Hand an der Niedergangstreppe abstützte, bemerkte ich, wie die Treppe sich in der Halterung um gut einen Zentimeter verschob. Es war ebenso erschreckend wie normal, denn jedes Schiff verwindet sich in diesen Wellen. Dennoch diskutierten wir später über das Weichsegeln von Polyester. Wieder mal war Moitessiers JOSHUA, ein Stahlschiff von gepriesener Stabilität, Zielkoordinate unser Phantasien. Doch das flüsterten wir uns, im Cockpit unserer treuen Lady sitzend, nur ganz leise zu – wir wollten sie ja nicht verletzen. Gegen 16.00 Uhr bemerkte Bärbel eine Wolkenwand, die von Westen her aufzog und so düster erschien, wie die eines nahenden Gewitters auf der Ostsee. Das Barometer verharrte unbeirrbar auf gleicher Höhe, nur der Wind wurde etwas böig. Später legt er auf 20 Knoten zu. Da das Kochen schwierig wurde, öffnete ich zum Abendessen lediglich eine Fleischkonserve, garnierte sie mit Zwiebeln und Paprikaschoten und hatte schon damit meine liebe Not, angeleint am Herd die Pfanne sicher zu balancieren. Wir schlangen das schmackhafte Fleisch mit Brot herunter und fühlten uns für die Nacht gestärkt. Um 23.00 Uhr hatten wir Windstärke 6 aus Nord. Die See wurde ruppig, keine Frage. Wir refften Groß und Genua für den Rest der Nacht und behielten die bei dieser See notwendige Fahrt von sechs Knoten bei. Zischend und sprudelnd rauschten die Seen am Achterschiff heran und waren in der Schwärze der Nacht nicht zu sehen. Mal kam eine kalte Dusche, mal aber auch eine seitlich einlaufende Dünungswelle, die ihr Spritzwasser an der Bordwand hochschnellen ließ und sich mit einem kurzen Regenschauer ins Cockpit ergoss. Die Nacht schien mondlos, auch Sternenlicht drang nur selten durch die dichte Wolkendecke. Einige Schiffe kamen jetzt doch auf, quer zu unserem Kurs und so dicht, dass wir eingreifen mussten. Meist kam der effektive Blitzer im Masttopp zum Einsatz, dann nahm ich Kontakt auf. In den Pausen versuchte ich es über UKW, Kanal 16: »Hello, big ship on my portside in a distance of about 4 miles, I am a sailing ship with direction to Porto Santo, please keep a wide berth.« In den allermeisten Fällen hatte das Erfolg. Es folgte die kleine Quasselei des Woher und Wohin, dann hatte mich die Nacht wieder. Die Gedanken kreisten um die Einsamkeit, die Distanz zum Land, das Gefühl der Isolation auf einem kleinen, autarken Schiff. Wie haben Menschen so ein Ding nur erfinden können? Welch ungeheure Entwicklung lag zwischen dem Einbaum, dem Urtyp eines Schiffes, und den heutigen seetüchtigen Segelyachten, zu denen sicher auch unsere alte Lady gehörte. Oft glaubte ich zu spüren, wie sie meine Gedanken untermalte, sich lustvoll, mächtig unter und mit uns durch die Seen wälzte.

Wieder kam mir die Ungeheuerlichkeit der Wassertiefe in den Sinn. Früher war ich wie aufgedreht, angespannt und gelöst zugleich, wenn sich zum Beispiel die Wassertiefe im Skagerrak Tiefen von 200 bis 300 Metern näherte und das Echolot keine Anzeige mehr machte.

Dann wieder waren es die Geräusche, denen hier draußen die Aufmerksamkeit galt. In Gedanken wanderte ich durchs Schiff, während ich mich im Cockpit in die Sitzkissen einkeilte und mich mit den Füßen abstützte, sitzend, um den Rücken zu entlasten. Ich versuchte, mir die klappernden Stellen zu merken, um anderentags da und dort nachzusehen und die Geräusche zu beheben. Was mochte sie verursachen? Waren sie notwendige Begleiterscheinung oder signalisierten sie einen besonderen Umstand, der verändert werden sollte? Stets gab es neue und alte Geräusche. Die neuen signalisierten, dass sie abgestellt werden müssten. Sie ließen mich stets jäh hochschrecken. Manchmal war es ein Stöhnen und Ächzen, das von einem Block oder einer Schot stammte und in der Nacht infolge der Müdigkeit personifiziert wurde. Dann glaubte ich plötzlich Stimmen zu hören: »Da sind sie wieder, die Männer mit den Schwimmhäuten an den Füßen, die über das Wasser laufen können«, sagte ich mir und, wenn Matse wach war, rief ich ihn. »Hörst du sie?« Er kam dann meist grinsend ins Cockpit und wir spannen die Geschichte weiter aus. Bärbel verursachte das ein Gruseln. Sie schlief lieber weiter und träumte Erfreulicheres.

Urplötzlich war es wieder Tag. So schnell geht das. Eben nur eine Andeutung von Helligkeit, strahlte der Himmel in der nächsten Sekunde hell und freundlich. Abends passierte praktisch das Gleiche in umgekehrter Reihenfolge. Es gab kaum eine Dämmerung. Nach ein paar Marmeladenbroten und einem frischen Kaffee erwachten wir für den neuen Tag. Statt einer Dusche gab es wohl dosiert etwas Süßwasser über den Kör

per, das musste reichen, denn unser Wasser war limitiert, die Druckwasseranlage ausgestellt. Auf See lebten Einhandsegler am besten, denn
stinken tut immer nur der andere. In jedem Falle unterließen wir Über-
flüssiges hier draußen. Eine Viertelstunde mit flatterndem T-Shirt im
Wind und wir fühlten uns erfrischt wie für eine Cocktailparty.

Um 09.00 Uhr vormittags hatten wir die Position 38° 01,8' N und 12°
31,1' W erreicht. Matse machte an diesem Morgen wunderschöne Aufnahmen der von achtern anrollenden Seen. »Sonst glaubt uns das niemand«, meinte er und hatte Recht. Ich war inzwischen ebenfalls bereit,
so schnell nichts mehr zu glauben, denn die Bilder signalisierten Wellen, die ich auch als »Sturm im Atlantik« hätte verkaufen können. Doch
das wollte ich nicht. Woran mir aber gelegen war, und darin lag auch
ein Grund für unsere aufwändige Technik: Ich wollte authentisch
berichten. Jeder unserer Schritte sollte nachprüfbar sein, und so ist auch
die Grundlage für diesen Bericht eine automatische Aufzeichnung aller
verfügbaren Daten. Wir waren jeweils genau da und hatten überprüf-
bar diese oder jene Situation und keine andere!

Wir waren die dritte Nacht auf See und erlebten den dritten Tag. Das
Frühstück kam etwas verspätet gegen 12.00 Uhr mittags: Eierpfannku-
chen, mich trieb der sportliche Ehrgeiz an den schwankenden Herd. Die
Pfanne wurde etwas eingeölt und erhitzt. Dann ein verquirltes Ei hin-
eingegossen, bis es fest wurde, dann mit dem Pfannenwender etwas
gelöst, und nun rollte es sich aus der schräg gehaltenen Pfanne auf und
fiel in diesem Zustand auf einen Frühstücksteller. Wir hielten durch, bis
wir ei-strotzend das Cockpit suchten, um abzudampfen und den Tag zu
bejubeln. Irgendwann am Nachmittag wurde mir klar, wo wir waren:
Zirka 400 Meilen von Gibraltar im Osten entfernt, ungefähr 3000 Meilen von der Karibik im Westen und ungezählte Meilen von Nord- und
Südpol. Und dazwischen nichts als Wasser, gigantisch!

Die vierte Nacht brach herein. Es war die Nacht, in der wir alle tief
schliefen. So lange dauerte es, bis wir jedes Geräusch kannten, bis wir
die Ruhe wieder fanden, die Gegebenheiten vertraut genug waren, um
sich im Schlaf zu entspannen. Ich träumte passend zur Bewegtheit der
See. Die Details dieses Traums hatte ich vergessen, doch ich genoss das
Gefühl, aufzuwachen und im Schlaf gelebt zu haben.

Matse hatte ab 03.00 Uhr Wache. Während ich selig schlummerte, erlebte er eine Scheißwache. Es blies aus allen Kellerlöchern, so beschrieb er
es am anderen Morgen. Dennoch ließ er mich schlafen, denn auch er

erlebte diese Fahrt zunehmend als normal, war gewachsen an den Situationen, die die See vorgab. Er war froh, die Seen lediglich gehört, aber nicht gesehen zu haben. Zufällig blickte ich ihm ins Gesicht, als er davon erzählte: Er schien fasziniert, trotz der Müdigkeit.

Als ich die Wache antrat, schien noch alles normal zu sein, obwohl ich auf eine besondere Weise gespannt war. Nun waren wir auf dem Atlantik, weit von der Küste entfernt, dies war die Begegnung mit der Realität des Erträumten. Was war hier normal, was nicht? Ich setzte mich ins Cockpit und lauschte in die Nacht. Der Wind blies in den Niedergang und die nachfolgenden Seen hatten eine Art von schmatzendem Geräusch, als wollten sie das Heck der alten Lady schmecken, ob sie genehm war oder nicht. Ob sie gelitten war oder nicht. Allmählich hoben sie das Heck des Schiffes immer stärker an, die Schaukelbewegungen nahmen zu. Helmut schlief. Sollte er. Jetzt war meine Wache. Ich hatte hier die Verantwortung und auch das Sagen. Konnte ich das ausfüllen? Man weiß ja nie. Da kam ein anderer Ton in die Regelmäßigkeit des achterlichen Windes. Eine neue Schärfe. Klar, der Wind nahm zu. Aber wie wunderlich wenig sich das Schiff beeindrucken ließ! Ob es eine Grenze gab, ob die Segel zu reffen waren? Aber wenn die alte Lady doch lief und man das Gefühl hatte, sie nicht zu überfordern ... Ich beschloss zu warten, sollte sie mir doch sagen, was sie wollte. Aber die Seen waren doch wohl sehr hoch. Ich war froh, sie nicht zu sehen. Ich war nicht ohne Angst.

Das Groß stand von der Nacht her noch an Backbord und die Genua war zu einem Drittel ausgerollt an Steuerbord. So waren die Bewegungen der ANTIMALOCHE einigermaßen ausgeglichen. Die See in ihrer grau-grünen Farbe glich aber immer noch mehr einem Hexenkessel als ideal griechischer Formation. Immer wieder war es eine riesige Wasserwüste, die der Wind in Bewegung setzte, als käme er zur gleichen Zeit aus verschiedenen Richtungen. Wir gewöhnten uns langsam an die Windstärken, denn um 14.00 Uhr refften wir bei 20 Knoten Wind aus. Wir wollten vorankommen. Ich übernahm die Wache, bis mich Bärbel ablöste, die meist tagsüber wachte, damit Matse und ich den nächtlichen Schlaf nachholen konnten. Um 20.00 Uhr gab es ein reichhaltiges Abendessen mit roter Grütze und Sahne als Nachtisch. Die Bäuche wölbten sich und das schaffte ein behagliches Gefühl. Der Abwasch hingegen schaffte uns. Keiner hatte wirklich Lust dazu. Das lag aber auch an den Bergen von

Geschirr, das man einsetzen muss, wenn man wirklich vernünftig kochen will. Diese Berge aber ohne heißes Süßwasser sauber zu bekommen, ist eine Sache für sich.

Durch Zufall stieß ich bei der routinemäßigen Überprüfung unserer Position auf etwas Ungewöhnliches, womit ich nicht gerechnet hatte, nicht hier jedenfalls: Da gab es doch tatsächlich mitten im Atlantik und dicht an unserem Weg eine Untiefe, die »Unicornbank«, mit Flachwasser im Umkreis von etwa 100 Metern! Die wollten wir keineswegs passieren, also war ich immer etwas auf der Hut, den Kurs mehr westlich zu halten. So schabten wir in der folgenden Nacht auf einer Tiefe von 2000 bis 3000 Metern an ihr vorbei. Und wieder war es eine merkwürdige Vorstellung, dass für jemanden, der auf dem Grund des Meeres entlang marschierte, der Eindruck einer Bergformation ähnlich der Zugspitze entstand. Ein eigenartiger Gedanke. Was sich die Natur so alles einfallen ließ!

Der Morgen des 14.08.99 war durchwachsen. Mal nieselte es, mal schien die Sonne. In der Grundtendenz aber schien das Wetter sich wieder zu besinnen. Die schwarzen Wolkenbänke gehörten der Vergangenheit an. Wie wir später erfuhren, war die Wettersituation Folge eines Hitzetiefs über Spanien.

So allmählich wurde es Zeit. Auf der elektronischen Karte war jetzt schon Porto Santo zu sehen und wir beschäftigten uns näher mit den Formalitäten des Anlaufens. Ich telefonierte über Inmarsat mit Bade und Hornig und bestellte nun doch noch die beiden Detailkarten für Porto Santo und Madeira. Die Freigabe der entsprechenden Codes war innerhalb einer Viertelstunde möglich und kostete mich zwei Telefonate von jeweils einer Minute Dauer.

So konnten wir uns den ganzen Tag über auf die Ansteuerung vorbereiten, die voraussichtlich in der Nacht zum 15.08.99 erfolgen würde. Und die wurde richtig aufregend für uns. Schon etwa gegen 22.00 Uhr vermeinten wir ganz in der Ferne einen schwach blinkenden Lichtschein zu erkennen, der im Folgenden immer deutlicher wurde. Es war für uns geradezu erhebend, zum ersten Male zu erleben, dass eine so großflächige Navigation wirklich klappte, dass nach so viel Wasser wirklich eine Insel kommt, mittendrin in diesem großen Meer »Atlantik«. Bärbel sprach aus, was wir alle dachten: »Was wäre gewesen, wenn die Insel nicht aufgetaucht wäre? Es ist doch ein Wunder!«

Bald wurden die Konturen großer schwarzer Bergformationen unterhalb eines schwachen Lichtsaumes deutlicher und auch der Leuchtturm auf der Steuerbordseite im Westen der Insel kam in Sicht. Allmählich nahm zu unserer Verwunderung der Wind ab, so wie das Wetteramt weisgesagt hatte, und wir mussten durch die letzten Ausläufer dieser Atlantikdünung motoren. Doch es machte uns nichts aus, denn es ersparte uns, bei so viel Seegang den Felsen mit dem Leuchtturm allmählich schaukelnderweise zu umrunden, bis wir aus der Atlantikdünung in den Windschatten von Porto Santo gekommen wären.

So war es zwar kein Problem, aber dennoch aufregend, in dieser dunklen Nacht mitten auf dem Atlantik wieder so dicht unter einem Leuchtturm und dem nahen Felsen in den Windschatten einer Insel zu kommen. Hier nahm kurioserweise plötzlich der Wind wieder zu und wir konnten unverhofft mit frischer Brise auf vor Brest geübte Weise mit Radar und elektronischer Navigation bis dicht an Land navigieren. Dort, in der Nähe des Hafens, ließen wir auf dem Platz »for small vessels« den Anker auf 12 Meter Wassertiefe fallen, steckten sicherheitshalber 40 Meter Kette und gaben uns still die Hand. Es wurde ruhig, wir hatten es wieder einmal geschafft! Andächtig standen wir an Deck und bestaunten das Lichtermeer der Insel, das an weihnachtlich geschmückte Straßen erinnerte.

Wir hatten beabsichtigt, uns trotz der späten Stunde noch eine Flasche Champagner zu gönnen, doch wir schafften nur ein Glas. Andächtig schauten wir noch eine ganze Weile auf die beleuchteten Berge, hörten das Geräusch des an den Strand spülenden Wassers, bis wir in einen tiefen langen Schlaf sanken im vollen Vertrauen darauf, hier im Schutze der Insel die Sicherheit gepachtet zu haben. Auch unsere ANTIMALOCHE mag sich gestreckt haben im ruhigen Wasserbett und hielt bis zum späten Mittag des anderen Tages ganz still an ihrer Ankerkette. Erst dann betrat der Erste, noch schlaftrunken, die knarrende Teakgräting im Cockpit und weckte die anderen.

»Weihnachten« war vorbei. Wir schauten durch gleißendes Sonnenlicht auf die trockenen Sandkrusten der hohen Berge der Insel, die in mehreren Beigetönen das Auge des Betrachters zu verwöhnen suchten. Dabei hatten wir gehofft, ähnlich viele Blumen wie auf Madeira zu sehen und nicht eine solche Sandwüste. Wir waren aber eben auf Porto Santo und nicht auf Madeira, dessen Blumenreichtum wir bereits von früheren Urlauben mit dem Flugzeug her kannten.

Langsam setzen wir uns in Bewegung. Wir mussten doch bereits entdeckt worden sein. Sicher waren diverse Formalitäten zu erfüllen. Ein Franzose auf einem Schiff mit gebrochenem Mast versicherte uns eines freien Platzes hinter ihm. So lernten wir Helmut und Claudia kennen, die mit ihrem Stahlschiff, ähnlich intermittierend wie wir, auf Langfahrt unterwegs waren und die unsere neuen Nachbarn und Freunde wurden.

Bald darauf meldete sich auch Dieter. Er hatte etwas ungemein Respektables an sich, sodass ich ihn zunächst mit einem gefälligen Hafenmeister verwechselte und ihn auf Englisch ansprach. Der Irrtum klärte sich schnell auf, er war der zuständige Trans-Ocean-Leiter vor Ort und zu dieser späten Mittagsstunde auf Kundenfang. Mit seiner milden Erzählerstimme konnte er Tausende von Geschichten zum Besten geben, wenn er seine Zuhörer fand. Auch wir hatten natürlich den Trans-Ocean-Wimpel in der Saling und gehörten daher unter seine Fittiche. Dieter ist ein netter Mann, den das Schicksal (in Gestalt seiner Frau?) vor Jahr und Tag auf diese Insel gelotst hatte und der seine Zeit als Rentner zu nutzen verstand. Er wusste nahezu alles und zeigte mir vor allem die Stationen, die ich nunmehr, seit 24 Stunden im fremden Land, abzuklappern hatte. Wie fast überall waren es drei Behörden, der Hafenmeister, die Ausländerbehörde und die Fischereiaufsicht, die hier die Zollfunktion wahrnahm.

Vor allem freuten wir uns, dass es keinen Grund für ein schlechtes Gewissen gab wegen unserer zögerlichen Meldung. Es ist ein ungeschriebenes Gesetz, dass jeder Neue, der hier mit dem Boot einreist, erst einmal wenigstens 24 Stunden absolute Narrenfreiheit genießt, weil es jedem klar ist, dass der Weg über das Wasser weit und das Schlafdefizit dementsprechend groß ist.

Auch der Hafenmeister, offiziell um seine Würde bemüht, war ein netter Mann, wenn man ihn höflich ansprach. So fuhr er uns mit seinem Jeep in die Stadt auf der Suche nach einem Leihwagen, aber die Büros hatten alle geschlossen, was nicht daran lag, dass es Feierabend, Mittagspause oder Feiertag war, sondern einfach daran, dass es keine Autos mehr zu verleihen gab – warum sollten die Büros also noch geöffnet haben? Matse fand später auf den Kanaren einen Ausdruck dafür, der von einem englischen Freund stammte: It is another world down here! Und darauf hatten wir uns so allmählich einzustellen.

So gingen wir nach dem Besuch des Geldautomaten zum Supermarkt, bestellten schon einmal vorab eine Taxe, damit sie uns mitsamt den 20 Tüten frischen Proviants durch den strömenden Regen zum Schiff bringen konnte. Leider stellte es sich heraus, dass das Geld nicht reichte und Bärbel erst den Weg zum Automaten wieder zurücklegen musste, während der Taxifahrer protestierte (wegen des Halteverbots!) und wir im Regen die Tüten bewachten. Auch hatte sich eine riesige Schlange gebildet, da es natürlich nicht so schnell ging, den gesamten Proviant durch die Kasse zu jagen und dann noch radebrechend klarzustellen, dass wir zwar nicht genug Bargeld, aber eine Fülle von Kreditkarten hätten. Es wurde jedoch keine akzeptiert.

Die Stimmung war nicht eben ausgeglichen, als wir die nassen Tüten auf dem Schiff auspackten. Und als Bärbel dann auch noch feststellte, dass diverse Dinge doppelt berechnet waren, sank unsere ansonsten stets eher gute Laune noch weiter in den Keller. Dem Hafenmeister war das ganze sehr peinlich und er erstattete uns unter einem Vorwand die monierte Summe vom Hafengeld. Anderntags ging ich in denselben Supermarkt zu demselben Mädel an der Kasse und hielt ihr eine durchsichtige Tüte mit sechs Brötchen hin, in der auch gut sichtbar zuunterst ein frisches Brot lag. Ich begrüßte sie mit den Worten: »Hello, good morning, do you remember, it is me?« Sie berechnete nur die Brötchen. Tja, die Welt ist nicht nur eine andere, sondern auch eine gerechte, »down here«!

Die Zeit verging wie im Flug. Vor allem wurde das Wetter so, wie man es zu dieser Jahreszeit in dieser Gegend erwarten durfte: warm und sonnig. Zweimal am Tag fuhren wir mit dem Schlauchboot nach draußen vor den Hafen und erquickten uns bei einem Bad in tiefblauem Wasser, das hier die Sonne und nicht die Wassertiefe so erscheinen ließ. Die Wassertemperatur betrug wohl 22 Grad, also durchaus warm, gefühlsmäßig entsprach sie aber dennoch einem Gebirgsbach, weil die Luft so aufgeheizt war. Die Berge über dem Hafen gewannen bei längerer Betrachtung und wir lernten die verschiedenen Beigetöne zu unterscheiden, von denen eine große Beruhigung ausging. Das Schlendern an der Mole war wie das Eintauchen in Seglergeschichte, waren doch hier an der zirka 500 Meter langen Mauer die in bunten Farben gemalten Insignien der Yachten verewigt, die seit 1986 Porto Santo angelaufen hatten. Viele Namen schienen bekannt, es war eine internationale Schau, und ich war sicher, dass, hätte ich Einsicht nehmen können, hinter jedem Namen eine bunte Geschichte steckte.

Wir hatten noch etwas Zeit, da die Entfernung bis zum Ziel Las Palmas auf Gran Canaria nur noch 300 sm betrug. Dieter kam täglich und vertraute uns den neuesten Hafenklatsch an, beantwortete unsere Fragen nach dem Wetter und erzählte von sich und seinen Erlebnissen. Berührt hat mich die traurige Geschichte von jemandem, der sein Schiff vor der Mole des Hafens verlor, weil er alles falsch machte, was man nur irgendwie falsch machen konnte. Ich möchte den farbigen Bericht hier nicht wiederholen, denn er stand in der nächsten Ausgabe von Trans-Ocean unter dem Motto: »Was man tun sollte, um ein Schiff loszuwerden.« Vielleicht störte mich der erhobene Zeigefinger, denn dem Leser wird vermittelt, dass man eigentlich gar nicht so dumm wie der Skipper sein könne.

Und das lernten wir: Wenn man eine Weile in der Yachtszene verweilt, dann entdeckt man bei allem Gemeinsamen – der Verbundenheit mit dem Wasser – auch die Unterschiedlichkeit der Charaktere. Eigentlich logisch, denn jeder kann auf irgendeine Weise zu einem Schiff kommen und sich dem Wasser anvertrauen. Das ist primär keine Sache von viel Geld. Und Wasser ist ein lebenspendendes und ernährendes Element. Es bedarf nur weniger Dinge von Land, um für lange Zeit ein einfaches, vielleicht zufriedenes Leben zu führen. Wir sahen hier Schiffe, die eher einem schwimmenden Hühnerstall glichen, und doch waren sie, wie wir, auf eigenem Kiel hierher gekommen. Immer, wenn ich diese Schiffe sah, wurde ich nachdenklich und dachte an die Aufwändigkeit unseres Unternehmens. Dazwischen schienen Welten zu liegen.

Auch später dachten wir darüber nach, als Matse von Mogan, unserem späteren Liegeplatz, in der Pause bis zur dritten Etappe mit Freunden nach Las Palmas reiste und dem Start der ARC zuschaute, bei dem zirka 250 Schiffe über den Atlantik gingen. Da waren auch Schiffe der Superlative dabei, Serienyachten, Rennkats, Länge größer als Vermögen, mit mehr Liebe zum Spekulativen als zum Einfachen. Nun ist dieser Trip, den wir vorhatten, vielleicht eine der einfachsten Routen, aber eine Garantie gibt es auch hier nicht.

Das Spekulative jedenfalls war nicht unsere Welt. Die Nähe zum Wasser eher, sie ließ uns andere verstehen, ohne die Nase zu rümpfen, auch wenn wir meinten, vieles besser zu wissen. Mir jedenfalls lag die Entdeckung der Langsamkeit näher als alles andere und dazu, so komisch das klingt, war erst mal viel Arbeit und Investition notwendig, denn Neues braucht immer zuerst viel Kraft, wenn es Veränderung bedeutet.

106

Dann war es so weit. Am 19.08.99 liefen wir wieder aus. Unsere neuen Freunde Helmut und Claudia waren bereits einen Tag vorher draußen, weil sie, mit mehr Zeit ausgestattet, zuerst Fuerteventura anlaufen wollten, das wir bereits kannten. Der Morgen war sonnig, der Wind stetig aus Nord bis Nordost und unser Kurs war südlich. Herz, was begehrst du mehr?

Die zweite Insel im Atlantik

Gran Canaria

Wir liefen gegen 12 Uhr mittags aus und setzten die Segel, als die Insel uns noch Windschatten gab, eingestellt auf die fünf Windstärken, die über das azurblaue Wasser zogen. Der Kurs war klar, wir hatten lediglich die Selvagens, eine Inselgruppe auf dem Wege, zu umfahren.

Wenn man so, aus dem Windschatten einer Insel kommend, ausläuft, neigt man dazu, die See und den anschließenden Seegang zu unterschätzen. Aber es begeisterte uns, die Geschwindigkeit unter Segeln vor dem Wind ohne den Seegang zu spüren, und wir waren guter Dinge. Helmut und Claudia waren voraus, berichteten von stetigen Winden und gutem Vorankommen, sie mussten allerdings einen kleineren Winkel zum Wind in Kauf nehmen. Aber wenn das da draußen möglich war, dann hatten wir nun wirklich keine Schwierigkeiten zu erwarten. Allmählich kam das Wiegen des Schiffes wieder, das das In-Fahrt-Sein hier auf dem Atlantik so eindrucksvoll signalisiert. Es ist eine eigenartige Bewegung um drei Achsen, an die man sich allmählich gewöhnt. Bei nicht quer laufender Dünung wartet man fast auf sie, weil sie das Gefühl vermittelt, wieder die richtigen Koordinaten zu haben. Man kann sich auf sie einstellen, auf sie ist Verlass. Es war schon all die Jahre eine Vermutung, und sie bestätigte sich mit zunehmender Erfahrung: Dieses Schiff von nur 36 Fuß Länge hat ein außerordentlich gutes Seeverhalten und benimmt sich auch bei den zum Teil hoch auflaufenden achterlichen Seen sehr moderat. Ich wusste bereits, dass es in die Nordseewelle passte, aber es war auch für die Atlantikwelle geeignet. Das machte mich stolz und verlieh mir einmal mehr ein Gefühl der Sicherheit, das die äußere Basis für unser Unternehmen war. Meine Beobachtungen waren nicht unbedingt objektiv, sondern mehr die Einheit zwischen dem subjektiven Empfinden und den Gegebenheiten des eigenen Schiffes – etwas, was sich nicht in »Länge mal Breite mal Tiefgang« ausdrücken lässt.

Die Bordroutine ist die adäquate Verhaltensweise. Man achtet auf den

Rhythmus von Wachen und Schlafen und versucht, die notwendigen Mahlzeiten für alle drei Besatzungsmitglieder zu koordinieren. Matse erkor sich diesmal, das Abendbrot zu bereiten, das ja bei uns immer aus einer warmen Mahlzeit bestand.

»Alle mal herhören«, meinte er, »ich gebe mir heute die Ehre, das Menü zu kreieren, damit ihr Armen euch einmal etwas ausruhen könnt. Ihr seht ja sowieso blau und grün aus im Gesicht. So kann man euch ja nicht an den Herd lassen!«

Es gab Fleischklößchen in einer pikanten Soße und dazu Maiskolben frisch von Porto Santo. Das Werk gelang zur Zufriedenheit der Crew und so konnte die Aufteilung der Wachen beginnen. Ich neigte dazu, nach dem Essen meinem Schlafbedürfnis nachzugehen, und Bärbel übernahm die Wache in der beginnenden Nacht. Hier war der Wachgänger nicht einsam. Viele Schiffe passierten, aber es gab kaum ein Problem, weil der Blitzer im Masttopp und ein Anstrahlen der Segel die Situation jeweils entschärften. Von der Vorstellung, dass ein Radarreflektor allein ausreicht, kann man sich sicherlich verabschieden. Manchmal waren wir erst sicher, bemerkt worden zu sein, wenn es gelang, über UKW einen Kontakt zum Schiffsführer herzustellen. Oft war es dann so, dass wir erst in diesem Moment auf die Position des eigenen Schiffes aufmerksam machen konnten, weil wir tatsächlich erst jetzt gesehen wurden.

Bärbel wachte bis in den frühen Morgen, unterbrochen von einem kurzen Intermezzo mitten in der Nacht: Um 02.00 Uhr schreckten Matse und mich merkwürdige reibende Geräusche ins Cockpit. Der Autopilot, dem wir aus Schlaffheit gegenüber dem Windsteuerer meist den Vorzug gegeben hatten, verabschiedete sich. Jetzt mussten wir den Windselbststeuerer eintrimmen, was aber dank der guten, stetigen Brise in Kürze gelang. Dennoch gab es noch in der Nacht Diskussionen, die von einer gewissen Grundsätzlichkeit waren.

Elektronik ist auf solchen Reisen angenehm, aber man sollte sich nicht auf sie verlassen. Klar, der elektrische Autopilot nahm uns sehr viel Probleme ab, weil er einfach die Position hielt und uns den kürzesten Weg nehmen ließ. Für einen Moment kam Unmut auf, denn der Autopilot ist für jemanden, der allein segelte, eine unschätzbare Hilfe, zumal auf kleinen Trips. Daran dachte Matse sofort, immerhin würde er das Schiff demnächst bis zur nächsten Etappe alleine bewegen. Doch die Schuld lag bei uns: Wir hatten die Wartung des Autopiloten schlicht und ergreifend einfach vergessen. Wenn wir daran gedacht hätten, dann wäre klar gewesen, dass das Gerät fast sieben Jahre alt war und einige Seemeilen auf dem Buckel hatte.

Ganz im Hinterkopf hatte ich in dieser Nacht die Idee, über das generell Notwendige grundsätzlich einmal nachzudenken. Von Moitessiers viel gepriesener Einfachheit waren wir mit unserer Ausrüstung sicher weit entfernt, auch wenn ich mich im Geiste mit ihm verwandt fühlte. Doch dann war die Müdigkeit stärker, und ich zufrieden, meine Koje zu genießen.

Der Morgen graute und der Tag wurde wunderschön. Das Licht der Sonne blitzte und vermittelte dem Wasser ein tiefes Blau. ANTIMALOCHE machte eine unerhörte Fahrt, und die Kamera wusste kaum einen Winkel auszulassen, der in der Lage war, dieses Segeln fern von Land einzufangen. Es war ein Traumtag. Die Genua wurde mal an Steuerbord, mal an Backbord ausgebaumt, je nach dem Einfallswinkel des Windes. Das Geräusch des an der Bordwand strömenden Wassers erfüllte den Salon, und die Lautsprecher draußen bereiteten dem Wachgänger ursprüngliches Vergnügen. Das Wetter war moderat. Endlich hatten wir das Gefühl, den angenehmeren Süden dieser nördlichen Halbkugel erreicht zu haben. Wir hatten den ersten Geschmack von Distanz auf der Zunge, denn jede Meile war bis hierhin in eben dem Schneckentempo gesegelt, in dem sich ein Segelschiff vergleichsweise bewegt.

Der nächste Tag begann mit einem strahlenden Sonnenaufgang. Der Schatten der aufgehenden Sonne warf die Risse des Schiffes auf das noch dunkelblaue Wasser. So war es fast, als liefe die ANTIMALOCHE mit ihrem Schwesterschiff durch diese Zauberpracht des atlantischen Wassers. Der ganze Tag war eine aufregende Segelei: Geschwindigkeit, ein ständiges Wiegen in den Wellen, Wärme, samtartiger Wind, trockene Luft, und das Gefühl, dem Ziele unaufhaltsam näher zu kommen. Welcher Willkommensgruß für uns frisch gebackene Atlantiksegler, dachte ich den lieben langen Tag. Wie es schien, waren wir der Zone der unsteten westlichen Winde und ständigen Depressionen nunmehr entronnen. Die vor uns liegende Distanz betrug lediglich 300 sm, das bedeutete läppische, himmlische zweieinhalb Tage von Porto Santo aus.

Im Laufe des 21.08. nahm der Wind zu, der Abend brachte reichlich Bewegung ins Schiff, was das Kochen erschwerte. Aber auch das lernten wir: Die Segel waren ein wenig anzupassen, und schon lief das Schiff so ruhig, dass der Koch seine Aufgabe wahrnehmen konnte, ohne akrobatische Akte zu vollführen.

Anderntags kam schon gegen Mittag die Nordspitze von Gran Canaria in Sicht. Bald nahm der Wind wie bestellt so weit ab, dass wir die Maschine zur Hilfe nahmen. Das Seewetteramt in Hamburg hatte auch diesen Verlauf des Wetters vorausgesagt. Mit einer hohen Dünung liefen wir auf die Insel zu. Ein wenig war es wie die Ansteuerung von Bornholm, das infolge der hohen Berge bei guter Sicht bereits viele Meilen im Voraus zu sehen ist.

Die Insel rückte näher, und die verschwommenen Konturen lösten sich auf in die Einzelheiten des Küstenverlaufes. Zur Rechten lag der Hafen von Las Palmas. Langsam liefen wir in einem schrägen Winkel aus der Atlantikdünung auf das südliche Ende des Wellenbrechers zu, hinter dem der Seegang abrupt nachließ, sodass wir bei glattem Wasser über die große Fläche des Vorhafens glitten. Rostkähne lagen an der Außenpier in Päckchen in dem noch etwas öligen Wasser, das zunehmend klarer wurde, je näher wir dem Eingang zum Yachthafen kamen. Gegen 17.00 Uhr bogen wir in die Fahrrinne des Yachthafens ein. Weisungsgemäß gingen wir an der Texaco-Tankstelle längsseits, wo wir lautstark in deutsch-spanischem Kauderwelsch willkommen geheißen wurden. Was wir wollten? – Diesel natürlich! Was wir noch wollten? – Tja, was wollten wir denn noch? Der an der Tankstelle jedenfalls wusste es, wir wollten schlafen! Er nahm Mathias am Arm und verwies in eine freie Box gegenüber, gleichzeitig sagte er, dass niemand vor Ablauf von 24 Stunden irgendetwas von uns wissen wollte. So verholten wir uns, wurden von einem Engländer in Empfang genommen, machten das Schiff so weit klar und feierten bis in die absolute Müdigkeit unsere Ankunft auf Gran Canaria, das ich von zahlreichen Ferienaufenthalten her kannte. Bislang hatte ich mir aber nie vorstellen können, diese Insel jemals auf eigenem Kiel zu erreichen. Nun war es so weit. Das war eine Flasche Champagner wert.

Bis zu unserer Abfahrt nach Hamburg verblieben noch fast acht Tage, die wir nutzen wollten. So war der Verbleib des Schiffes bisher nicht geklärt. Doch zunächst galt die nächste Inspektion dem Ort Las Palmas, den wir alle nicht kannten. Von unterwegs hatte ich des öfteren Martin Muth von der »Yacht« unsere Position durchgegeben. So meldete ich ihm auch jetzt unsere Ankunft. Er war aber schon selbst aktiv geworden: Wolf, der Mann von Trans-Ocean in Puerto Rico und ein Freund von Martin, war von der »Yacht« beauftragt, ein Foto von uns und dem Schiff

bei Ankunft in Las Palmas zu machen. So sollten wir erst mal eine Foto-
runde fahren. Das Bild wurde sehr schön.

Dann rollten wir die Stadt zunächst zu Fuß auf und später, einsichtig
geworden, mit dem Taxi. In der »Albareda« gegenüber der Playa de las
Canteras sollte ein Elektronikladen sein, denn wir hofften, hier eventuell
eine neue Kupplung für den Antriebsanteil unseres Autopiloten zu
bekommen. Nach gründlicher Inspektion des Antriebsmotors fand Matse als einzigen Fehler die Kupplung. Viele Bemühungen in dieser Hinsicht verliefen im Sande. Zwar war ein neuer Antrieb vorhanden, aber
leider nur als Schubstangen- und nicht als Zahnantrieb, den wir benötigten. So mussten wir das Problem vertagen. Gefrustet labten wir uns
an einem Spaziergang längs der Playa de las Canteras, wo ein schöner
Badestrand an einer Promenade mit vielen kleinen Restaurants und Bars
liegt. Las Palmas ist ja bekanntlich eine Freihandelszone und so kommt
jeder Elektronikfreak auf seine Kosten. Die Gegend verspricht sozusagen einen geschäftigen Badeurlaub, weil man in unmittelbarer Nähe beides hat, den Strand und die Stadt, die einen erfrischenden und belebten
Eindruck macht.

Dass man sehr unterschiedliche Menschen hier trifft – laute und leise,
geschäftige und Urlauber, sympathische und unsympathische –, bedeutet keine Kritik am Grundsätzlichen. Gran Canaria ist eben inzwischen
fast eine deutsche Provinz, wobei die Spanier eher von einer englischen
Invasion reden, was mich wundert.

Am nächsten Tag nahmen wir uns einen Leihwagen, mit dem Bärbel
nach Puerto Rico fahren sollte, denn Matse und ich wollten das Schiff
dorthin allein überführen, auch waren unsere Rückflugtickets noch vom
Flughafen abzuholen. Die zweite Nacht an Land war dem Ausschlafen
gewidmet. Glücklicherweise ist der Hafen großzügig und ruhig und liegt
dennoch zentral. Zudem ist er relativ sicher und preiswert im Vergleich
zu Puerto Rico oder Mogan. Wenn nicht die Verabredung mit Wolf
gewesen wäre, die Martin vermittelt hatte, wären wir sicherlich dort
geblieben.

Doch so verließen wir anderntags Las Palmas in Richtung Puerto Rico.
In der Hafeneinfahrt empfing uns das ewige Auf und Ab des Atlantik-
schwells, trotz wenig ablandigem Wind. Etwa eine halbe Meile südlich
des Wellenbrechers trieben wir an einem Stück Fischernetz vorbei. Das
allein ist kein Grund zum Erschrecken, doch der flüchtige Blick auf
seinen Inhalt machte uns wütend: Im Netz war eine Schildkröte gefan-

gen! Wir bemühten uns über eine Viertelstunde lang, bis wir über die Hafenaufsicht sicher sein konnten, dass sich jemand des Problems annehmen würde. Wir hätten sonst nicht weiterfahren können. Treibende Fischernetze sind sowieso ein Ärgernis – nur zu deutlich stand uns unsere Begegnung mit einem solchen Hindernis in der Biskaya vor Augen –, aber die gefangene, in ihrem Bestand stark gefährdete Meeresschildkröte war wirklich der Gipfel.

Als wir alles in unserer Macht stehende getan hatten, ging es bei relativ flachem Wasser mit herrlicher Rauschefahrt nach Süden. Das Schiff machte unglaubliche 9 Knoten über Grund gut, sodass wir bereits weit vor der Dunkelheit und jetzt nachlassenden Winden bis eine Meile vor der Hafeneinfahrt von Puerto Rico die Maschine starteten. Die letzte Meile!

Für mich war es wie ein Absegeln, ich nahm in diesem Moment Abschied. Die Zeit, die ich jetzt zu überstehen hatte, bis ich wieder losfahren konnte, würde lang sein. Zwar hatten Bärbel und ich Ende Oktober nochmals zehn Tage auf dem Schiff eingeplant, aber auch bis dahin schien noch ein langer Zeitraum zu liegen. Sicher, Transatlantik in Etappen ist immer noch besser, als in Nord- und Ostsee zu verharren, so sagte ich mir, aber an Bord zu bleiben wäre eben noch schöner. Ein Gefühl, das mich stets am Ende jeden Segelurlaubs überkam.

Langsam liefen wir in das Hafenbecken ein. Irgendjemand, so dachten wir, würde sich vielleicht melden. Schließlich bekamen wir die Information von einem anderen Schiff, dass wir uns zunächst beim »Torre« an der Einfahrt zu melden hätten. In diesem Moment lugte Wolf zwischen zwei Schiffen hindurch und bedeutete uns, dass wir erst an die Tankstelle gehen sollten. Das hätte er uns doch schon in Las Palmas gesagt. Nichts hatte er. Und nichts war vorbereitet. Dennoch folgten wir ihm – nicht unbedingt unsere schlaueste Entscheidung, wie sich später herausstellen sollte.

Wir verbrachten im Eingangsbereich eine unruhige Nacht bei hohem Schwell und merkbarer Tide, bis wir nach deutlichem Druck gegenüber einem netten spanischen Hafenmeister, der wiederum auf seinen Chef und dessen Entscheidung verwies, endlich am folgenden Tag an einem Platz anlegen konnten, der gegenüber dem Schiff von Wolf und dessen Freundin Ariane lag.

Ariane hatte eine Segelmacherei und früher bei Haase in Travemünde gelernt. Somit war sie genau die Richtige, um die ausfransenden Nahtlieken an der Genua auszubessern. Schließlich hatten wir bei Haase alle Segel vor der Reise inspizieren lassen – und alle waren für gut befunden worden. So wandte ich mich zunächst telefonisch direkt an Herrn Haase und ließ meinem Ärger freien Lauf. Zwar gab er Ariane den Wink im Sinne von »ein anspruchsvoller Segler«, aber im Gespräch mir gegenüber meinte er zunächst, dass das nicht so schlimm sein und er sich das gar nicht vorstellen könne. Es ist schon erstaunlich, wie so eine Profiwerkstatt versucht, erst mal abzuwiegeln, anstatt selbstverständliche Abhilfe zu schaffen. Matse meinte nur: »Lass gut sein, Papa, der macht doch nur Segel für die Ostsee!« – Es ist das Vorrecht der Jugend, deutlich zu sein.

Viel erfreulicher als die Geschichte mit dem Segel war die Bekanntschaft mit Eddy und seiner Frau, beides Engländer, die auf einem nicht schönen, aber eigenwilligen Stahlschiff neben uns lagen und die Verhältnisse vor Ort schon etwas besser kannten. Eddy war ein Alleskönner, der eine spezielle Ausbildung als Ingenieur für die Ölsuche hatte und immer mal zu einem lukrativen Job für vier Wochen verschwand. Die beiden lebten davon sehr gut, wie sie sagten. Sie hatten wenig Neigung, wieder nach England zurückzugehen. Von Eddy erhielt ich auch ohne zu fragen eine Tauchflasche, von denen er einige nebst Kompressor an Bord hatte. Eddy werkelte den ganzen Tag und freundete sich mit Matse an, was für mich eine große Beruhigung war, denn in wenigen Tagen würde Matse auf dem Schiff für einige Wochen alleine sein. Sicher wusste ich aus eigener früherer Erfahrung, dass man eigentlich alles kann, aber das erste Mal in einem fremden Revier tatsächlich allein und dann auch noch ohne Autopilot das Schiff zu bewegen, ist denn doch eine ganz andere Sache.

Helmut und Claudia waren aber inzwischen ebenfalls in Mogan angelangt, und Claudia wurde so etwas wie eine Ersatzmutter. Jedenfalls brauchte Matse seine Kochkünste nicht zu sehr zu strapazieren – Claudia adoptierte ihn quasi.

Obwohl Mogan voll belegt war, konnte Matse bereits vier Wochen nach unserer Ankunft nach Mogan übersiedeln, wo es etwas angenehmer war als in Puerto Rico.

Am 28.08.99 mussten Bärbel und ich mit dem Leihwagen zum Flughafen, denn jetzt hieß es erst mal wieder arbeiten. Der Wechsel fiel mir schwer.

Ein ganz neues Gefühl, durchaus nicht nur positiv, bemächtigte sich meiner. Jetzt war ich Skipper auf einem Schiff ohne Besatzung. Ein Einhandsegler. Ich stand auf dem Deck und beäugte meinen eigenen Mut. Wahrscheinlich hatte Eddy, der nette Engländer vom Nachbarschiff, mich beobachtet, denn ganz zaghaft zog er mich in ein Gespräch über das Leben auf dem Wasser, über seine eigene Arbeit, über die Leute hier in der Gegend und schließlich saß ich bei ihm im Cockpit und lenzte mit ihm ein erstes Bier. Und während er weiter erzählte, schaute mir die ANTIMALOCHE aufmerksam zu, vertrauensvoll, mahnend, einladend, mein Zuhause für eine lange Zeit.

Die Wuhling

Zwischen der zweiten und dritten Etappe

Auf Gran Canaria war der Hitzerekord erreicht. Die Temperaturanzeiger standen dort auf fast 40 °C. Demgegenüber war das heimische Klima kalt, obwohl es durchaus ein annehmbarer Sommer gewesen war. Lange war es her, dass wir Hamburg verlassen hatten, und eine weite Strecke waren wir gesegelt. Hier war alles ganz anders. Die festen Betten, die räumliche Enge: Hier konnte man nicht ständig an Deck gehen und frische Atlantikluft atmen. Ich hätte mir fast das Rauchen abgewöhnt, wenn ich nicht wieder in einen solchen Stress verfallen wäre.

Es dauerte nur ein bis zwei Wochen, und die Ruhe verließ mich, der Abstand zum Schiff vor Ort nahm wieder zu. Ich hatte, wie erwartet, Patienten verloren, die mein ständiges Fernsein nicht akzeptierten und mit dem Vertreter nicht zurecht kamen. Und natürlich hatte ich da Mühe, gleichbleibend ruhig zu sein, denn es hagelte Vorwürfe. »Der hat es ja nicht mehr nötig!«, war noch das Mindeste. Wäre ich doch nur Beamter geworden!, dachte ich so manches Mal, dann hätte ich meine Auszeit genommen und wäre für längere Zeit verschwunden. Was hatten wir nicht alles versäumt, an so vielen aufregenden Küsten waren wir nur ganz fern vorbeigesegelt, hatten auf ein ausführliches Erkunden der Biskaya, der Westküste Spaniens und von Lissabon ganz und gar verzichtet, nur weil wir so unter Zeitdruck standen. Unverzeihlich, nun, wo ich doch wusste, dass ich mir ein Leben mit dem Schiff auf dem Wasser vorstellen konnte!

Mit Matse war ich per E-Mail verbunden und erfuhr so von seinen Aktivitäten. Beim Auslaufen aus Puerto Rico wurde er von der Hafenmeisterstation zurückbeordert. Sie hatten Angst wegen ihres Liegegeldes, also bezahlte er im Voraus. Ariane hatte diverse Persenninge für Radar und den Außenborder zu fertigen sowie das Segel zu reparieren. Matse hatte alle Hände voll zu tun. Er verbrachte die meiste Zeit auf dem Schiff und ließ sich von der Umgebung nicht stören. Abends besuchte er dann Eddy, dessen Schiff zur Überholung an Land stand und lernte bei ihm das Biertrinken. Als Eddys Schiff wieder ins Wasser kam, ankerte Matse mit ihm vor dem Hafen von Arguineguin, so übte er die ersten Einhandschritte. Die Gegend ist ein Dorf, was den Klatsch angeht. So war viel über die Ansässigen zu erfahren, insbesondere über ihre Zuverlässigkeit. Der Engländer am Hafen jedenfalls brachte es in drei Wochen nicht fertig, den Antrieb vom Autopiloten zu reparieren. Matse wurde zweimal in der Woche vertröstet, bis er sich kurzerhand den Motor wiedergeben ließ und nach Mogan abdampfte. Dort richtete er sich an dem Liegeplatz bequem ein.

Da er nun direkt an der Mauer in der SW-Ecke des Hafens zwischen zwei hochbordigen Motoryachten lag, besorgte er sich erst mal weitere große Fender, ein längeres Stück Kette und stülpte sperrige Zahnkränze über die vorderen Halteleinen, denn hier in Mogan musste man sich endlich entscheiden, ob man Kakerlaken mochte oder nicht. Matse mochte sie nicht, ich auch nicht. So stellte er sich dem Kampf. Bereits in Puerto Rico waren ihm einige Exemplare begegnet, die er aber jedes Mal über Bord werfen konnte. Keinesfalls darf man die Tiere töten, denn sonst verbreitet man die Eier auf dem ganzen Schiff. Er legte Gift aus an allen möglichen und unmöglichen Stellen und gewann im Großen und Ganzen den Kampf. Ich habe auf der späteren Überfahrt jedenfalls keine Einzige gesehen. Man muss aber wirklich erfinderisch sein und von konventionellen Vorstellungen absehen, etwa, dass Kakerlaken nur laufen können. Sie fliegen, besonders nachts, in Scharen und landen auf Deck. Trotz regelmäßigem Spritzen auf den Zuwegen liegen sie nachts in Formationen, bereit zum Angriff.

Es ist ein ungeschriebenes Gesetz, dass man die Schuhe, die man auf dem Steg trägt, nicht mit an Bord nimmt. Das gilt auch für alles, was in den Supermärkten zu kaufen ist, insbesondere Salate, Zwiebeln und vieles mehr. Grundsätzlich sollte man sich angewöhnen, alles, was von außen ins Schiff gebracht wird, erst einmal ins Wasser zu tauchen. Wir haben das auch in der Karibik beibehalten und sind bislang gut damit gefahren.

Nach Tagen des Ausprobierens, wie sich das Schiff bei unterschiedlichem Tidenstand verhält, konnte Matse einen zweiwöchigen Heimaturlaub antreten, den er aus vollen Zügen genoss. Er war praktisch ständig auf Achse und holte das nach, was eine Großstadt an Kultur und manchem mehr zu bieten hat. So brachte er auch den Motor vom Autopiloten mit und schaffte ihn nach Wedel zu Yachtelektrik, wo er endlich repariert werden konnte. Dennoch nahmen wir auch einen neuen Motor mit, den Matse zunächst auch einbaute, denn die Reparatur verzögerte sich bis zu meiner Abfahrt.

Auf einem gemeinsamen Streifzug, auch wegen der Seekarten, die wir noch brauchten, besuchten wir Robby im City-Sporthafen, der uns nett empfing, denn er hatte wie viele andere auch den »Yacht«-Artikel über uns gelesen. Ich staunte, wie viele Patienten mich darauf ansprachen. Mich mit dem »Abendblatt« in Verbindung zu setzen, scheute ich aber noch, denn die »Anti-Reklame« wäre bei den Patienten zu groß gewesen. − Und wieder haderte ich mit meinem Schicksal!

Abends saß ich oft noch spät vor dem Fernseher und sah mir die Videoaufzeichnung unserer Überfahrt von Cuxhaven bis Gran Canaria an, so war ich immer mal wieder auf dem Wasser. Der Film war nicht so gut. Vieles war überflüssig. Ich würde sehr viel wegschneiden müssen, um die Spannung zu erhalten. Für meine abendlichen Sitzungen aber war mir das egal. Er erfüllte für mich seinen Zweck. Ich konnte mir nur vornehmen, die Atlantikpassagen authentischer aufzuzeichnen.

Schließlich kam der Abschied von Matse. Er packte seine zwanzig Kilo und nahm bestimmt nochmals das Gleiche als Handgepäck mit − neben seiner Gitarre. Das alles schaffte er durch den Check-in beim Flughafen, derweil wir Schmiere standen und staunten: Er ist so ein netter Junge, wenn er will, sodass die Dame vom Bodenpersonal ihm nur nachlächelte.

Die Trennung war diesmal nicht so schlimm, denn wir planten ja schon bald einen kurzen Urlaub auf dem Schiff.

Wir hatten uns Gedanken über die Fleischkonserven gemacht und waren auf Empfehlung an die 500 g Dosenfleisch aus Armeebeständen (Schweine- und Rindfleisch) geraten, die bei der Metro besonders günstig zu erwerben waren und von denen ich das Schweinefleisch getestet hatte. Es schmeckte, in der Pfanne erhitzt und mit Zwiebeln und Paprika angereichert, sehr gut. Leider stellte sich das Rindfleisch für uns als ungenießbar heraus, aber das wussten wir noch nicht. So kaufte ich 40 Dosen und stellte neben weiterem Material noch diverse Holzteile und Mahagonileisten sowie die große Tauchflasche zusammen. Wie aber hinschaffen?

Eine liebe Patientin von den Lufthanseaten stellte mir einen Teil ihrer angesparten Transportkilos zur Verfügung. Sie meinte, dass das alles von der Lufthansa selbst verpackt werde. Das ging natürlich nicht. So standen wir in der Oktoberkälte auf dem Frachtgelände und suchten nach Verpackungsmaterial. Wir ergatterten schließlich einen Umzugskarton, der bis auf die Holzteile alle unsere Schätze aufnahm und versahen den Karton rundum mit breiter Klebefolie. Dasselbe machten wir mit den Leisten und den beiden 120x100 cm großen Platten aus Bootsbausperrholz. Das Zeug flog tatsächlich im gleichen Flieger als Fracht mit und kostete lediglich eine Anerkennungsgebühr. Ich hätte meine Patientin knuddeln können.

Leider war die Abholung in Spanien bei »Iberia-Fracht« eine Odyssee. Natürlich war am Ankunftstag das Gepäck zwar da, aber der Zoll hatte schon geschlossen und wir hatten Samstag, Wochenende. Am Montag nahm Bärbel einen Anlauf, vergebens, irgendjemand hatte gelesen, dass die Fracht Fleischkonserven enthielt und die können in Spanien nur sofort wieder ausgeführt werden. Dafür aber waren die Bootspapiere notwendig. Diese Information hatte sie bereits nach eineinhalb Stunden in der Verwaltung erhalten. Am nächsten Tag fuhren wir wieder von Mogan aus zum Flughafen. Jetzt brauchte ich drei Stunden. Dabei war ich bestimmt in mehr als zehn verschiedenen Büros, aus meinem Schiffspapier, Abholschein und Reisepass war per Fotokopie eine ganze Akte geworden mit unzähligen Stempeln, einer gehörigen Gebühr, einer Quittung und nochmals einem Abholschein. Schließlich ging ich siegesgewiss zur Ausgaberampe. Wieder Pech. Ich musste nochmals zurück, leider war besagtes Papier schon bei meiner Ankunft vor drei Tagen abgestempelt worden, jetzt aber stimmte das Datum nicht mehr. So ging ich in ein weiteres Büro und wurde wieder gestempelt, pardon, ich meine der Schein natürlich, nachdem ich hinter den 15 Leuten in der Schlange entsprechend lange gewartet hatte. Nach vier Stunden endlich kam das Reisegepäck auf einem Gabelstapler und war unbeschädigt! Ich war hingerissen vor Begeisterung. Ein Hoch auf die Lufthansa! Und ein Hoch auf Spanien, obwohl ich mir ganz sicher war: Diese Prozedur würde ich nicht noch einmal auf mich nehmen.

Rechtzeitig vor dem Abflug aus Hamburg hatte ich auch ein Postpaket nach Mogan geschickt, in dem sich, offen deklariert, Härter und Lack befanden. Am Schalter der Post konnte ich gerade noch verhindern, dass das Paket per Luftfracht verschickt wurde, denn das war mir bei allen Anfragen wegen des gefährlichen Inhalts als völlig unmöglich deklariert worden. Ein Argument, das ich nachvollziehbar fand. Das Päckchen kam bereits nach neun Tagen an, aber leider in Las Palmas. Das dortige Postamt hatte nach Mogan telegraphiert, dass das Päckchen nicht weitertransportiert werden könne, da ungewisse flüssige Inhalte es völlig durchweicht hätten. Also fuhren wir nach Las Palmas.

Der Beamte war sehr nett. Wir begannen das Päckchen zu zerlegen. Eineinhalb Liter schönster Bootslack war aus der Dose geflossen und hatte alles mit einem schützenden, aber störenden Überzug versehen. Mit klebrigen Händen sortierten wir und fanden nach einer halben Stunde, dass das meiste noch zu gebrauchen war, unter anderem eine neue Handpumpe für das Bad und viele Batterien. Auch Polyester und Härter waren unversehrt. Die Post hat den Schaden pauschal reguliert. Bravo! Doch auch hier ist mir klar: Selbst ein Päckchen würde ich nochmals nur aus wirklich zwingenden Gründen verschicken.

Die Kiste mit den Konserven und der Tauchflasche war schwer, wie man sich vorstellen kann. Fast wäre sie bei dem Versuch, sie ins Schlauchboot zu heben, ins Hafenwasser gefallen. Nach all der Mühe wäre das ein echter Eulenspiegel-Scherz gewesen. Im Schlauchboot und neben dem Schiff öffnete ich dann den Karton. Kaum zu glauben – alles war heil, sogar die drei Gläser mit Wiener Würstchen. Jetzt konnte alles unter Deck verschwinden – und wieder war ein Teil der Vorbereitungen geschafft.

Wir hatten uns um das Wetter kaum noch gekümmert. Da gab es ja unsere Software, die sicher wieder funktionieren würde. Dennoch wollten wir zur Sicherheit eine Anlaufstelle haben, die uns für die Überfahrt das Wetter des südlichen Nordatlantiks übermitteln könnte. Alle, mit denen wir Kontakt haben konnten, hatten eine Amateurfunkanlage und waren somit untereinander in Kontakt und konnten sich austauschen – auch über das Wetter. Also begaben wir uns auf die Suche. Gran Canaria ist eine Freihandelszone, meistens sind die Geräte hier billiger, und auf eine deutsche Lizenz brauchten wir nicht zu achten, da das Gerät in Deutschland sowieso nicht zum Einsatz kommen würde.

Von einem Händler vor Ort orderten wir den Kenwood TS 50, ein kleines leistungsstarkes Gerät, das Matse selbst einbaute, unseren Kenwood 5000, ein leistungsstarkes und traditionelles Empfangsgerät, behielten wir. Das Schwierigste war, wie offensichtlich immer, die Antenne. Das Achterstag konnten wir vergessen, weil Messungen um die Norsman-Isolatoren keinen erforderlichen Widerstand von über 1600 Ohm ergaben. Unser Rigger in Wedel war zwar erschrocken und um Aufklärung bemüht, aber das half uns vor Ort auch nicht. Ich erwähne dies nur, damit vielleicht andere in Zukunft auch mal darauf kommen, die Effizienz eines isolierten Achterstags überprüfen zu lassen. Nach langen Mühen kam Matse dann darauf, eine eigene Antenne für die Funke, und zwar eine Peitschenantenne, zu installieren. Jetzt war der Empfang bei einer Probefahrt außerhalb des Hafens hinreichend gut. Um es vorwegzunehmen: Wir hatten während der gesamten Atlantiketappe stets guten Empfang aller Amateurfunker, sowohl von Deutschland aus als auch in den Staaten. Ich würde daher sagen, dass ein Kurzwellengerät zum unbedingten Muss gehört, gleich, ob es der Wetterinformation dient oder einen in die Lage versetzt, mit anderen Schiffen Kontakt aufzunehmen, die sich außerhalb der UKW-Reichweite befinden.

Das Gerät hatte natürlich auch einen Antennentuner, der dicht neben der »Peitsche« an Deck befestigt war. Immer wenn wir sendeten, ging das GPS in die Knie und die Cockpitinstrumente schalteten sich aus. Wir gewöhnten uns daran. Im Übrigen schaltete sich das GPS auch auf rot, wenn wir über Inmarsat telefonierten. Das waren aber Kleinigkeiten, die uns nicht störten.

In der Praxis ging das dritte Quartal zu Ende. Nach der Abrechnung und der Überprüfung der Finanzen wurde ich immer bangmutiger. Wenn der Entschluss nicht so fest und mein Trotz nicht so groß gewesen wäre, hätte ich gekniffen. Für Bärbel wurde es eine schwere Zeit. Und sie würde noch schwerer werden, wenn wir erst mal unterwegs waren: Wir auf dem Atlantik und sie alleine mit der Angst, dass uns etwas passieren könnte. Das machte mich ebenfalls unsicher. Ich wich in Kränklichkeit aus, bemerkte Schwächezustände, einen Leistenbruch, den ich auf die Schnelle noch operieren lassen wollte. Die Konfrontation mit den chirurgischen Kollegen ließ mich aber schnell von dem Vorhaben Abstand nehmen. Ich hatte ja schließlich das eigene Wissen, mit diesem Befund umzugehen.

Vier Wochen vor dem 01.12.99, meinem Start zur dritten Etappe, war ich alles andere als in Hochform. Ursprünglich hatte ich gedacht, noch etwas mehr Sport zu treiben und mich mental besser vorzubereiten. Doch all diese guten Vorsätze versanken hinter dem täglichen Erfordernis, die Vorbereitungen neben der Praxis zu bewältigen. Ich hatte eine Reihe von Besorgungen zu tun, eine Liste abzuarbeiten, die mir Matse aufgegeben hatte. – Ich glaubte bis zuletzt nicht daran, dass ich den ganzen Klum-

patsch zum Schiff mitnehmen könnte. Letzten Endes wurde es eine Fracht von 20 Kilo Normalgepäck und zusätzlich 30 Kilo als Tauchgepäck deklarierte Dinge, die nur dem äußeren Schein nach Tauchgepäck waren. Zwar fanden sich auch Tauchutensilien darunter, aber auch weit wichtigere Attribute, wie der Motor für den Autopiloten, eine Ersatzlichtmaschine als Wellengenerator sowie weitere Konserven. Vor allem Milchreis, ohne den wir nicht starten wollten, weil er köstlich schmeckte. Zudem ein neuer Tankdeckel für den Yamaha-Außenborder, den ich zufällig in Norderstedt noch einen Tag vor Abreise erstand. Auf der »Hanseboot« hatte ich einen Chronometer erworben, denn ich wollte unterwegs die Astronavigation wieder auffrischen und dazu gehörte eine autarke Uhr, deren Stand über die Kurzwelle kontrollierbar war. Bärbel hatte liebevoll drei Päckchen in kleinen Jutesäcken vorbereitet, die den Weihnachtsschmuck enthielten und unsere Weihnachtsgeschenke. Wir wurden streng ermahnt, sie wirklich erst Weihnachten zu öffnen. Schließlich hatte ich für den Fall aller Fälle Bankvollmachten zu übertragen.
Es war schon eine Wuhling, diese Zeit.

Aber dann war es so weit. Ich konnte nicht mehr kneifen. Jetzt sollte es sein. Die Maschine ging am 01.12.99 von Hamburg nach Las Palmas auf Gran Canaria, wo Matse mich gegen Mittag abholen würde. Mit Dick, der von Griechenland zurück war, drehte ich das Ding des Eincheckens. Wir konnten, da der Flug bereits früh am Morgen ging, schon abends das Gepäck aufgeben. Das wurde lustig.
Wir besorgten uns eine Karre und rollten mit ihr zur Annahmestelle am Terminal 4. Das Durchleuchtungsgerät stand natürlich mitten im Weg. Ich dachte an mein Tauchgepäck, das keines war. Zuerst stellte ich aber die kleinere Tasche in das Gerät. Natürlich musste ich öffnen. Was das denn sei? »Konserven«, erwiderte ich, »wollen Sie mal schauen, herrlicher Milchreis, eine Delikatesse sage ich Ihnen, Sonderangebot der Metro. Wissen Sie, wir wollen über den Atlantik segeln und ich muss das alles mitnehmen, wollen Sie mal probieren? Vorzüglich, wirklich!« Ich erntete einen Lacherfolg, der Dienst an der Maschine scheint wirklich langweilig zu sein. Jedenfalls rollte die Tasche durch, dicht gefolgt von meiner Tauchtasche, die nun gar nicht mehr bemerkt wurde, was ja auch nicht erforderlich war, denn ich transportierte schließlich keine Bombe. Das war geschafft. Wir stellten die »kleinen« Taschen mit vereinten

Kräften auf die Waage. Ich schaute freundlich in ein nicht mehr ganz frisches Gesicht. »Das sind 20 Kilo Normalgepäck und 30 Kilo Tauchgepäck. Ich hatte das angemeldet.« Natürlich wusste die Dame am Schalter nichts davon. So gehe das nicht, und mit wem ich denn telefoniert hätte. »Das weiß ich nicht mehr«, sagte ich leichthin. Schließlich bemühte sie sich, zu telefonieren. Sie zog den Kürzeren und ich atmete auf. Jetzt konnte nichts mehr schief gehen.

Bärbel brachte mich am anderen Morgen vor der Praxis zum Flughafen, wo wir uns für eine lange Zeit verabschiedeten. Es war alles gesagt und das, was für uns unsagbar war, verschwiegen wir.

Irgendwie war ich erleichtert, ich hatte ganze sechs Wochen frei! Gleichzeitig war ich fürchterlich kaputt. Der Stress lag wie Blei auf mir, doch mich packte auch ein Hauch Neugierde, wie immer, wenn ich etwas Neues machen konnte. Diesmal war es ein Wagnis, und ich hoffte, dass es kein Leichtsinn sein möge.

3000 Meilen

Die Passatroute

Der Flug verlief ruhig, die Landung war vorbildlich. Das Gepäck kam sehr bald. Ich hatte eine Karre organisiert und war somit hinreichend beweglich. Draußen wartete Matse bereits auf mich. Es war ein fröhliches Wiedersehen. Er empfing mich gleich mit den Worten: »Alles ist vorbereitet, ich habe einen Leihwagen bis morgen früh. Wir brauchen nur noch den Frischproviant aufzufüllen, dann kann es losgehen. Helmut und Claudia sind bereits heute Morgen gefahren. Das Wetter scheint günstig ...«

Er trug lange Hosen und einen Pullover, ich schwitzte nur vom Zusehen. Hier war doch kein Winter, nicht auf den Kanaren. Er hatte sich aber bereits angepasst und natürlich war die Zeit der sommerlichen Hitze vorbei. Alles ist subjektiv, ich war noch die Hamburger Temperaturen gewöhnt.

Die Fahrt verging schnell, ich konnte es kaum erwarten, das Schiff im Hafen von Mogan liegen zu sehen. Dann ging es an Bord. Ich nahm die kleine Tasche und Matse die 30 Kilo, raus aus den Klamotten und das erste Getränk dieses Urlaubs, eine Cola mit Schuss. »Jetzt ruhst du dich aus«, meinte Matse in seiner direkten Art, »du siehst beschissen aus!« Prost Mahlzeit, das hätte er mir auch netter sagen können.

Meine Ruhe war dahin, und ich wollte mich als nützlich erweisen. So fuhren wir zum Supermarkt ins Dorf. Langsam kam ich in Form, schließlich war ich der Proviantmeister. So konnte ich etwas auftrumpfen. Glücklicherweise verstand der Metzger der Fleischwarenabteilung das Spanisch meines Dolmetschers, ein Engländer, der ebenfalls in Warteposition im Hafen lag und sich auskannte. Ich wollte 3 Kilo gutes Filet, 2 Kilo Hack sowie ein paar Schnitzel und Koteletts. Diese Menge wollte ich einfrieren und somit frisch halten für die Zeit, in der wir uns den Luxus der Tiefkühltruhe würden leisten können. Matse haderte mit meinem Vorhaben und zeigte eine biedere Miene. Da das Fleisch aber wirklich exzellent zu sein schien, hellte sich sein Gesicht auf: »Wir können

124

es ja auch wegschmeißen, wenn es gar nicht mehr gehen sollte!« – So kamen wir uns entgegen. Als Nächstes kam das Brot, zehn Pakete doppelt verpacktes Pumpernickel mit unerhörter Haltbarkeit und weiteres frisches Brot, Weißbrot und einiges an Brötchen. 15 Stückchen Butter folgten und das Frischgemüse, Bohnen, diverse Salatköpfe, Radieschen, Gurken, Bananen, Tomaten, Paprikaschoten, Möhren und Äpfel. Schließlich der Kaffee, starker, spanischer, und Senf, französischer, bayrischer und deutscher, denn keine Konservensuppe schmeckt ohne eine gehörige Portion Senf. H-Sahne in Dosen hatte Matse bereits erstanden, eine Delikatesse, wie sich bald herausstellte.

Schließlich konnten wir verladen, 20 Tüten und mehrere Paletten Cola, Wasser und Vitaminsäfte. Die Dunkelheit war bereits hereingebrochen, als wir den Proviant zum Auto schleppten. Es fing an zu regnen. Natürlich jetzt. Wir waren das erste Mal nass, als wir vor dem Schiff ankamen, dennoch unterzog ich mich noch der Mühe, das Ganze zu verstauen, was merkwürdigerweise noch möglich war. Das Schiff schwamm aber jetzt wirklich 5 cm oberhalb seiner Konstruktionswasserlinie auf. Egal, wir konnten es nicht ändern.

Ich war schon auf dem Weg ins Reich der Träume, als ich Matse plötzlich schimpfen hörte: »Scheiße«, fluchte er, »du kannst ausschlafen, es kommt schlechtes Wetter ...« Zufrieden lächelnd schlummerte ich ein.

Am nächsten Morgen war der Himmel bezogen und es regnete erneut, ein Himmel wie über der Ostsee im Hochsommer. Jetzt verstand ich Matse, auch mir war nach langer Hose zumute. Nach dem Frühstück mit frischen Brötchen und dampfendem Kaffee besprachen wir die Lage. Es hatte keinen Zweck zu klagen, wir mussten warten. Wie es schien, würden wir erst in einigen Tagen wieder eine Wetterbesserung bekommen. Wir bangten mit Helmut und Claudia, die der HARLEKIN, einem Katamaran in Spuckweite hinter der ANTIMALOCHE, via Amateurfunkanlage ihr Leid klagten. Sie standen immer noch nur wenige Meilen südlich von Mogan und hatten Gegenwind, kreuzten unter Maschine und Groß, und der Seegang war beträchtlich.

Nach der nachfolgenden Analyse des Wetters war mir allerdings auch nicht klar, warum sie ausgelaufen waren. Das Tief, das derzeit über uns hinwegzog, schien absehbar gewesen zu sein. Ich bemühte zusätzlich das Seewetteramt und erfuhr, dass wir vor Sonntag nicht würden auslaufen können. Wir hätten sonst einen riesigen Umweg fahren müssen. Ich war darüber aber nicht unfroh. So hatte ich noch einige Tage zum Eingewöhnen, denn mir schienen die Schiffskoordinaten nach so langer Zeit wieder sehr ungewohnt zu sein. Ich lief des Öfteren wie ein Bordhund vom Cockpit nach vorne und wieder zurück und bemühte mich, die instinktiven Haltepunkte an den Aufbauten, der Reling und den Wanten wieder zu finden. Matse schaute mir zu und lachte, aber er wusste genau, was ich da machte. Er hat gut Lachen, mit Zwanzig geht man noch wie eine Feder. Dabei rühmte ich mich immer, auf See wie eine Katze über Deck laufen zu können. Das aber scheint sich leider mit den Jährchen zu verlieren ...

Ich hatte 25 Bücher mitgebracht. Wir erholten uns bei spannender Lektüre, Matse vom Verproviantieren und bangen Warten und ich von der Praxis. Jeder Schmöker hatte ungefähr 600 Seiten. Es waren Seglerromane, Krimis, Agententhriller und ein wenig Literatur. Was wusste ich, was man nach vielen Tagen auf See noch würde lesen wollen?

Die Tage vergingen wie im Fluge. So hatte ich ausreichend Zeit, das Schiff innen wieder kennen zu lernen, ich wusste so ungefähr, wo was lag, und Matse würde mich sowieso die ersten zwei Tage von allem frei halten, falls ich Probleme mit der Seekrankheit bekommen sollte. Man konnte nie wissen. Auf Pflaster hatte ich jedenfalls keine Lust.

Am Sonntag, einen Tag vor Nikolaus, hatte sich das Tief verzogen und wir wollten ebenfalls endlich los. Der ganze Hafen schien unruhig, und im Zentrum dieses »Tiefs« lagen wir. Unser Termin hatte sich herumgesprochen. Wir wurden beobachtet und fühlten uns mit einem Mal sehr dünn. Was war denn um Gottes Willen noch zu tun? – Nichts, das war es ja. Entschlossen planten wir unser Ablegen für 12.30 Uhr. Es wurde eine Viertelstunde später, denn noch blies es auch in diesem geschützten Hafen ganz ordentlich auf das Heck des Schiffes, und wir hatten wenig Lust auf ein verpatztes Ablegemanöver. Die letzten Bekannten von Matse kamen ans Schiff, um sich zu verabschieden. Es wurden immer mehr, die warteten. Die HARLEKIN preite uns quer durch den Hafen an: »Wann denn nun endlich?« Matse und ich nahmen uns in die Arme: »Jetzt!«

Der Engländer neben uns würde ein wenig aufpassen, während ich seit langer Zeit wieder am Ruder stand. Es war ein wenig wie Spießroutenlaufen, aber es gelang, in dieser engen Marina das Schiff rückwärts zu drehen und den Kurs nach draußen zu nehmen. Da viele der Bekannten winkten, gesellten sich die Touristen dazu, und im Handumdrehen waren es unzählig viele Menschen, die uns zupfiffen. Ein wahres Hup-

126

konzert kam von allen Schiffen, die unserem Exodus beiwohnten. Wir hatten die Entscheidung getroffen. Vielen der Skipper dort im Hafen stand Gleiches noch bevor. Sicher fiel ihnen der Abschied ebenso schwer wie uns.

Noch voll im Banne der lauten Verabschiedung, kamen wir aus den Hafenmolen nach draußen. Die See war unruhig, das Schiff schaukelte. Ich traute meinen Gefühlen nicht; sollte das in den nächsten Wochen so weitergehen? Wir hatten halben Wind, der das Schiff zur Seite krängen ließ. Ich schaute die zurückgelassene Insel an und wusste für einen Moment nicht, ob ich nicht lieber wieder zurück wollte. Wie sollte ich es denn zuwege bringen, mehrere Wochen dort unten im Schiffsbauch zu kochen, zu schlafen, zu leben ...

Wir entfernten uns schnell, bald schon verschwand die Insel im Dunst, die See wurde ruhiger, wir konnten mehr Segeltuch setzen. Versuchsweise ging ich nach unten und stand wie Falschgeld im Salon. Zu klar war mir, dass es mit jeder weiteren Meile kein Zurück mehr gab. Matse schien viel angepasster, ja, er wirkte wie aufgedreht, vielleicht ließ er sich aber einfach auch nichts anmerken. Ich hatte noch etwas Narrenfreiheit, so war es verabredet. Ich war länger weg vom Schiff, er war erheblich besser eingewöhnt. Wie lange wir für unser Vorhaben brauchen würden, war völlig ungewiss, ebenso war es ungewiss, was uns unterwegs erwartete. Das Wetter könnte umschlagen, wir könnten Sturm bekommen und wären dann ganz auf uns allein gestellt. Wären wir dem wirklich gewachsen?

Plötzlich entdeckte ich das neue Gefühl des Abenteuers, ein Gefühl der Freude, wie Weihnachten, wie vor den großen Ferien, denn ich machte etwas, was ich gerne tat. Ich war gerne auf diesem Schiff, ich würde mich stets hierher verziehen, wenn es mir schlecht ginge. Dasselbe Gefühl hatte ich auch immer, wenn ich in Hamburg während der langen Vorbereitungen zum City-Sporthafen fuhr. Doch das Schiff war jetzt in Fahrt, lag nicht mehr an den Halteleinen im Hafen. Es fuhr in den Atlantik hinein, in ein Wasser mit ungewohnten Tiefen. Niemals zuvor war ich hier. Alles war neu. Es war wie das Betreten einer neuen Welt.

Ich setzte mich im Salon auf die Polster, stützte mich mit den Beinen ab und versuchte, die Schwankungen des Schiffes als normal anzusehen. Ich stellte mir vor, dass es jetzt normal war, dass sich die Koordinaten bewegten. Ich wollte mich nicht dagegen auflehnen, sondern mitmachen, es wie eine Wiege empfinden. Vielleicht wurden wir Segler als Kinder nicht genügend gewiegt, dass wir das ständig wiederholen müssen? Ich machte etwas Musik und stellte sie ins Cockpit: »Nimm mich mit, Kapitän, auf die Reise ...«, schallte es hinaus. Wir waren auf der Barfußroute und Matse strahlte, es war warm, voraus etwas dunstig wie in einem Hoch. Es schien, als sei das Wetter der nächsten Tage konstant. Abends gab es Pfannkuchen. Ich war noch zu verwirrt, als dass ich mich intensiver den Vorräten des Schiffsbauchs widmen wollte. Wir hatten mit Sicherheit genug Vorräte für mehr als 30 Tage an Bord. Wir brauchten nur aus dem Vollen zu schöpfen.

Dann war es plötzlich Nacht, die wie die Verdunkelung während eines Sommergewitters über uns kam. Ich durfte noch eine Weile draußen sitzen in dieser warmen, weichen Luft, die der Haut schmeichelte. Die Geräusche des ständig das Schiff umspielenden Wassers waren wie ein Konzert, das uns begleitet. Voraus war alles schwarz, wie im »Arsch der Kuh«, wie Bärbel immer meinte. Sie saß jetzt zu Hause und machte sich Gedanken, die Arme, aber vielleicht war sie auch froh, denn sie wollte die weiten Etappen nicht mitmachen. Sie verlangten ihr zu viel Angstaushalten ab, was ich gut verstehen konnte. Aber für mich galt das nicht, obwohl ich natürlich auch die Angst kannte. Doch die Lust auf Neues beflügelte mich. Ich würde da wieder gerne meinen geliebten Hermann Hesse zitieren, der ebenfalls die gewohnten Ufer verließ, wenn sie ihm allzu vertraut erschienen.

Ich durfte nach dem Abendessen in die Koje, es war auch Zeit, die neuen Eindrücke im Schlaf etwas zu ordnen. In den ersten Morgenstunden wurde ich wach und konnte Matse in die Koje schicken. Ich wollte den Sonnenaufgang erleben, den ersten auf diesem langen Weg über den Atlantik. Es war der Nikolaustag, der 6. Dezember 1999.

Der Wind ließ etwas nach, und die See wurde ruhig. Wir machten 5 Knoten Fahrt, genug für den Anfang. Die Sonne erschien blutrot als einsamer Ball über dem Horizont, nachdem das erste Licht des neuen Tages das Achterschiff erhellt hatte. Bald wurde es warm und die erste Dusche mit der Pütz auf dem Vorschiff war angesagt. Köstlich, das warme Wasser über den Kopf zu schütten. Wir waren allein. Helmut und Claudia waren 200 Meilen voraus. Wir trafen uns zweimal am Tag auf der Kurzwelle und hielten Klönschnack. Für sie war es ebenfalls der erste Trip über den Atlantik. Bei dem geringen Wind näherten wir uns ihnen von Tag zu Tag.

Nach der ersten Pützdusche war das Schamponieren angesagt und dann folgten nochmals zehn Pützen, bis ich vor Kraft und Hunger nur so strotzte. Nach einer Tasse Kaffee wurde ein herzhaftes Frühstück bereitet, das auf See grundsätzlich immer schmeckt. Neu war das Haushalten mit dem Wasser, denn wir wollten um keinen Preis die Frischwasserreserven antasten. Das Wasser aus dem Tank diente nur zum Zähneputzen oder um den Salat der ersten Tage zu spülen.

Das Frühstück bestand nach englischer Art aus einem Toast mit Speck und Spiegeleiern, um dann kontinental mit Marmelade und Käse zu enden. Das Abwaschen übernahm Matse, dafür konnte ich ihn immer mit einer frischen Tasse Kaffee wecken, die ich ihm unter die Nase hielt. Ich kannte das aus eigener Kindheit. Das Wecken ist ein wichtiger Akt, der, wenn er misslingt, einem den ganzen Tag verdirbt. Bekanntlich sagte die Comicfigur Kater Garfield: »Was kann an einem Tag schon dran sein, wenn er mit Aufstehen anfängt?« Das Erwachsenwerden ist ein langer Prozess, den man nicht überstürzen sollte. Ich brauchte normalerweise morgens auch eine Weile, um wach zu werden. Also zeigte ich Verständnis und genoss die ersten Minuten des Morgens allein.

Nun muss man allerdings bedenken, dass wir beide kaum jemals ganz ausschlafen konnten, denn es war schließlich ständig Wache zu gehen. Schnell einigten wir uns darauf, dass ich nach dem Frühstück erst einmal wieder in die Koje ging. Danach verbrachten wir einige Stunden gemeinsam an Deck, lasen oder redeten miteinander. Anschließend ging Matse dann nochmals in die Koje und schlief seinerseits so lange, bis er von selbst wach wurde. Ich bereitete dann die warme Mahlzeit am Abend, fing damit relativ früh an und sorgte dafür, dass sie fertig war, bevor die Sonne unterging. Danach setzte ich mich noch ein wenig ins Cockpit, trank mit Matse einen Abendtrunk, meist ein Cappuccino, und ging dann bis etwa gegen 02.00 oder 03.00 Uhr nachts in die Koje. Bei diesem Wachgang, der unseren Vorlieben entsprach, gab es natürlich Ausnahmen. So war jeder sofort im Einsatz, wenn Segel zu wechseln waren oder sonst eine Situation entstand, in der einer von uns aufs Vorschiff musste. Es war verboten, dies alleine zu tun. Uns beiden war klar, dass jeder von uns verloren wäre, wenn er, vom anderen unbemerkt, über Bord fallen würde. Im Zweifelsfalle gingen wir lieber auf allen Vieren nach vorne, als dass wir riskiert hätten, die Balance zu verlieren.

Die ersten Tage waren dem Eingewöhnen gewidmet. Mir bekam der Seegang von achtern ausnehmend gut, da das Schiff auf diesem Kurs im Grunde relativ stabil bleibt. Die verhassten Schleuderbewegungen bleiben aus, die ich persönlich scheußlich finde. Nach einer Woche war es jedenfalls so klar wie irgendwas: Ich war völlig an die Bewegungen des Schiffes adaptiert und fand alles wieder so normal, als wenn ich mich zu Hause aufhielte. Natürlich bestimmten besondere Tätigkeiten ein angepasstes Verhalten. So bot die kleine Bordküche eigentlich alles, was für ein vernünftiges Kochen notwendig ist. Die Schiffsbewegungen erforderten aber, dass die Dinge nicht mal nur so eben abgestellt, sondern so fest verankert wurden, dass keine der vielen möglichen Dreh- oder Schlingerbewegungen eine Gefahr darstellte, was insbesondere für heiße Gerichte oder Getränke galt. Töpfe und Pfannen lagerten in Herdhalterungen, und der Herd schwojte halbkardanisch im ruhigsten Teil des Schiffes. Schüsseln, Teller, Bestecke etc. lagerten auf rutschfesten Unterlagen, anderes Gerät wurde zwischenzeitlich in der Doppelspüle abgestellt. Der von uns produzierte Müll wurde sorgfältig in verderblich/ verrottungsfähig und weiteren Müll getrennt, der am Achterschiff in großen Müllsäcken gelagert wurde. Wenige Male nur war es auf dieser Route notwendig, in der Pantry einen Sicherungsgurt zu verwenden. Auf Amwind-Kursen, wie später von St. Maarten zu den Azoren, sieht das natürlich ganz anders aus.

Eines Nachts bekamen wir Starkwind mit bis zu 35 Knoten, der ohne besondere Mühe das Schiff laufen ließ, als hätte es Eile, die Virgins früher zu erreichen. Aber wir waren wegen der ungewohnten Situation auf der Hut und am anderen Morgen entsprechend müde. Wir frühstückten spät. Wir richteten uns besser ein und bastelten einen Baumniederholer, der einfach zu verlegen und zu verstauen war. Wir wollen die Segel so wenig wie möglich arbeiten lassen. Abends bekamen wir einen ausführlichen Wetterbericht. Wir wurden zwar nicht direkt angesprochen, doch andere Yachten meldeten eine individuelle Beratung an, die jeder mithören konnte. Es war schon ein merkwürdiges Gefühl, jemanden von Deutschland aus mit den neuesten Wetterinfos für ein Seegebiet zu hören, das so weit weg ist von zu Hause.

Der Tag brachte leichte Winde mit 15 bis 17 kn. Dann gab es immer mal wieder Einlagen von 25 Knoten, die ganz anders als in der Ost- und Nordsee erlebt werden. Windstärke 6 war hier ein normaler Wind ohne Besonderheiten, auch wenn die achterliche See dann natürlich etwas höher lief. Störend oder gar beängstigend war es aber keinesfalls. Die Funkverständigung mit Helmut war am Abend ausgezeichnet. Wir hatten bis auf 90 sm aufgeholt. Unsere Lady schlug sich wacker.

Oft konnten wir den Blister setzen, der das Schiff bei raumem Wind mit fünf Knoten vorantrieb. Zusätzlich setzten wir vor lauter Übermut den Besan. Das Leben an Bord ordnete sich. Die Welt war schön, das Wasser tiefblau. Wann würden wir wohl im Passat sein? Nirgendwo standen darüber Angaben und es schien, als definiere das jeder anders. Manchmal musste der Blister nachts geborgen werden, weil wir bei der schönen Brise unsere Vorsicht vergaßen. Das bedeutete besonderes Geschick und kostete mindestens eine Stunde des kostbaren Schlafes, doch die Salingbeleuchtung erhellte das Deck in der schwarzen Nacht wie die Halogenbeleuchtung das Deck eines Fischkutters.

Der Schlaf gewann an Bedeutung. Die Umgewöhnung zu einem tiefen Schlafen an Bord war nicht leicht. In den ersten Nächten schreckte ich hoch, wenn mich irgendein Geräusch weckte, und hatte Probleme mit der Orientierung. So wollte ich beispielsweise zur falschen Seite aus der Koje steigen oder rief erschrocken nach Matse, den ich sicher im Cockpit aufgehoben wissen wollte. Aber er störte sich nicht daran, wir kannten uns zu gut. Es gab immer mal wieder solche Momente, und wir versuchten, Hysterie zu vermeiden. In wirklich schlimmen und gefährlichen Situationen waren wir beide schon immer sehr realistisch und handelten so, wie es die Sache erforderte. Es war ein schönes Gefühl, sich so zu vertrauen.

Nach dem ersten Starkwind sicherten wir unsere beiden Lifebelts draußen an der Kompasssäule zum sofortigen Einsatz. Zudem verpflichteten wir uns generell zum Tragen während der Nachtwache. Auch das Vorschiff durfte nur mit Lifebelt betreten werden.

Tagsüber wurde es richtig warm, besonders im Vergleich zu den Temperaturen der letzten Tage auf Gran Canaria. Badehose und T-Shirt waren angesagt. Abends saßen wir auf dieser Route von Ost nach West im Schatten der Segel, da die Sonne nahezu im Westen unterging. Nachts blies es wieder mit 8 Beaufort. Ich ließ unsere Lady laufen, denn ich war zu faul zum Reffen. Die Ruhe, auch mal den Dingen ihren Lauf zu lassen, wuchs. Wir kamen ins Surfen. Plötzlich erschien ein rotes Licht an Steuerbord. Ein Segler! Ein Franzose, der wieder mal kein Wort Englisch sprach. Er fiel hinter uns ab, da er uns nicht überholen konnte. Ich war ganz froh darüber, denn die ganze Nacht auf ein Licht zu starren, um eine Kollision zu vermeiden, hätte mir vieles vom Anblick der Sterne genommen, die endlich in voller Pracht zu sehen waren.

Das ständige Rauschen an der Bordwand war manchmal von der Art einer Bach'schen Fuge, wenn die flinken Finger des Pianisten über die Tastatur huschen, mitunter aber auch wie das »Forte Fortissimo« eines achtzig Mann starken Sinfonieorchesters. Nur wenige Dinge hatten nachts Gewicht. Ich spürte eine innere Ruhe, doch gleichzeitig musste ich hellwach sein, damit ich keinen Mist baute. Es war ein Kampf zwischen Wachsein und dem Bedürfnis, zu schlafen. Doch irgendwann hatte ich mich damit abgefunden, hier, mitten auf dem Meer, total alleine zu sein. Ich konnte den Dingen ihren Lauf lassen. Manchmal beschlich mich das Gefühl, dass es auch auf den großen Pötten nicht anders war. Ob da der Steuermann ebenso träumend seinen Gedanken nachspürte, statt uns kleinen Seglern auszuweichen?

Ich verkeilte mich mit vielen Kissen unter dem Kopf auf der Bank hinter dem Steuerruder. So hatte ich alles im Griff, das Radar, die Cockpitanzeige mit den wichtigsten Daten, das rote Kompasslicht, den Autopiloten. Noch hatten wir genügend Strom und fuhren nicht unter Windruder. Besonders nachts fanden wir diese Technik einfach bequemer.

Nach der Begegnung mit dem Franzosen gab es eine Grundsatz-Diskussion. Als Folge davon beschlossen wir, nachts Lichter zu führen, und wollten dafür täglich die Maschine für zwei Stunden laufen lassen, um die Batterien zu laden. Wir hatten unsere Lehre aus dem nächtlichen Zusammentreffen gezogen.

Schließlich mussten wir unseren ersten Waschtag einlegen. Die Wäsche zogen wir in einem Beutel aus Nylon an einem langen Seil hinter dem Schiff her, nachdem wir sie zuvor in Süßwasser vorgewaschen hatten. So spülte sie einige Stunden. Anschließend hängten wir sie in den Besan, sodass sie nach einigen Stunden des Trocknens wie neu duftete. Während des ganzen Vorgangs meinte ich Bärbel zu hören: »Aber die Wäsche kratzt doch nach dem Salzwasser.« Ich schmunzelte, weil ich das Problem mit dem Weichspüler nicht lösen konnte.

Abends gab es Zwiebelsuppe und frisch gebackenes Brot. Das Rezept für die Suppe stammt von dem berühmten Segler und Autor Hal Roth: Man nehme einen Topf voll Wasser und schneide da hinein vier geschälte und geviertelte Gemüsezwiebeln. Dann folgen 150 g Butter, 3 Teelöffel eines Suppengewürzes und etwas Worcester-Sauce. Die Suppe ist fertig, wenn man mit einem Holzlöffel beim Umrühren kaum mehr Widerstand verspürt, was nach etwa anderthalb Stunden der Fall ist. Das heißt, dass diese Suppe wenig Aufmerksamkeit benötigt, wobei der Appetit zeitgleich immens gesteigert wird, weil in dieser Zeit ein wohliger, würziger Geruch durch die Kajüte streicht. Zum Schluss wird etwas Sherry oder Rotwein hinzugegeben. Wir hatten diese Suppe des Öfteren auf der Ostsee erprobt. Jetzt wussten wir: Sie schmeckte auch auf dem Atlantik! Keine wirkliche Überraschung, aber es war immer wieder nett, diese Feststellung treffen zu können. Wir waren auf dem Atlantik!

Einige Tage später frischte es auf. Sieben Beaufort, wir machten rauschende Fahrt. Der Windsteuerer kam nicht immer mit, wir mussten häufig eingreifen. Dies lag an dem hohen Reibungsverlust der Kunststoffkugeln, die die Kupplung der Anlage zwischen Wind und Wasserruder bewirkten, wie wir später feststellten.

Die Seen bekamen langsam eine Regelmäßigkeit, als wären wir schon im Passat. Die Schiffsbewegungen innen waren von gleicher Normalität. Ich merkte von den Bewegungen auch in unserer kleinen Nasszelle fast nichts mehr.

Wir achteten darauf, dass der Salon immer halbwegs aufgeräumt war. Ich hasste Unordnung, wenn wir draußen Starkwind hatten oder ich kochen wollte. Ich brauchte eine aufgeräumte Küche. Matse schmunzelte dann immer. Aber wir hatten ja beide unsere Sauecken, das Vorschiff und die Achterkajüte. Abends kreierte ich ein Würstchengulasch mit Wienern, Zwiebeln, Bohnen, Speck und Sahne. Das war zwar eine Kalorienbombe, doch bei nur zwei Mahlzeiten am Tag steckten wir das ganz ohne Probleme weg. Interessant war die unterschiedliche Haltbarkeit der Lebensmittel. Gurken, Zwiebeln, Kartoffeln, Zuccini und Blumenkohl hielten sich hervorragend, Tomaten hätten besser einen unterschiedlichen Reifungsgrad haben sollen, und Bananen waren eine einzige Katastrophe. Sie reiften ganz plötzlich alle zur selben Zeit und konnten dann nur zu Getränken verarbeitet werden. So ernährten wir uns eine Zeitlang von Bananenmilchmix, den wir mit Eiswürfeln in der Thermoskanne frisch hielten.

Manchmal erreichten wir eine Geschwindigkeit von acht Knoten, es war eine Schau. Plötzlich brüllte Matse: »Verdammte Scheiße!« Er hatte eine Dwarssee ins Cockpit bekommen, die zweite Dusche des Tages. Auch am nächsten Tag hielt der Wind durch. Wir wurden noch öfters geduscht. Selbst die Achterkajüte, deren Luke meist offen stand, bekam eine Ladung ab. Und noch etwas Neues passierte: Wir entdeckten den ersten fliegenden Fisch an Deck, umgeben von zahlreichen Fischschuppen, die den Kampf des Tieres, wieder das rettende Wasser zu erreichen, signalisierten. Er war 25 cm lang und trug schmale kräftige Flügel. Merkwürdig. Was für eine Entwicklung vom Fisch zu einer Art Wasservogel. Die Flugfische (Exocoetidae) sind heringsähnliche Knochenfische, an der Oberfläche stahlblau, an der Unterseite silbrig, und es gibt etwa 40 Arten, die zwischen 20 und 45 cm lang werden. Man trifft sie in subtropischen und tropischen Regionen auf hoher See. Sie schnellen nach raschem Schwimmen aus dem Wasser und machen hier, wenige Zentimeter oberhalb der Wasseroberfläche, Gleitflüge von oft zwischen 50 und 100 Metern. Wir sahen manchmal ganze Schwärme, die sich im Verband aus dem Wasser hoben, wenn es unter der Oberfläche zu brodeln begann, weil vermutlich einige Raubfische auf Beutejagd waren.

Am Abend des 11.12. hatten wir die Position 19° 43' N, 26° 59' W erreicht. Am nächsten Tag kam der Wind so konstant von achtern, dass wir die Normalgenua einholten und die Doppelgenua am Vorstag setzten. Eine anstrengende Prozedur. Schließlich mussten wir die Genua langsam ausgerollt am Vorstag vorheißen, während der achterliche Wind sie bereits erfasste und das Aufholen zur Schwerstarbeit machte. Dann aber konnten wir zwei Bäume setzen und ein kleines Stück Groß mittig am Baum laschen, um die Krängungsbewegungen ein wenig zu mildern. Das Schiff machte mit den annähernd achtzig Quadratmetern Segelfläche sehr gute Fahrt und verhielt sich außerordentlich stabil. Da diese Doppelfock zentral reffbar war, konnte die Segelfläche mühelos der Windstärke angepasst werden. Ich hatte dieses Segel vor Jahren als so genanntes »Duolift-Sail« von Haase angeschafft und im Grunde nie benutzt. Jetzt aber kam es zum Einsatz. Hervorragend! Nun waren wir also nicht nur auf dem Atlantik, sondern tatsächlich im Passat unterwegs. Zwischendurch konnten wir unser Glück kaum fassen.

Doch schon am nächsten Tag meldete das Seewetteramt ein stationäres Tief mit Kern in Neufundland auf 40° W, das auch Gegenwinde bringe und Windstärken von 8 bis 9. Im Übrigen meinte der Meteorologe, wer wie wir im Winter fahre, müsse mit solchen Erscheinungen leben. Er war bestimmt kein Segler!

Doch noch blieb alles ruhig. Der 14.12. bescherte uns einen zauberhaften Sonnenaufgang. Die Nacht war so einsam, dass ich auf merkwürdige Gedanken kam. Es schien plötzlich so mühsam, mit der Taschenlampe zu lesen. So laschte ich eine Petroleumlampe unterhalb des Baumendes

134

und beobachtete begeistert den Kampf der Flamme, die von keinem Windzug verlöscht werden konnte. Ich fühlte mich etwas ruhiger und dachte, dass das Licht die bösen Geister vertreibe. Längst waren wieder die diversen Geräusche an Deck, das Klappern der Fallen, das Flattern der Segellieken oder das Quietschen der Blöcke und das Singen der sich mitdrehenden Welle personifiziert worden. Manchmal war es wie ein Wortfetzen, ein Rufen, ein Kichern oder auch ein Glitschen, dann schien »Herbert« wieder unterwegs zu sein. Nachts war das besonders spannend und so manches Mal erschreckte ich mich regelrecht in dem kurzen Moment, in dem Müdigkeit die Realität verwischte und ich für einen kurzen Moment eingeschlafen war. Tagsüber konnten Matse und ich uns darüber totlachen und schmückten die Geschichten um und über »Herbert« aus. So war »Herbert« seit den Tagen der Überfahrt nach Porto Santo unser ständiger Begleiter. Meist kam er erst nach einigen Tagen, wenn wir schon so richtig weit draußen waren und die Dunkelheit uns nach allen Seiten wie ein dunkler Schleier die Sicht und damit ein Stück unserer Realität nahm.

»Herbert war wieder da«, sagte Matse dann beiläufig beim Wachwechsel, »und er ist immer noch am Heckkorb, sehr verspielt, du hörst ihn, wenn er sich wieder ruckend einklinkt und mit dem freien Fuß im Wasser hinter uns her glitscht.«

»Matse, hör auf, ich gehe nicht raus, das ist ja furchtbar!«

»Deine Wache, Alter, ich haue jetzt ab in die Koje.«

Sprach's und ging, und ich machte mich auf, »Herbert« zu vertreiben. Die Lampe war dafür ein gutes Mittel, denn derart lichtscheues Gesindel scheute den Tag. Da sorgte die Sonne für Realität, wie jetzt das Licht der Lampe für meine nächtliche Wachruhe.

Mich umgab ein ständiges Rauschen, selten noch war es ein Klatschen an der seitlichen Bordwand, da die Kreuzseen praktisch verschwunden waren. Das Schiff hob und senkte sich langsam und weich, es war sehr angenehm. Zudem dämpften die Kissen unter mir das Gefühl, auf den Bänken hart aufzuliegen. Stundenlang schaute ich in den Himmel auf das verwirrende Mosaik der Sterne, von denen ich bislang nur einige wenige zu benennen vermochte. Hier erst wurde es gegenständlich für mich, dass die Sterne wandern, auf- und untergehen und sich das Bild am Himmel ständig veränderte. Wie angenehm und interessant war es doch, so zu reisen!

Fast zehn Tage waren wir jetzt unterwegs, länger als je zuvor. Was für eine riesige Wasserfläche das war: 3000 Meilen, annähernd 6000 Kilometer. Wir reisten in eine andere Welt, nach Amerika, und wussten das im Gegensatz zu Kolumbus, der bis zum Ende seines Lebens immer noch meinte, einen Teil von Indien entdeckt zu haben. Daher werden die karibischen Inseln ja auch heute noch »Westindies« genannt. Angesichts der geräuschvollen Ruhe im ständigen Wiegen der Wellen dachte ich an die früheren Reisen, zum Beispiel von Goethe nach Italien oder Mozart nach London. Wie klein waren diese Distanzen und wie beschwerlich. Darüber war ich wohl eingeschlafen und schreckte mit dem Gefühl des Fallens auf, wie in frühen Kinderjahren, wenn Angst ihren traumhaften Ausdruck suchte.

Doch alles war in Ordnung, ich war nur müde. Das Licht hatte sich verändert. Am Horizont hinter mir zeigte sich ein verhaltener Schimmer, der Beginn des neuen Tages. Ich hatte zwei Stunden geschlafen. Zwei Stunden lief das Schiff unbeaufsichtigt durch die Nacht. Wir waren anscheinend wohl behütet. Ich braute mir eine Tasse Tee, dann machte ich Kaffee für das Frühstück. Gegen 07.00 Uhr war der Tag angebrochen, die Sonne stand schon etwas über dem Horizont. Jetzt war es Zeit, ein wenig mit dem Geschirr zu klappern, damit Matse langsam aufwachen konnte, denn ich musste in die Koje.

Am Abend desselben Tages schlief der Wind das erste Mal ein. Zuerst hatten wir Angst vor einem unerwarteten Sturm, doch die wich schnell einem quälenden Gefühl der Verlassenheit. Es passierte einfach nichts mehr. Wir dümpelten auf der Stelle, die Segel schlugen ein wenig, das war alles. Wir waren allein in dieser unendlichen Wasserwüste. Der Himmel bezog sich und es wurde feucht, alles klebte. Mitunter machten wir in einem Hauch von Wind noch eben vier Knoten, dann wieder stand das Schiff, als liege es vor Anker. Auf so etwas waren wir nicht eingestellt. Wir wurden unruhig, ich noch mehr als Matse. Wir waren auf Stürme eingestellt, auf ständige Schiffsbewegungen, und jetzt kam das! Da wir bereits einige Tage meiner Zeit auf den Kanaren verschenkt hatten, fehlte sie jetzt, was bedeutete, dass wir nicht wie geplant in St. Thomas eintreffen würden. Und Bärbel wollte rechtzeitig zu Sylvester kommen, um noch einige Tage mit uns durch die Virgins zu segeln! Das sollte ein kleiner Vorgeschmack ihres nachzuholenden Urlaubs sein, denn die Arbeit in der Praxis hing nun trotz des Vertreters an ihr.

Normalerweise war eine Flaute gerade in dieser Region ein häufiges Vorkommnis und auch in unserem Zeitplan einkalkuliert gewesen, aber als wir tatsächlich drin steckten, kamen sofort alle zeitlichen Zielkoordinaten ins Schwimmen. – Und diese Flaute sah nach einer sehr ausgedehnten aus!

Wir tratschten mit Helmut und Claudia und riefen das Seewetteramt an. Wir sollten mehr Süd halten, da sowieso in unserem Gebiet mit Gegenwinden gerechnet werden musste. Auch das noch! Eine Südumgehung würde die Reise erheblich verlängern.

Etwas getröstet wurden wir durch nächtlichen Besuch. Diesmal nicht von »Herbert«, sondern von einigen Delfinen, und plötzlich zeigte sich auch im Licht der Taschenlampe schemenhaft für einige Zeit ein Schwertwal, unmittelbar neben dem Schiff. Dann war er wieder auf der anderen Seite, schließlich voraus, dann nochmals hinter uns und dann verschwand er. Langsam kam etwas Wind auf. Wir setzten den Blister und rollten die Doppelgenua ein: 3 Knoten Fahrt, besser als nichts.

Es war warm, nein, heiß, wir verbrauchten Unmengen an Sonnenschutzmitteln. Bärbel hingegen berichtete von dem Grau des Großstadtalltags und dem Schneematsch eines städtischen Winters. Sie stöhnte, weil es praktisch nie richtig hell zu werden schien. Fast hatte ich ein schlechtes Gewissen. Ich spürte, wie genervt sie war, bemüht, es uns nicht zu zeigen, aber man hörte es an der Stimme. Scheiß Telefon! Wie schrieb doch Herr Beilken in dem »Yacht«-Artikel über uns und unser Shiff: »Zu viel Technik.« Wie Recht er hatte, wenn auch anders, als er meinte.

Dann zog uns der Blister plötzlich mit 6 Knoten voran. Einige Stunden vergingen, dann mussten wir wieder motoren, konnten schließlich wieder segeln ... So verging der Tag. Nachts blieb der Wind wieder ganz weg. Es wurde eine deftige Schaukelei. Jetzt erfuhren wir, dass die ARC auf 41° W acht Tage in »unserer« Flaute gelegen hatte und einige Schiffe noch immer unterwegs seien. Wir bereiteten Bärbel schonend darauf vor. Als Reaktion wollte sie nicht kommen, wenn wir unsere vorherige Ankunft nicht zusichern könnten. Es läge ihr nicht, am Ufer zu stehen und auf uns zu warten. Was sollten wir tun? Dem Rat des Seewetteramtes folgend, motorten wir tatsächlich nach Süd, erreichten schließlich 17° Nord, verblieben da, plauschten mit Helmut und Claudia, die wir inzwischen auf UKW-Reichweite eingeholt hatten. Nachts baumten wir den Blister aus, setzten den Besan und erreichten so bis zum anderen Morgen immerhin die Position 39° 17' W. Zum Frühstück gab es Pfannkuchen. Wir hatten keinen Bock mehr auf das grobkörnige Brot. Den ganzen lieben langen Tag hingen wir in der Flaute. Es war sinnlos, zu motoren. Wir verbrauchten nur unnötigen Diesel, den wir für die Ladung der Batterien dringend benötigten. Der Wetterbericht versprach Wind, aber wann? Matse buk in der Gluthitze der Kajüte ein Brot. Immer nur Pfannkuchen war eben auch nicht das Wahre ... Es wurde ein Gedicht. In der Nacht vom 19. auf den 20.12. kam der Wind wieder. Zuvor hatten wir aufgrund der Flaute tatsächlich ein Ankerlicht gesetzt. – Mitten auf dem Atlantik, auf mehreren tausend Metern Wassertiefe! Langsam, aber stetig wurde das Rauschen an der Bordwand wieder hörbar, kletterte das Log von zwei Knoten auf drei, auf vier. Wir setzten den Blister und freuten uns. Der Fahrtwind brachte Kühlung. Im Schiff war wieder Leben, die Fahrt ging weiter. Wir konnten wieder planen. Noch 1300 sm oder 10 Tage und 14 Stunden, wenn die Geschwindigkeit beibehalten werden konnte.

Wir liefen den ganzen Tag unter Blister. Nachts wurde es anstrengend. Hatten wir den Tag gefeiert, weil es so schön voranging, liefen wir mit demselben Gefühl in die Nacht und verloren angesichts der berauschenden Fahrt das Gefühl der Vorsicht. Plötzlich war klar, dass der Blister ganz schnell geborgen werden musste, da wir mehr als sieben Knoten Fahrt machten. Matse musste mit an Deck. Ich weckte ihn. Wir mussten uns beeilen. »Das schaffen wir! Versuch, das Schiff so zu drehen, dass der Blister etwas einfällt!«, brüllte er vom erhellten Vorschiff zu mir nach achtern und versuchte, mir und sich selbst Mut zu machen. Doch nichts ging. Es war unmöglich, den Bergeschlauch über den geblähten Blister zu ziehen. Als die Leine plötzlich durch seine Finger rauschte, scheuerte er sich beide Hände auf. Ich musste mit nach vorne. Das Schiff holte inzwischen bedrohlich über. Es blieb nur noch, das Segel am Fall zu fieren, während ich versuchte, es am Unterliek an Deck zu zerren. Für wenige Sekunden schien es, als kenterten wir, bevor wir das Segel geborgen hatten. Den Bruchteil einer Sekunde wollte Matse den Blister opfern, ihn rausrauschen lassen in die dunkle Nacht des Atlantiks. Doch dann war das Segel raus aus dem Winddruck, das Boot richtete sich auf und gehorchte wieder dem Selbststeuerer, verlangsamte die Fahrt. Es war eine verhaltene Ruhe. Erst jetzt hörten wir den Wind, der durch die Masten pfiff. Wir hatten 7 Beaufort. Da hatte ein Leichtwindblister nichts mehr am Mast zu suchen, wirklich nicht. Erschöpft hockten wir an Deck, ohne Lifebelt, es ging alles zu schnell. Das war nicht gut. Wir spürten das beide und brauchten also nicht darüber zu reden.

Plötzlich sahen wir hinter uns in einem Winkel von 130 Grad achtern an Steuerbord ein rotes Licht, das da eben noch nicht zu sehen war, ein Segler! Immerhin war unser Deck noch durch die Salinglampen taghell beleuchtet. Die UKW-Funke meldete sich. Es war ein Deutscher, der das Licht sah und dann erst sein Positionslicht einschaltete. Ein großes Schiff mit einer großen Crew, das uns zweien viel Glück wünschte und bald darauf vor uns in der Nacht verschwand.

Wir krochen ins Cockpit zurück, verblieben da noch eine Weile, schwer atmend. Das war noch mal gut gegangen. Wir wussten beide, dass uns das nicht wieder passieren würde.

»Wie kann man auch nur an einem solchen Segel so eine beschissene, nicht funktionierende Bergehose anbringen!«, schimpfte Matse in die Nacht. Wir setzten ein Stückchen von der Doppelgenua und gingen beide in die Koje. Eine zweite Begegnung war in dieser Einöde aufgrund jeder Wahrscheinlichkeitsrechnung auszuschließen. So schliefen wir beide bis in den Morgen des nächsten Tages.

Dessen Vormittag zeigte sich schön und gelassen mit Wind, der uns beflügelte, aber moderat war. Wir erreichten die Position 17° 35' N, 44° 51' W und hatten Helmut und Claudia um 33 sm hinter uns gelassen. Das war schön. Schlecht war, dass sich so langsam die Prognose verdichtete, dass wir schlechtes Wetter bekommen würden, Starkwind und dazu hohen Seegang. Noch aber trieb uns der Wind zügig voran. Das Ende der Reise schien in Sicht. Noch zehn Tage?

An diesem Tag erreichten wir ein Etmal von satten 170 sm, eine gute Leistung für unser kleines Schiff. Auch der nächste Tag war wieder schön. Wir fuhren ständig über sechs Knoten. Doch zweifellos kam mehr Bewegung ins Schiff. Das Schreiben am Kartentisch wurde mühsam.

Nachts, etwa gegen 23.00 Uhr, bekamen wir den angekündigten schweren Gewittersturm. Der Himmel zog sich ganz plötzlich zu, kein Stern war mehr zu sehen. Innerhalb weniger Minuten blies es mit 44 Knoten, dabei schoss ein dichter Regen aus dem Wind, der hemmungslos auf unser Ölzeug prasselte. Atemlos leinten wir uns im Cockpit fest, sahen die hohen achterlichen Seen, die nicht brachen, sondern bis zum Achterschiff rollten, um plötzlich das Heck anzuheben und unter ihm durchzulaufen. Es war wichtig, dass wir etwas langsamer als diese Wellen blieben. Dadurch blieb das Schiff stabiler auf Kurs, ohne seitlich auszubrechen. Matse saß seitlich am Ruder, den Blick mehr nach achtern denn nach vorne gerichtet und versuchte, den Kurs rechtwinklig zu den Seen einzuhalten. Das Speedometer schnellte manches Mal auf über zehn Knoten hoch. Wir hatten immer noch zu viel Segelfläche. Bald stand beiderseits des Vorstags nur noch ein kleines Handtuch, dennoch blieb die Geschwindigkeit konstant zwischen sechs und sieben Knoten.

Nach drei Stunden ließ endlich der Wind nach. Die Seen wurden flacher, aber der Himmel blieb schwarz. Vielgestaltige grelle Blitze zuckten über uns, von einem dumpfen Grollen begleitet. Wir dachten beide das Gleiche: bitte kein Blitzeinschlag! Aber die Gefahr schien klein. Das Gewitter spielte sich hoch oben in den Wolken ab, während wir unbehelligt drunter weg fuhren.

Die Funke ließen wir eingeschaltet. Helmut und Claudia meldeten sich in der Nacht. Es war beruhigend, sie hier mit uns in dieser Einöde zu wissen. Der Tag begann mit unruhiger, aber nicht mehr stürmischer See. Zwischendurch riss der Himmel auf und zeigte ein zartes Blau, doch dann verdunkelte er sich wieder. Ob wir Weihnachten im Sturm erleben würden?

Am Abend des 23.12. kam die nächste Front: Wind mit 38 Knoten und einem Regen, der jegliche Sicht unmöglich machte. Wir fuhren unter einer riesigen Massagedusche und konnten nicht einmal das Ende der Kabine sehen. Diesmal aber schien zumindest die zerstörerische Gewalt des Wetters gebannt. Vielleicht waren wir aber auch nur routinierter. Die Segel verschwanden diesmal jedenfalls sehr schnell – und rechtzeitig. Die Fahrt durch den Winddruck an den Aufbauten reichte. Wir schalteten den Autopiloten ein und gingen unter Deck. Jetzt versuchten wir abwechselnd zu schlafen. Alles war feucht. Während meiner Wache versuchte ich, das Chaos im Salon zu bannen. Das nasse Ölzeug musste nach draußen, sonst säße uns die Feuchtigkeit bald auch in den Polstern. Ich versuchte, das Schiff innen etwas für den 24.12. vorzubereiten.

Der Tag blieb ruhig. Wir standen ständig in Bereitschaft. Nachmittags kam wie bestellt die Sonne durch. Erleichtert holte ich die Weihnachtssäckchen. Eines enthielt Schmuck für den heiligen Abend, ein anderes Süßigkeiten und kleine Geschenke. Der hölzerne Weihnachtsbaum, den man zusammenstecken kann, wurde seitlich am Salontisch befestigt. Überall standen Kerzen. Es war unser erstes Weihnachten auf See. Als weihnachtliche Musik aus den vier Lautsprechern erklang, wurde uns mulmig. Hier war doch alles ganz anders! Zaghaft packten wir die Geschenke aus und dachten an die vielen Weihnachten zuvor.

Dieses hier war etwas Besonderes. Das spiegelte sich auch in Bärbels Auswahl wider. Wir bekamen eine Schneekugel, in der der Weihnachtsmann auf einem Schlitten durch eine winterliche Landschaft fuhr, eine kleine Spieluhr, auf der sich der Weihnachtsmann in einer Kutsche schaukeln ließ, während die Melodie von »Stille Nacht, heilige Nacht« erklang, sowie für jeden von uns eine Leselampe, die sich an ein Buch stecken ließ und eine Seite beleuchten konnte. In diese Lampen integriert waren zudem kleine Uhren, damit wir die Zeit nicht aus den Augen verlören. Bärbel hatte wohl an die vielen Stunden gedacht, in denen wir Wache gehen mussten und die wir auch sonst meist lesenderweise verbrachten. Deshalb hatte sie uns auch mit Literatur bedacht. Wir waren gerührt und voller Dankbarkeit.

Es war, als hätte das Wetter ein Einsehen gehabt. Wir blieben über Stunden in der Kajüte und freuten uns erst still, dann ausgelassen. Als Weihnachtsmenü gab es ein saftiges Würstchengulasch und, trotz der bevorstehenden Wache und der Ungewissheit des Wetters, eine Flasche Bier dazu, schließlich war Weihnachten auf der Passatroute, dem schönsten Teil der Welt.

Ganz merkwürdig erschien mir ein früher lange gehegter Wunsch, mich einmal in die kleine Runde derer einzureihen, die zu Weihnachten oder an Sylvester mit ihrem Schiff die Insel Helgoland ansteuern, um dort in einer Runde der »Eingeschworenen« zu feiern, den Weihnachtsbaum im Topp zu hissen und bei bulliger Ofenheizung zusammenzusitzen, um über die kommende oder vergangene Saison zu klönen. Naja, warm hatten wir es hier auch, aber das konnte man nicht vergleichen. Denen da oben im Norden Deutschlands fehlte die Abgeschiedenheit und uns die Fähigkeit, diese ungeheure Entfernung in der Fantasie zu überbrücken.

Wir telefonierten mit Bärbel, tauschten Erlebnisse aus, bedankten uns für die Geschenke und ich erkundigte mich, ob sie selbst es denn wohl geschafft hatte, das Geschenk, das ich ihr vor meiner Abreise an einem geheimen Ort hinterlegt hatte, erst heute aufzuspüren ...

Die weitere Nacht verlief für uns ruhig, aber der Himmel arbeitete. Wetterleuchten und Blitze zuckten immer wieder auf, und bedrohlich dunkle Wolkenmassen verdeckten den Blick zum sonst sternengeschmückten Himmel. Die letzten Stunden der Nacht brachten uns in ein Regeninferno.

Die Sichtweite im Dunst des ersten Morgenschimmers betrug wenige Meter und der Wind nahm unverhältnismäßig schnell auf Sturmstärke zu. Ein Kurshalten war nicht mehr möglich, also legten wir das Schiff vor den Wind. Die Temperaturen stiegen schnell, sodass eine feuchte Luft herrschte, wie in einer Waschküche. Alles klebte, das Geschirr, die Handtücher, die Kleidung, die Polster.

Wir hatten mehr oder weniger die Ungewissheit des Wetters beobachtet und nur in Etappen geschlafen. Als nach diesem Inferno die ersten Streifen blauen Himmels durchkamen, stahl ich mich in die Koje. Ich war fertig. Ich schlief bis in den hellen Tag. Matse saß bereits im Cockpit, hatte müde Augen, aber gute Laune, denn ein Rundblick zeigte über dem tiefblauen Wasser ein helles Sonnenlicht. Der Tag war schön und verwies das Inferno der letzten Stunden in die Ablage des Vergessens. Fast hatten wir diesen Anblick verdrängt. Diese Farbenpracht, die vielgestaltigen Wolken, der grenzenlose Raum dazwischen, der in die Ferne des Alls verwies. Die Wärme und das Licht streichelten die Haut. Ich hatte fast ein schlechtes Gewissen diesem Tag gegenüber, weil ich ihn so verschlafen begrüßt hatte. Die Erstarrung löste sich aber schnell. Es war der erste Weihnachtstag.

Uns blieben noch 520 Seemeilen bis zum Ansteuerungspunkt St. Thomas. Nach der südlichen Umgehung mussten wir langsam wieder nach Norden zu halten, um die Höhe der Sombrero-Passage auf 18° 31' N zu erreichen. Helmut und Claudia orientierten sich dagegen mehr nach Süden, denn sie hatten ihren Landfall auf Antigua geplant.

Ein Containerschiff passierte uns am Vormittag. Es war ein Afrikaner, der am 14. Januar in Kapstadt eintreffen wollte und aus Südamerika kam. Das Gespräch verlief besonders liebenswürdig, vielleicht ein nachweihnachtlicher Effekt. In der beginnenden Nacht überholte uns auch ein deutsches Motorschiff, 50 m lang, das erst am 1.12. in Holland aufgebrochen war und von dem wir einige Informationen über St. Thomas bekamen. Auch dieses Schiff wollte nach Antigua. St. Thomas sei kein schöner Hafen, laut und schmuddelig, aber eben auch billig. Da würde man nur zum Einkaufen hinfahren. Der Kapitän war sehr wortgewandt und erfahren, aber ein paar Liter Diesel wollte er uns nicht geben. Obwohl sonst aufmerksam und liebenswürdig, überhörte er diese Frage einfach. Ein merkwürdiger Vogel!

In der Nacht nahm der Wind etwas zu. Dennoch würden wir den Ansteuerungspunkt zu den Virgins erst am 31. 12. erreichen. Von da waren es noch 110 sm, die wir dann zur Not auch unter Maschine fahren könnten. Bis dahin brauchen wir unsere paar Liter noch, um uns mit unseren Stromreserven nicht allzu sehr zu verausgaben. Bärbel musste sich so langsam entscheiden, wann sie auf den Virgins zu uns stoßen wollte. Ich hätte sie so gerne hier gehabt, aber wir konnten den Wind nicht machen.

So langsam löste sich unsere Spannung, denn die Küste, das Stück Land der Virgins war uns sicher, die Fahrt nach Amerika bald geschafft.

Als endlich Wind aufkam, überstürzten sich die Berechnungen. Wir würden nun doch einen Tag früher ankommen. Das Land rückte in greifbare Nähe. Es war kaum zu glauben. Vielleicht würden wir schon morgen am Ansteuerungspunkt sein, was bedeuten würde, dass wir Sylvester an Land verbringen könnten. Fast ein wenig unheimlich wurde die Vorstellung, Land zu sehen, unbekanntes dazu. Auch in den Schein des ersten Leuchtturmes seit Verlassen der Kanaren zu geraten, schien eigenartig.

Nun zogen die ganze Zeit über wieder die Doppelgenua und der Besan. »Herbert« kam in der Nacht zum Skatspielen. Er hatte seine Spielschulden nie gezahlt, wollte immer einen Wechsel ausstellen, der vermutlich nicht gedeckt war, der Schweinehund! Er hatte schon wieder ein Bein auf dem Achterschiff und glitschte mit dem anderen Fuß. Er sollte nicht so bremsen. Vielleicht wollte er uns nicht an Land lassen, denn dann gerieten wir für ihn außer Reichweite ...

Die Spannung des bevorstehenden Landfalls weckte die phantastischen Sinne. Die Geräusche der Nacht waren wieder unvermittelt und die Müdigkeit verwandelte sie halluzinatorisch in Stimmen oder Laute, die uns erschreckten. Die Nacht war wieder warm, fast schwül, wir schwitzten und fröstelten zugleich.

Ich telefoniere mit Herbert Pfeiffer, vielleicht brachte mich sein Namensvetter »Herbert« auf die Idee. Herbert und seine Frau Edith hatten bereits öfters auf den Virgins gechartert. Herbert liebt das Leben und seine vornehmen Seiten: Wir sollten unbedingt vor St. John, der Nachbarinsel von St. Thomas und da vor dem Rockefeller Ressort ankern und dann »dazugehören«. Man schätze dort die »Fahrties«, wünsche nur bitte keine Wäsche auf der Reling, weil das möglicherweise die verwöhnten Gästeaugen störe. Aber das alles konnten wir uns noch gar nicht so recht vorstellen. Unsere Gefühle waren noch zu sehr der See verbunden. Das Land schien zu einem fremden Element geworden zu sein.

Am Abend des 29. 12. steuerten wir nach ausführlichem Abendessen und Dieselauffüllen die Sombreropassage an. Die See war ruhig. Im Süden sah man einen schmalen Lichterstreifen am Horizont, gerade so, dass der schwarze Himmel etwas erhellt zu sein schien, für uns seit der Ansteuerung von Porto Santo ein bekannter Eindruck. Es musste Anguilla oder auch St. Maarten sein. Die Distanz bis dahin betrug lächerliche 22 Seemeilen. Alles war sehr aufregend. Ich war wie aufgedreht und überhaupt nicht müde. Ich setzte mich in den Salon und machte ein paar Videoaufnahmen. Mein Kommentar berichtete von dieser Stimmung, die uns das nahende Land vermittelte, auch von der Spannung, denn Land bedeutet immer auch Gefahr, die der Kollision mit treibendem Gut, der Kollision mit Flachs, unbekannten Riffen ...

Wir waren seit 24 Tagen auf See. Nie zuvor hatten wir eine solche Distanz bewältigt. Matse stellte die Maschine an, als uns der Wind verließ. Unsere Fantasie, dass der Übergang aus den Tiefen des Atlantiks auf den Kontinentalsockel der Inseln Schwell verursachen könnte, wurde abgelöst von der Realität der Flaute bei Ankunft. Es brachte eben nichts, sich immer wieder die Zukunft durch Visionen erhellen zu wollen. Es kam, wie es kam, immer wieder. Hier nun endlich war die Geburtsstunde einer neuen Gelassenheit, die fast buddhistische Züge trug.

Wir hatten es bald geschafft! Wir hatten einen Entschluss gefasst und in die Tat umgesetzt. Fast war Wehmut da, dass die Reise sich dem Ende näherte. Und auch Stolz. So musste es auch Kolumbus und all den anderen am Ende ihrer Reisen ergangen sein. Der schönste Augenblick ist der vor Erreichen des Zieles ...

»Noch sind wir nicht da!«, brüllte Matse von oben, der meinem Kommentar lauschte, »übrigens, willst du mal einen Leuchtturm sehen?« Und wirklich, soeben kroch der Lichtschein des 20 Seemeilen weit reichenden Scheins des Leuchtturms von Sombrero an Steuerbord über den Horizont.

Gegen 11.00 Uhr vormittags sahen wir das erste Mal eine Landkontur. Wir bewegten uns in einer Distanz von zirka 20 bis 30 sm südlich der Inselkette der Virgins, an deren Ende St. Thomas lag. Die Farbe des Wassers änderte sich. Das Blau des Atlantiks bekam einen Stich ins Braungrüne, aber das Wasser blieb zart und durchsichtig. Landvögel mehrten sich, umkreisten das Schiff. Die Weiten und Tiefen des Atlantiks lagen hinter uns.

144

Gegen 18.00 Uhr verließen wir am 30.12. südlich von St. Thomas die Passatroute und steuerten nördlich auf die Bucht der Insel zu. Das Schiff lief selbst nur unter der Genua sechs Knoten, das Wasser schäumte am Bug. Die ANTIMALOCHE war froh, vielleicht hatte sie auch gezweifelt, ob sie es schaffen würde. Vielleicht wollte sie uns auch signalisieren, dass unsere Verzagtheit völliger Unsinn war, denn sie war ein starkes Schiff, voller Leben, voller Gesundheit. »Lieben heißt Vertrauen«, immer wieder sang sie ihr Lied in den Wellen. Ich saß im Bugkorb und blickte nach Norden, während ich mit ihr redete, danke sagte und beschloss, an meiner Verzagtheit zu arbeiten. Dann ging ich wieder nach unten. Alles duftete frisch, der Salon war gesaugt und Matse und ich hatten beide ausgiebig geduscht. Selbst frische Klamotten für den Landfall hatten wir schon bereitgelegt. Wohlanständig würden wir Amerika betreten und nicht wie ein paar verlauste, stinkende Vagabunden.

Auch Matse war gespannt und konnte kein Auge von der Küste lassen. Wie so oft verließ ich mich auf ihn, ich brauchte diese Rast vor der Ankunft. Ich hatte gegen einige Widerstände meine Entscheidung getroffen, und ich hatte es richtig gemacht. Dieses Bewusstsein bestimmte die Stunde.

Gegen 20.00 Uhr standen wir dicht vor der Bucht von Charlotte Amalie und liefen in die Einfahrt ein, während uns eine Fähre entgegenkam. Das Land leuchtete uns unwahrscheinlich grün entgegen. An der südlichen Einfahrt lag auf dem Berg ein in Pastelltöne getauchtes Hotel. Es hatte den unwirklichen Anschein von Marzipan. Fast schien es uns, als beträten wir eine Kunstwelt. Matse empfand das Gleiche. Wir waren verwandelt für die See, angepasst an das Wasser, kannten alle Blautöne. Andere Farben waren uns ein bisschen fremd geworden ...

Wir brauchten die lange Phase der Rückbesinnung auf Land. Ganz langsam tuckerte die ANTIMALOCHE über das grüne Wasser der Bucht dem einsamen Hafen zu. Niemand schien dort zu sein. Wir kamen nach Feierabend und machten fest. Ein ungewohntes Manöver. Wir starrten den Steg an wie ein ungewisses Wagnis, empfanden die achterlichen Pfähle der Box wie die Gitterstäbe eines Gefängnisses und waren doch froh, stolz, erschöpft und glücklich. Ich eilte zur Kühlbox und holte die Flasche Schampus, die seit einer Stunde kühlte. Den Korken ließ ich zwanzig Meter weit in die Marina knallen. Ein halbes Glas für jeden: Prost Matse, Prost Papa!

»Das war das Anstrengendste, was ich bislang in meinem Leben gemacht habe«, sagte mein Sohn erschöpft, und ich antwortete: »Ich könnte es wieder tun!« Jetzt strahlte er: »Ich auch!« Wir fielen uns in die Arme. Wir hatten keinerlei Zweifel am gemeinsamen Tun.

Ein paar Segler vom Nachbarschiff gegenüber kamen an den Steg und fragten, wo wir denn heute herkämen. »Von den Kanaren«, antworteten wir und erregten ungläubiges Staunen. Wir waren immer noch etwas scheu. Es war eine lange Zeit!

Wieder vereint

Zu dritt in den Virgins

Wir schliefen bis in den späten Vormittag. Es ist kaum zu beschreiben, wie die erste Nacht nach einer so langen Zeit auf See verläuft. Erst dauert es eine Weile, bis ich die Ruhe fand, dann versank ich in einen Tiefschlaf, war aber nach vier Stunden wieder wach und völlig desorientiert. Anscheinend war ich ausgeschlafen, aber die Ruhe im Schiff störte. Zugleich vernahm ich seltsame Geräusche von Land, wie das Knacken der Neonlichter, das Rauschen von Palmwedeln oder auch ein verhaltenes Stimmengewirr irgendwo in der Ferne, vermischt mit dem Strömen von Verkehr, dem Signal eines Schiffes, dem Plätschern der Fische, die luftschnappend in der Lagune ihr nächtliches Spiel trieben. Was für eine aufregende Kunstwelt diese sonst gewohnte Zivilisationsstille in der von vielen Lichtern erhellten Nacht war! Es war die Nacht vom 30. auf den 31.12.1999, die Nacht vor dem Übertritt in ein neues Jahrtausend. Das haben wir ja ganz gut hinbekommen, dachte ich im Cockpit sitzend, als hätte ich jetzt Wache, während Matse schlief. Was für eine Distanz lag hinter uns. Ich würde jetzt auf immer wissen, dass wirklich kein Land auf dem Wege nach Amerika liegt, keine Kneipe, kein Hafen, kein Baum oder Strauch, nur Wasser: Die Vielgestaltigkeit von Wellenformationen, angetrieben vom Wind als Folge von etwas mehr oder weniger Druckunterschied und verschiedenen Temperaturen. Gleichzeitig trennte diese Wellenwüste die alte von der neuen Welt. Weder Goethe noch Mozart waren hier, geschweige denn Heine, Hölderlin, Schubert oder Beethoven.

Ich kam ins Grübeln. Das, was für mich neu war, hatten schon unzählige Menschen vor mir geschafft. Eigentlich wurde Amerika bereits um 1000 nach Christus entdeckt, als der normannische Seefahrer Leif Eriksson auf einer Fahrt vom südlichen Grönland aus zur Küste Nordamerikas gelangte und bis in das Gebiet des heutigen Boston vordrang. Diese Entdeckung blieb jedoch ohne Folgen. So dauerte es noch fast fünf Jahrhunderte, bis Kolumbus auf seiner ersten Fahrt vom 03.08.1492 bis

15.03.1493 die Guanahani genannte Bahamasinsel entdeckte. Es folgte die Entdeckung Kubas und Hispaniolas. Auf seiner zweiten Reise, 1493, fand er die kleinen Antillen und Puerto Rico sowie die Jungferninseln, die er wegen ihrer einsamen und ursprünglichen Lage so benannte. Beim Versuch, mit Booten auf einer der Inseln zu landen, wurde er von den einheimischen Kariben mit einem Pfeilhagel empfangen und ließ wieder abdrehen, was diesen Inseln noch einige Zeit ihres Dornröschenschlafes bescherte. Von Puerto Rico aus, in das die Kariben des Öfteren eingefallen waren, wurden 1555 die Ureinwohner von den Spaniern in einer Strafexpedition vollständig ausgerottet. So waren die Inseln eine Zeit lang unbewohnt, bis dänische und britische Siedler kamen, die meist afrikanische Sklaven zur Bewirtschaftung ihrer Plantagen mitbrachten. Der dänische Teil der Inseln wurde 1775 kolonialisiert. Lange Jahre wurde eine Freihandelszone auf St. Thomas unterhalten. Der britische Teil wurde 1733 zur selbstverwalteten Kolonie. Im 18. und 19. Jahrhundert kamen die Jungferninseln durch die Plantagenbewirtschaftung und die dänischen Handelsbeziehungen zu besonderem Reichtum, verarmten jedoch mit der Sklavenbefreiung. Heute gibt es kaum noch Landwirtschaft oder Industrie. Die Haupteinnahmequelle ist der Fremdenverkehr. 1917 gingen die Inseln des dänischen Teils, Saint Croix, Saint Thomas und Saint John, in den Besitz der USA über. Heute bilden sie die US Virgin Islands mit einer Fläche von 344 km^2 und 101 800 Einwohnern. Zu den British Virgin Islands gehören etwa 40 zum Teil unbewohnte Inseln mit einer Fläche von 153 km^2 und 16 700 Einwohnern. Die Hauptinseln sind Tortola mit der Hauptstadt Road Town, Virgin Gorda, Anegada und Jost van Dyke.

Sicherlich hat sich das Gesicht der Inseln seit den Zeiten von Kolumbus verändert, insbesondere ist der Waldreichtum verschwunden zugunsten eines meist niedrigen Strauchwerks. Doch der Anblick von See aus mag noch der Gleiche geblieben sein wie zu damaligen Zeiten: Das besondere, intensive Grün der kleinen Berge und Anhöhen und insbesondere der Steilküste von Virgin Gorda, die wir von See aus als Erstes ausmachen konnten.

Der Schlaf übermannte mich wieder und ich ruhte das erste Mal seit langem bis in den späten Vormittag. Dann hatten wir alle Hände voll zu tun. Das Hafenbüro war aufzusuchen und dann ging es per Schlauchboot zu den Hafenbehörden mit Immigration und dem Zoll. Die Formalitäten klappten problemlos. Wir schafften es auch, das Schiff erneut zu verproviantieren und die Wäsche am selben Tag gewaschen und gebügelt wiederzubekommen.

Der Jahreswechsel rückte heran, ohne dass wir ein besonderes Programm hatten. Bärbel würde nun definitiv erst am zweiten Januar gegen Abend eintreffen. So waren wir ganz einsam in der Fremde, tranken ein wenig Wein und machten uns in Erwartung eines Feuerwerks oder sonstiger Aktivitäten per Schlauchboot auf in die Stadt. Doch was wir erlebten, war – nichts. Alles blieb ruhig, ein paar Straßenprediger unterhielten die Schwarzen in den kleinen Parks seitlich der Uferstraße, und in den kleinen Gassen waren einige Lokale von Schwarzen besucht, in die wir uns nicht hinein trauten. So saßen wir zum Jahreswechsel mit einer Flasche Sekt an der Pier von Charlotte Amalie und genossen die Apartheid des Fremdseins hier, während aus den Kirchen die an Gospelsongs erinnernden Lieder der Einheimischen zu hören waren.

Im Grunde hatten wir aber auch wenig Neigung besonders zu feiern, denn der entgangene Schlaf der letzten Tage und Wochen war nachzuholen. Am Ankunftstag von Bärbel besuchten wir vormittags den Trödelmarkt und die vielen großen Geschäfte, wo es fast alles an Schmuck und Elektronik zu kaufen gab. Dabei waren die Preise so niedrig, dass wir bei einer digitalen Videokamera nicht widerstehen konnten. Viele der Gebäude der Stadt erinnern an ihren dänischen Ursprung. Die Gassen waren voller Touristen, die in Booten von den großen Fährschiffen herübergebracht werden. Die Umsätze mussten beträchtlich sein.

Abends ging es per Taxe zum Flugplatz. Bärbels Flieger traf mit einer halben Stunde Verspätung ein. Trotz des langen Fluges war sie guter Laune, aber nach einer Schummerstunde an Bord, in der wir von unseren Erlebnissen berichteten und den Videofilm zeigten, konnte sie sich dann doch nicht mehr aufrecht halten.

Am anderen Tag machten wir die erste Inseltour. Es war etwas überraschend und geradezu ungewohnt, gegen den frischen Wind und Seegang die südöstliche Huk von St. Thomas in Richtung auf St. John zu umrunden. Selbst unter Maschine kamen wir nur langsam vorwärts. Bärbel hatte viel Seegang auszuhalten, später meinte sie, es wäre eine Fahrt zweier Vollprofis mit einem zarten Mägdelein durch Sturm und Wind gewesen. In der Great Bay war es dann sehr ruhig und beschaulich, denn hier lagen wir im vollen Windschutz des Passats.

Das warme Wasser lud trotz des späten Abends zu einem Vollbad ein und entsprechend riesig war der Appetit auf die Kochkünste von Muttern. Am nächsten Tag verholten wir dann entsprechend der Empfehlung vom echten Herbert in die Caneel Bay vor dem Rockefeller Ressort und achteten darauf, die schmutzige Wäsche und nassen Handtücher nicht vor die Nase der erlauchten Gäste zu hängen. Doch die sich in den Strandstühlen um die Bar räkelnden Amerikaner nahmen wenig Notiz von uns. Anschließend segelten wir zum Sopers Hole auf Tortola in den British Virgins. Hier mussten wir erneut einklarieren, ganz hochoffiziell bei weißuniformierten einheimischen Schwarzen. Sopers Hole ist sicher, aber recht belegt, da sich hier eine große Charterbasis befindet. Auch gibt es ein paar Geschäfte sowie zwei Strandbars und einige Lokale, in denen man leidlich essen konnte, wenn man sich an den Dollarpreis gewöhnt hatte. Im Übrigen lagen die Liegegebühren auch an einer einfachen Muring bei zwanzig Dollar.

Dann sollte es zur schöneren Insel Jost van Dyke weitergehen. Während ich langsam die Maschine startete und Fahrt aufnahm, zog Matse den Anker aus dem Boden, als wir plötzlich bei Rückwärtsfahrt ein merkwürdiges Röhren an der Wellenanlage hörten, das so schnell nicht zu erklären war. Sicherheitshalber begaben wir uns an die Pier. Ein Blick in den Maschinenraum und zum Wellenflansch klärte die Ursache: Die Welle hatte sich vom Flansch gelöst und war ein gutes Stück nach achtern gerutscht, was nur daran liegen konnte, dass der Haltesplint gebrochen war. Wir brauchten nicht lange zu überlegen, welche Krafteinwirkung dies bewerkstelligt hatte: Es war das Netz in der Biskaya gewesen, das die Welle aus voller Fahrt abrupt gestoppt hatte. Wie aber sollten wir hier in der Walachei dieses Problem in den Griff bekommen? Mir wurde nachträglich ganz schlecht, wenn ich mir vorstellte, dass wir den ganzen Atlantik bei laufender Welle und Wellengenerator überquert hatten. Wenn die Welle ganz rausgerutscht wäre, hätte sie sich bestimmt am Ruder verkeilt – ein Schaden, der unterwegs garantiert nicht zu beheben gewesen wäre ... Wir montierten Kupplung und Welle vom Getriebe ab und zogen mit allen Kräften den Flansch von der Welle. Die Diagnose stimmte. Der Splint war gebrochen.

Woher den Ersatz nehmen? Ich durchsuchte verzweifelt die vielen Materialkisten der ANTIMALOCHE. Normalerweise hatten wir fast alles dabei, aber einen 10 mm dicken Splint? Nach erfolglosem Wühlen in eigenen Beständen stromerte ich auf dem Gelände der Werft herum, um hier vielleicht auf die eine oder andere Möglichkeit zu stoßen. Ich muss gestehen, ich hätte mich sicherlich hemmungslos an einem Stück »gefundenen« Materials vergriffen. Aber ich fand nichts. Einer der Werftarbeiter versicherte mir, jedes Teil, das ich brauchte, aus Niro fertigen zu können, wollte aber erst die kommende Woche abwarten, um sich das benötigte Material zu beschaffen. Ich hatte wenig Neigung, seinen Versicherungen Glauben zu schenken. Also stöberte ich weiter in unseren Materialkisten. Wir benötigten einen Rundstab von 10 mm Durchmesser, etwa 4 cm lang und möglichst aus gehärtetem Stahl, denn dieser Splint hatte letztlich die Scherkräfte bei Anlaufen der Welle in die eine oder andere Richtung aufzufangen, falls diese nicht durch die Klemmmutter, die den Flansch zusätzlich auf der Welle sicherte, abgefangen wurden. Diese Klemmmutter hatte den Flansch während der ganzen Atlantiküberquerung allein auf der Welle stabilisiert. Es braucht nicht betont zu werden, dass sich der Flansch nicht eben leicht von der Welle abziehen ließ. Doch es half alles nicht, diese Arbeit war nötig, denn die Bohrungen fluchteten natürlich nicht mehr. Wir hatten die Wellenanlage vor drei Jahren erneuert und waren daher dennoch guter Hoffnung, ohne schwere Werkzeuge auszukommen. Das Zerlegen der alten Wellenanlage, über 20 Jahre alt, konnte damals nur mithilfe eines Abziehers und einem Kraftaufwand von mehreren Tonnen bewerkstelligt werden. Glücklicherweise zahlte sich unsere gute Vorbereitung aus.

Das Problem eines Ersatzsplints blieb aber. Ich machte einen Spaziergang und klärte die Möglichkeit, ein Ersatzteil per UPS zur Adresse der Charterfirma auf Tortola einfliegen zu lassen. Ich telefonierte auch mit Günther, einem Segelfreund aus der Marina Minde, der ein ausgezeichneter Maschinenbauer ist und sich in technischen Details auskennt. Auch er sah keine schnelle Lösung. Wieder durchstöberte ich die Materialkisten. Schließlich war es wie ein Witz: Ich sah ständig eine Lösung vor mir, hatte sie sogar bereits in der Hand, doch erkannte sie nicht: Es war ein 10 mm Stahlbohrer aus gehärtetem Stahl! Eher zufällig ließ ich ihn in die Bohrung des Flansches gleiten und hatte damit im Prinzip unser Problem aus der Welt geschafft. Mit der Flex kürzten wir den Rundstab auf die erforderliche Länge von 4 cm, rauten ihn mit ein paar Hammerschlägen auf und setzten ihn dann mit etwas Fett ein. Das musste gehen. Und es ging. – Um es vorwegzunehmen: Die Reparatur hielt viele Motorstunden bis zur Ankunft im City-Sporthafen in Hamburg.

Über unseren Montagekünsten verging der Vormittag. Das Schiff sah aus wie damals im Winterlager. Bärbel war längst ins Cockpit geflüchtet und hatte sich hinter einem Buch verschanzt, damit sie das Elend nicht mitansehen musste. Als das Schiff aber wieder einsetzbar war, zollte sie uns ihre Bewunderung: Wir seien eben lebenstüchtig, eine Eigenschaft, die sie sich immer absprach, jedenfalls, wenn es um technischen Kram ging. Ich konnte nicht umhin, auch an solchen Einlagen meinen Spaß zu haben, denn nichts ist schöner, als in einer scheinbar schwierigen Situation eine Lösung zu finden. Das Bewusstsein, dass uns das immer gelingen würde, war Matse und mir zugleich eigen.

Bis zur Great Bay auf Jost van Dyke waren es nur wenige Meilen. Noch vor Eintritt der Dunkelheit erreichten wir einen der schönsten Ankerplätze, die ich bislang kennen gelernt hatte. Wir ankerten auf 10 Meter Wassertiefe in transparentem grünblauem Wasser und lagen völlig im Windschatten der bergigen Insel. Mit dem Schlauchboot ging es auf Erkundungsfahrt.

Die wenigen Einheimischen lebten hier vom Fremdenverkehr, der im Wesentlichen aus den vielen Charteryachten bestand. An der Strandpromenade gab es ein größeres Lokal mit einfachen Holztischen und Live-Musik am Abend sowie ein paar kleinere Lokale, die das Abendmenü an großen Holztafeln anpriesen. Zwischen den Palmen standen Stühle und Bänke, die zum Ausruhen einluden. Natürlich fehlten weder das Immigration Office als offizielles Gebäude noch eine kleine Kirche. Etwas versteckt und auf dem Weg in die Berge gab es sogar einen kleinen Supermarkt, und ein weiterer Laden hatte sich gar auf den Verkauf von Kuchen und frischem, selbst gebackenem Brot spezialisiert. Abends saßen die einheimischen Fischer auf den Anlegepontons und unterhielten sich lautstark wie schnatternde Gänse in einer Sprache, die nur entfernte Ähnlichkeit mit königlichem Oxford-Englisch hatte.

Als wir den Abend auf diesem traumhaften Fleckchen Erde ausklingen ließen, dachte ich an die Distanz bis hierher, die wir auf eigenem Kiel zurückgelegt hatten. Ich war eins mit mir und der Welt und hatte den Geschmack von Wunscherfüllung auf der Zunge. Hier hätte ich es lange Zeit aushalten können, ohne etwas zu vermissen. Da gab es dieses paradiesische Eiland mit seiner relativen Ursprünglichkeit, wenngleich auch weit entfernt von der zu Zeiten eines Kolumbus, und nur einen Sprung entfernt wartete die Kultur dort drüben auf dem Schiff mit seiner Wagenladung voller Bücher, Musik und den sonstigen angenehmen Errungenschaften der Zivilisation. Der Gegensatz ließ mich nachdenken über das, was wirklich zum Leben erforderlich war. Wie viel Tribut zahlte man bei uns zu Hause für die bloße Berechtigung des Daseins. Es war sicherlich nicht billig hier, denn Fremdenverkehr wirkt sich immer preistreibend aus, zumal die Inseln ihre Autarkie verloren hatten und fast alles eingeführt werden musste. Dennoch, hier entstand das Gefühl, dem Paradies näher zu sein, gewürzt mit einem Duft von Selbstbestimmung.

Am nächsten Tag unternahm ich eine lange Schnorcheltour über die Bucht. Es waren nur wenige Korallen zu finden, meist schimmerte der weiße Sandboden vom Grund herauf – und noch etliches Fremde. Es bedurfte nur einiger Tauchgänge, um die verloren gegangenen Utensilien der Charteryachten wieder ans Tageslicht zu fördern. Bald hatte ich eine Ersatz-ABC-Ausrüstung zusammen, auch Sonnenbrillen hatten wir jetzt reichlich.

Meine Schatzsuche wurde eifrig von den umliegenden Schiffen her beobachtet. Neben den Charteryachten, die meist nur eine Nacht verweilten und sich emsig bemühten, den Anker einzugraben, indem sie der Maschine voraus und nach achtern die Sporen gaben, fanden sich auch einige Yachties, die man sofort erkennen konnte, weil ihre Schiffe wie eine Visitenkarte waren: eigenwillig und nicht konform, mit tief liegendem Wasserpass und leerem Cockpit, denn nur die »Charties« liegen sonnenbadend dort, meist mit einem Cocktail bewaffnet und leeren Gesichtern, in denen sich der Zwang des kollektiven Fröhlichseins in der unbequemen Enge einer überfüllten Charteryacht widerspiegelt.

Doch ich wollte eigentlich nicht sarkastisch sein. Manchmal war es für mich aber schwierig, angesichts des touristischen Treibens auf Charterschiffen Ruhe zu bewahren und zu schmunzeln: Sie konnten es wirklich nicht besser wissen, hatten nicht die Zeit, das Glück und das Schiff, um wie wir einen solchen Törn zu erleben. Einige deutsche Yachten bejubelten den Schiffsnamen ANTIMALOCHE und begrüßten uns mit süddeutschem, mitunter auch derb bayerischem Dialekt. Doch die Bucht war groß genug für uns alle, und bald kehrte wieder Stille ein, und das Paradies meldete sich zurück. Es war einfach schön hier und die Insel hinterließ bei mir den Eindruck, den sie verdiente. Ich hätte sie kaufen mögen, schon allein, um sie genau in der Ursprünglichkeit, in der wir sie noch vorfanden, zu erhalten. Ich wollte die Bretterbuden, die wenigen Einheimischen und den Hauch von Sauberkeit, unberührter Natur und jungfräulicher Stille bewahren.

Dabei war Jost van Dyke gewiss in den Virgins nichts Besonderes, bestens bekannt und reichlich besucht. Andere Inseln in den Westindies hätten meine Begeisterung noch umfassender verdient, hätte ich sie kennen lernen können. Ich wusste das, doch wir mussten uns begrenzen. Hier war sozusagen der Kulminationspunkt für mich. Hier und jetzt durfte ich etwas erleben in der kurzen Zeit, die ich unter dem Aspekt der fünf Etappen hatte.

Im Stillen delegierte ich mein eigenes Erleben und auch das Unmögliche daran an Matse, der sich hier eine lange Zeit aufhalten konnte, weil er die Zeit hatte oder sie durch uns bekam. Dabei vergaß ich nicht, dass das Erleben etwas Subjektives ist und meine Vorstellung nicht der meines Sohnes entsprechen konnte.

Aber in jedem Falle bekam er die Möglichkeit, seine eigenen Erfahrungen zu machen. Nach der langen Zeit des gemeinsamen Tuns lag es nun allein an ihm. Ich hoffte nur, dass er sich nicht überfordert fühlte. Denn was immer er auch in der folgenden Zeit bewerkstelligen würde, er würde das Schiff, das auch seins war, wie einen Augapfel hüten und bewachen und das als seine wichtigste Aufgabe sehen. Ich hoffte, dass daneben genügend Zeit verbliebe, sein eigenes Erleben zu schulen, Eindrücke mitzunehmen und zu bewahren. Ich wünschte ihm von Herzen, dass er nicht zu jung sein möge.

In den paar Tagen des neuen Jahres brauchten wir hier in diesem Klima nicht eben viel. Trinkwasser machten wir per Watermaker, baden konnten wir jederzeit. Es war warm, und wenn wir keine Lust hatten, selbst zu kochen, gingen wir in eines der Inselrestaurants und nahmen das Menü des Tages. Vom Strand aus konnten wir die Lichter unserer Lady ausmachen, unserem schwimmenden Hotel, in das wir gesättigt und müde zurückkehrten, um nach ein paar Seiten eines spannenden Krimis bis zum nächsten Tag tief und fest zu schlafen.

Dann war es so weit, wir mussten aufbrechen und zum Hafen Charlotte Amalie zurückkehren. Dort war vor Ort eine sichere Bleibe für Matse zu finden, in die er bei Bedarf jederzeit zurückkehren konnte. Am Samstag, den 15.01. morgens um 09.00 Uhr, würde für Bärbel und mich der Flug zurück in das kalte Hamburg gehen.

Die Fahrt verlief ohne Probleme. Wir wurden nach vorheriger Anmeldung am Steg empfangen, was hier zum durchaus nachahmenswerten Service gehört. Strom und Wasser waren kein Problem und gehörten ebenfalls zum selbstverständlichen Service, wenngleich auch das Was-

154

ser natürlich zu bezahlen war. Das Wetter schien sich in den nächsten Tagen zu verschlechtern, so buchten wir den Liegeplatz erst mal für eine Woche. Erfahrungsgemäß reichte das, um eine Wetteränderung abzuwarten. Außerdem hatte Matse so ein wenig Zeit, sich an den neuen Status des Einhandseglers zu gewöhnen.

Die Leute im Office waren ausgesprochen nett und in jeder Weise behilflich. So versprachen sie, für Matse im Notfall immer einen Platz zu reservieren. Das beruhigte mich sehr. Die letzten Stunden waren voller innerer Anspannung, denn ich musste mich nun trennen. Es ging zurück nach Hamburg, zurück zur Pflicht, wie man so schön sagt. Ich war alles andere als begeistert.

Schließlich verabschiedeten wir uns von Matse, der etwas scheu dreinschaute, und fuhren zum Flughafen, der hier auf der kleinen Insel 6 Meilen entfernt lag. Natürlich mussten wir durch den Zoll, wieder eine Reihe von Formularen ausfüllen, gute Miene zum langweiligen Spiel machen, bevor wir zur Maschine gehen konnten.

Viereinhalb Stunden Flug waren es bis Atlanta und von dort ging es nach ein paar Stunden Zwischenstopp in weiteren acht Stunden nach Hamburg, wo wir am frühen Sonntagmorgen eintrafen. Die Distanz, die wir in gut einem halben Jahr ersegelt hatten, flogen wir nun in weniger als 24 Stunden zurück.

Da stand ich nun und schaute dem Taxi hinterher, fühlte mich ziemlich klein, und hatte doch das Gefühl, nicht zurück zu können. Es wäre natürlich einfach, hier im Hafen zu bleiben und die Monate abzuwarten. Die Leinen zu lösen und zum nächsten Ankerplatz zu fahren schien schwierig, gefährlich und beinahe unmöglich zu sein. Mein Selbstvertrauen lag irgendwo tief versenkt. Was, wenn etwas passierte? Maschinenschaden? Fast hatte ich auch Angst, mich auch hier an Land gegen diese fremde Welt durchsetzen zu müssen, unbekannt in ihren Bräuchen und Gepflogenheiten. Zum ersten Mal war niemand da, bei dem ich mich hätte beschweren können, wenn nach meinem Gefühl alle verrückt spielten.

Einhand durch die Inseln

Der Mut sinkt

In Hamburg war es kalt und regnerisch. Es war die typische nichtssagende Suppe von Nässe, Diesigkeit und scheinbar ständiger Dämmerung, in die alles unter totalem Farbverlust eingetaucht schien. Die Karibik mit ihrer Farbenpracht war hier so fern wie der Mond. Doch ich hatte nicht viel Zeit zum Traurigsein und Relaxen, denn schon am nächsten Morgen galt es, in der Praxis wieder Fuß zu fassen. Die Stimmung war schlecht. Ich fühlte mich als der Abtrünnige, der alle im Stich gelassen hatte, um seinem Vergnügen nachzugehen. Was bedeutete es da schon, dass ich mal eben über den Atlantik gesegelt war? »Haben Sie einen schönen Urlaub gehabt?« und »Haben Sie sich gut erholt?«, wurde ich gefragt. Was sollte ich antworten, es war ja nett gemeint, doch mich störte der Unterton: »Gerade, als Sie weg waren, wurde ich so krank!« – Himmel, ich war doch nicht an allem schuld! Es war doch kein Verbrechen, ein ganz normaler Mensch zu sein, oder war ich das nun nicht mehr? Die Praxis und meine Patienten waren doch ein ganz wichtiger Teil meines Lebens.
Einige verstanden aber auch meine Gefühle. Da gab es zum Beispiel Klaus, einen ehemaligen Clubkameraden und Segler, der mit mir die Liebe zum Wasser teilte, aber als alter Fahrensmann nicht mehr raus wollte. Er hatte wirkliche Anteilnahme gezeigt, unsere Positionen in seinem Haus in Lauenburg auf der Weltkarte mit kleinen Fähnchen markiert und sich mit uns gefreut und auch mit uns gelitten, als wir um Weihnachten in diesem Scheißwetter hingen. Auch andere Freunde meldeten sich.
Ich überspielte sogleich die HI-8-Kassetten auf eine große VHS und sah mir in den Abendstunden immer mal wieder die verschiedensten Szenen unserer Überfahrt an. So hielt ich mich mühsam aufrecht. Die Tage waren stressig und schier endlos. Ich hatte einerseits das Gefühl, dass mich so leicht nichts schrecken könne, denn innerlich war ich voller Stolz, aber angesichts der vielen Belastungen schmolz auch dieses Gefühl

fast dahin. Ich musste schlichtweg den Spaß, das Vertrauen in die Perspektive und Konstanz meiner bisherigen Arbeit wiedererlangen, wenn auch mit der Absicht, wiederum für zwei große Etappen verschwinden zu wollen.

Zunächst war angedacht gewesen, Anfang April zum Schiff zurückzukehren, aber die Distanz bis dahin schien aus der Januarperspektive kaum zu überbrücken. Mit Matse telefonierte ich jeden Tag. Er blieb die Woche über in der Crowns Bay Marina, weil es zwischenzeitlich stürmte. Er maß im Hafen 38 Knoten Wind, der das sicher vertäute Schiff sogar in der Box erheblich zur Seite krängen ließ. – Ich wäre gerne bei ihm gewesen. Zudem war es für mich ein schmerzliches Gefühl, sozusagen den schönsten Teil der Reise an ihn delegieren zu müssen, aber das eben war Bedingung und Grundlage dieser Reise ...

Ich verkroch mich. Eine Woche dauerte es, bis mein Ärger über mich selbst siegte und ich aus dem Schiffsbauch kam. Zwei Gänge zum Supermarkt und einige Zigaretten später war ich einigermaßen ruhig und machte mich an die letzten Arbeiten vor dem Ablegen.

Das Schiff war genau neben einem stets vollen Pub vertäut, nach karibischer Art ohne Wände gebaut, der zudem eine hervorragende Rundumsicht bot. Als ich die Leinen löste, starrte mich wirklich jeder Einzelne an, aber keiner stand auf, um mir zu helfen. Einige Dinge sind wohl überall gleich, aber mit so etwas war ich vertraut. Und plötzlich, so war es auch später jedes Mal, fielen die ganzen Zweifel von mir ab. Ich war in meinem Element, mit meinem Schiff. Die letzte Leine lösen, ein kleiner Sprung an Bord zurück, ein letzter Blick auf den Platz, und mit einem leichten Zug am Gashebel glitten wir beide aus der Box. – Für einen lässigen Gruß zu besagtem Pub reichte es allerdings dann doch nicht mehr!

Eine halbe Stunde später standen bereits die Segel und ich machte mir langsam Gedanken darüber, wie ich eine dieser verdammten Muringtonnen zu fassen kriegen sollte. Aber nur am Rande – schließlich beinhaltete mein neuer Einhandseglerstatus ja auch alle unangenehmen Seiten, – kein Kaffee ohne saubere Becher. Abwasch war angesagt. Und das ohne Wache. Ich nahm es bald gelassener – und trank aus den schmutzigen Bechern.

So verging der Tag. Um 16.00 Uhr war ich an der Muringtonne fest – ohne große Gedanken, rein aus dem Gefühl heraus. Ich entdeckte, dass ich unabhängig von der Windstärke etwa fünf Sekunden Zeit hatte, in denen sich das Schiff nicht bewegte. Das musste reichen, um die Lage zu peilen, nach vorne zu kommen und mit dem Bootshaken die Leine zu fassen. Es hat auch meistens gereicht. In der ganzen Zeit habe ich nie einen zweiten Anlauf gebraucht – ich hätte mich zu Boden geschämt. Und schließlich, wer saß denn immer im Cockpit und lästerte über die blöden Charteryachten? Aber der Druck war immer vorhanden, ich vertraute mir nie völlig. Nachts wachte ich oft auf, ging an Deck und peilte minutenlang, ob der Anker noch saß. Saß ich mit Leuten in den Strandbars, schmunzelten sie irgendwann alle über mich, denn ich saß immer mit dem Blick zum Schiff und schaute auch im Gespräch immer wieder hin. Wo andere mit 20 Metern Kette auskamen, nahm ich 40.

In Sopers Hole angekommen, ging ich zum ersten Mal als stolzer Kapitän zur Immigration und erlebte eine herbe Enttäuschung. Der Mann hinter dem Tresen nahm mich auseinander, und ich war blöd genug, das auch noch ernst zu nehmen. Waffen, Geld, Drogen, die volle Bandbreite. Ich fühlte mich wieder kleiner als klein und war froh, als ihm nichts mehr einfiel. So zog ich ab, einklariert, aber doch irgendwie nicht willkommen. Das Gefühl verging schnell, als ich die ersten Segler kennen lernte und in den folgenden Wochen immer mehr mit dem Revier, meiner Verantwortung und der unendlichen Freiheit zusammenwuchs. Nebenbei, etwas Ähnliches habe ich nie wieder erlebt.

Die drei Monate zwischen diesen Inseln voller Naturschönheiten, gesellschaftlichen Widersprüchen und kulturellem Mix aus allem und nichts, verbrachte ich wie im Rausch. Morgens stand ich auf und überlegte erst da, wo es mich heute hintreiben könnte. So segelte ich von Ankerplatz zu Ankerplatz, verbrachte die Abende an Deck, schaute in einen perfekten Sternenhimmel oder saß mit anderen Seglern zusammen. Mit der zunehmenden Routine verschwand das Gefühl der Überforderung, doch eines blieb: Immer waren die Manöver aufregend, besonders bei schlechtem Wetter, aber ich verlor die Angst, dass wirklich etwas passieren konnte.

Alle Namen der Ankerplätze zu nennen, wäre langweilig, aber ein paar besonders schöne seien erwähnt:

Little Harbour ist ein Platz um zu träumen, man liegt vor Buganker mit dem Heck am Fels, völlig vor dem Passat geschützt.

In der Marina Cay muss man die Charteryachten wegblenden, dann versprüht sich hier eine besondere Atmosphäre, man liegt hinter einer kleinen Insel mit Riff.

Jost van Dyke hat Helmut bereits treffend beschrieben.
Caneel Bay bietet kostenlose Murings bis 60 Fuß, zudem einen wunderschönen Strand. Auch kann man mit dem Dingi in der nahen Stadt einkaufen, was ganz praktisch ist. Wenn der Passat zu nördlich dreht, liegt man hier allerdings unruhig.
Natürlich sind das nicht alle sehenswerten Plätze, aber jeder Mensch hat einen anderen Blickwinkel. Andere Orte hatte ich wegen ihrer Überfüllung gemieden, da ich dann nicht mit guten Kettenlängen hätte arbeiten können. Außerdem bedeuteten die vollen Plätze auch immer die Gefahr, dass sich die Chartersegler am Heben meines Ankers versuchten, was mir einmal passiert ist – so viel geballten Spaß auf einmal brauchte ich nicht noch mal.

Was mir fehlte, waren regelmäßige Kontakte. Mit meinen Freunden zu Hause tauschte ich E-Mails aus, mit meinen Eltern gab es das tägliche Telefonat, aber das war natürlich kein Ersatz für direkte Gespräche. Außerdem hatte ich hier oft wenig Verständnis für andere und ihre Probleme. Zwar hörte ich zu, gab auch ein paar mehr oder weniger schlaue Kommentare ab, und fragte mich doch nur Minuten später, was das eigentlich sollte. Gefangen in einer Welt voller bombastischer Eindrücke, in der nichts spießig und normal war, hatte ich ein wenig die Fähigkeit verloren, mich auf die ganz normalen Seiten des Lebens einzulassen.
Gleichzeitig wollte ich meinen Raum nicht verlassen, nicht mal verbal. Ich wollte nichts erklären und nichts und niemanden in meine Welt eindringen lassen. Dennoch zog ich eines Abends mit ein paar Gleichaltrigen los. Wir schlenderten von Kneipe zu Kneipe und tranken, lachten und redeten über ganz alltägliche Dinge, eigentlich über alles, nur nicht über das Segeln. Es kam, wie es kommen musste, ich verließ die letzte Kneipe nicht allein, wir gingen zu ihr, doch bevor wir zu dem kamen, wofür wir eigentlich hergekommen waren, stand ich auf, sagte, ich müsse gehen (wahrscheinlich wenig wortgewandt, jedenfalls nach ihrem Blick zu urteilen) und schlich mich an Bord zurück.
Am nächsten Tag war ich schon 30 Meilen weiter.

Wir hatten jeweils eine feste Zeit, nämlich 21.00 Uhr deutscher Zeit, für unsere Telefonate ausgemacht, die ja nur über Inmarsat möglich waren. Daneben hätte Matse uns jederzeit auch über mein Handy oder in der Praxis über einen Nebenapparat erreichen können. Diese Sicherheit hatte er und damit wir alle zusammen. Als er schließlich den Hafen verließ und sich alleine in Richtung der Inseln bewegte, meldete er sich nicht ab, sondern rief uns jeweils erst wieder an, nachdem er sicher den nächsten Ankerplatz erreicht hatte.

Es stellte sich bald heraus, dass es auf den ganzen Virgins keine Campinggasflaschen gab, sondern nur auf der nahen holländischen Insel St. Maarten. Zudem war eine vernünftige Verproviantierung für lange Überfahrten auf den Virgins sehr teuer. Den Törn nach St. Maarten alleine zu machen, traute Matse sich aber lange Zeit nicht zu, denn es waren immerhin 120 Seemeilen und das praktisch gegen den Passat. Wenn überhaupt, dann war das nur in einer Flautenperiode zu wuppen. Im Übrigen hätte er auch wieder zurück müssen, denn ich hatte meinen Rückflug dorthin bereits gebucht. So wartete er auf die Ankunft von Helmut und Claudia, die ihn von Antigua aus besuchen wollten, um ebenfalls die Virgins kennen zu lernen. Auch sein Freund Ingo hatte versprochen, ihn für drei Wochen auf dem Schiff zu besuchen. Darüber waren wir ganz froh, denn mit mal eben zwanzig Jahren für dreieinhalb Monate alleine zu sein, ist nicht ganz leicht. Über die Telefonate hinaus standen wir per E-Mail in Verbindung. Hier wurden Details der Ausrüstung und auch Reparaturen besprochen. Natürlich klang in diesen E-Mails auch etwas sehr Persönliches mit, was die Beziehung beschreibt, die wir in dieser Zeit dank unserer Technik aufrechterhalten konnten. Hier einige Passagen der Mails von Matse:

03.03.00
Unterhalb von St. Maarten gibt es tolle Inseln, auch eine in ehemals schwedischem Besitz, mit einem richtig schönen Hafen, dem Foto nach, richtig europäisch, man macht mit Buganker an der Mole fest. Mal davon abgesehen, dass mir das Manöver noch im Repertoire fehlt, soll es wirklich toll sein und den billigsten Supermarkt zwischen Anguilla und Guadeloupe geben. Mal sehen.
Der Vulkan auf Monserrat ist ausgebrochen, vier Seemeilen Sperrzone, flüssige Lava stürzt ins Meer, und man soll einiges an Rauch sehen. Ist immerhin nur 180 sm entfernt. Mons errat, der Berg erzählt, ob ihm wohl noch einer zuhört?
Vor einer Woche sind wir an einer Windhose vorbeigefahren, etwa zwei Meilen Abstand, ein richtig großes Ding, es wurde später sogar in der Zeitung berichtet. Wo bin ich denn hier? Windhosen, also wirklich. Ich lese

gerade mein erstes englisches Buch ohne Wörterbuch, ein Groschenroman, einfach geschrieben, und da sich sowieso die Hälfte im Bett abspielt, kann man den Sinn gut erfassen.

Ich merke es immer wieder, dieses Schiff hat eine Seele, und es hört nur auf die, die auch auf sie hören (bereit sind zuzuhören?). Das kann unendlich befriedigend sein. Wie eine weibliche Tyrannin, die ohne Rücksicht aufs Alter dirigiert. Na, man kann den Spieß auch umdrehen, die Sichtweise kommt mir ein wenig negativ vor. Gut, das Anleiten liegt mir nicht, wie kann ich jemandem wie zum Beispiel meinem Freund Ingo das Zuhören beibringen?

Segeln ist wie alles andere, es besteht wohl auch aus Kämpfen, sonst ist es nichts wert. Diese Erkenntnis bekomme ich langsam. Außerdem, ich habe ja nun wirklich den einfacheren Part.

Ich war sehr berührt von diesem letzten Satz. Schließlich hatte er dort die Wahl, sein Leben entweder schön und voller Überraschungen zu sehen oder beschwerlich. In jedem Falle konnte ich seine Berichte so verstehen, als wäre ich selbst vor Ort. So konnte ich meine Distanz ertragen – Matse wusste das.

14.03.00
Hier bläst es aus allen Kellerlöchern, das Schiff liegt 10 Grad über. Schön, bei diesem Wetter im Hafen zu sein und nur ganz gemütlich auf die Windgeräusche anstatt konzentriert auf Anker oder Muringleinen zu lauschen, immer mit dem Kompass im Blick ... Ach übrigens, ich soll dich schön grüßen von der ANTIMALOCHE, sie sagt, dass es ihr gut gefällt, es allerdings etwas salzig hier ist, und sie sich mal wieder nach einem echten englischen Schiffsausrüster sehnt.

16.03.00
Die Funkrunden mit Helmut und Claudia sind immer recht merkwürdig. Wenn Helmut da ist, kann man sich prima über technische Dinge unterhalten, wenn Claudia da ist, geht das Gespräch sehr viel schleppender, denn dann kann man nur die Themen Kochen, Proviant und Ähnliches anschlagen. Will ja gar nicht behaupten, dass das nicht wichtig ist, nur ist es eben nicht alles. Danach habe ich immer das Gefühl, den Hauptgewinn gezogen zu haben, mich um alles kümmern zu müssen.

Manchmal hält einen das Schiff wirklich auf Trab, abends möchte man sich nur noch zurücklehnen und den schmerzenden Rücken entlasten –, aber nein, der Abfluss der Spüle ist völlig verstopft.

Aber am besten gefällt mir doch ein Tag, der damit startet, dass man völlig eingeseift in der Dusche steht, aber leider kein Wasser mehr kommt. Ich beklage mich gar nicht, aber hier besteht noch einiges an Handlungsbedarf, so etwas muss doch nicht sein. Ganz zu schweigen von der Gasflasche und ihrem Talent, in den wichtigsten Momenten leer zu sein. Wie im falschen Film!

Heute habe ich die ganze Besatzung zum Deckwaschen gerufen, aber glaubst du, da wäre auch nur einer gekommen? Am Ende musste der Kapitän das selbst machen. Allen voran »Herbert«, so ein Schwein, der muss in dem Pub um die Ecke gesessen (wie er da rein gelassen wurde, weiß ich nicht) und mich beobachtet haben. Als ich fertig war, kam er mit einem verschlagenen Grinsen wieder an. Sack! Dem fehlt einfach Bewegung, wenn er nicht immer neben uns herlaufen muss ...

Klaus, Rolf und Dick kamen, um das Video zu sehen. So konnten die Freunde auch mal mit über den Atlantik segeln. Der Film war ganz gut gelungen und zeigte vor allem unser Leben auf dem Schiff, wie auch die oft großartige Formation von Farbe und Wolkenbild zu den unterschiedlichsten Tageszeiten sowie die bewegte See, die in den ruhigen Koordinaten des Wohnzimmers gigantisch wirkte. Unvorstellbar war für alle die ständige Bewegung und wie sich das über eine solch lange Zeit aushalten lasse.

Je weiter das Jahr in Schwung kam, umso anstrengender wurde es. Ich führte einen Kampf gegen alles, was sich mir in den Weg stellte, und das war viel. Da war einmal die Praxis. Die Stimmung unter dem Personal war schlecht, es war offensichtlich in ihrem Unterbewusstsein eine nicht ausgesprochene Vermutung, dass ich mich so klammheimlich auf immer verabschieden wollte (und – mal ehrlich – so ganz Unrecht hatten sie ja auch nicht, wie gerne hätte ich das getan!). Der Vertreter hatte mich nicht ersetzen können und Bärbel hatte sich mit allem überfordert gefühlt. Schließlich war da auch die Sorge um unser Wohlergehen gewesen. Das Schlimmste aber überhaupt war, dass wir, so weit gekommen, nun doch auch noch die restlichen Etappen nach Hause segeln wollten, die ja im Vergleich zur Passatroute wesentlich schwieriger und damit auch gefährlicher waren. Bevor ich im Dezember weggefahren war, hatte ich nämlich laut überlegt, dass es natürlich auch sein könne, dass mich keine zehn Pferde nochmals aufs Wasser bekämen. Für diesen Fall sollte das Schiff auf einem Frachter zurückgebracht werden. Aber dem war ja nun nicht so, im Gegenteil! So war ein weiteres Stück Realität zu verkraften, die wieder Angstaushalten und Unsicherheit bedeutete. Und, zugegeben, die Stimmung des Wagnisses machte auch vor mir nicht halt. Nun endlich las ich mal etwas Genaueres über die Azorenroute, ohne dass ich wirklich begriff, was sie bedeutete, denn passatverwöhnt dachte ich immer noch, dass Ozeanreisen vor dem Wind erfolgen. Etwas anderes konnte ich mir nicht vorstellen. Vielleicht wollte ich es mir aber auch nicht wirklich ausmalen. Warum auch? Jeder Ostseesegler weiß genau, was das für eine irre Knüppelei ist, von beispielsweise Finnland unter Zeitnot gegen den vorherrschenden Südwest den heimatlichen Hafen wieder zu erreichen. Genau das war es doch, was viele Familien entzweite und unzählige Ehefrauen in die Flucht schlug. Segeln ist Männersache, heißt es oft. Warum? Na, eben deswegen! Und gab man bei der nächsten Törnplanung klein bei, dann fuhr man eben in der dänischen Südsee von Einkaufsbummel zu Einkaufsbummel, ganz niedlich. Aber ich sollte nicht spotten. Auch mein erster Törn mit meinem ersten winzigen Schifflein von 5,17 Meter Länge ging von Großenbrode nach Langeland, Bagenkop und Marstall. Das war 1969 vom Gefühl her eine große Tat, damit fing mein Lernen an. Doch ich wollte von Anfang an mehr. Ich probierte vieles aus und wusste doch nie im Voraus, wie es sein würde. Keine Frage, dass die Ostsee ein blödes Revier sein kann und dass man hier viel lernt, wenn man sich ihm aussetzt und nicht ständig bei jedem Regentropfen oder jeder ernsten Bö kneift und den nächsten Hafen aufsucht. So schnallt man nichts.

Wir hatten fast jede Idee in die Tat umgesetzt. Als es umständehalber mal nicht geboten war, viele Nächte durchzusegeln, gingen wir jeweils am Ende eines Tages hinter irgendeiner Huk ankern, blieben also auf dem Schiff. Schon bereits das verändert die Perspektive und gewöhnt an das Langfahrtsegeln. Selbstverständlich habe auch ich dieses Gefühl, dass Kälte und Wind langsam reichen und der Hafen nah ist, zur Genüge kennen gelernt und kann also mitreden. Aber so lernt man nicht. Jedenfalls ist die Einstellung und die Bedingung da draußen eine ganz andere, wenn die Distanz zum nächsten Hafen mehr als tausend Meilen oder gar mehrere tausend Meilen beträgt. Das wusste ich ja inzwischen. Ich ersah aus den Handbüchern, dass der Start zu den Azoren ab

Mitte April, besser im Mai, erfolgen sollte und erfuhr, dass um diese Zeit die Passatwinde in dieser Region der Virgins eine mehr südöstliche Tendenz haben würden. Das bedeutete bei unserem nördlichen Kurs jedenfalls achterliche Winde. Dabei spielte ich mit dem Gedanken, den Kurs zunächst auf die Bermudas zu richten, um in gehörigem Abstand bei Erreichen der westlichen Winde dann in schneller Fahrt die Azoren anzulaufen. Für die Distanz von 800 Meilen zu den Bermudas sollte man reichlich Diesel mitnehmen, da mit Flauten zu rechnen sei.

Matse las derweil auf den vielen Ankerplätzen Segelliteratur. So entdeckte er die Aussage von Wolfgang Hausner, dass schon die Reise zurück nach Deutschland die Segler scheidet: Diese nördliche Route birgt die Gefahr von stürmischem Wetter. Viele machen das einmal und nie wieder. Diese Aussage spiegelte Berichte von Leuten wider, die diese Tour bereits hinter sich hatten. Leider erfuhr ich davon immer nur über Dritte und nie direkt. Ich zweifelte also.

In der Praxis grub ich mich immer mehr ein, was keinen störte, denn ich hatte mir ja reichlich Urlaub genommen und nun musste ich eben mal wieder arbeiten. Ich fühlte mich unverstanden, sodass sich beinahe automatisch eine Trotzhaltung aufbaute. Nun erst recht! Dennoch zweifelte ich, was ich auch mit Matse besprach. Die Frage, ob wir die Rückreise wirklich auf eigenem Kiel machen sollten, wurde nächtens am Telefon diskutiert. Naja, diskutiert ist vielleicht übertrieben: »Das Schiff verladen? – Nur über meine Leiche«, antwortete er mir am Telefon. Dennoch, ich hatte die Verantwortung, aber sein Gleichmut tat mir gut.

Die in dieses erste Quartal fallende Honorarabrechnung aus dem Vorjahr war äußerst mau gewesen und zeigte die Kehrseite meines Engagements für diese Art der Segelei. So unterlag ich auch der Kritik, viel zu arbeiten und nichts über die Steuer hinaus zu verdienen, jedenfalls bei den üblichen finanziellen Verpflichtungen, die wir hatten. Oft saß ich griesgrämig an den Abenden und wünschte mich ans Ende der Welt. Wer verstand mich schon? Das ist eine der klassischen Situationen, in denen man einen alten analytischen Satz vergisst, den ich mal so ausdrücken möchte: Es kann das eigene Selbst niemand anders verstehen. – Diese Betrachtungsweise führt zu dem Mut, stets und ständig alles selbst zu versuchen.

Denn es gehört Mut dazu, einen Plan, den viele für verrückt halten, auch auszuführen. Die meisten Menschen lassen lieber ausführen, sich etwas vorgaukeln; sie rennen ins Kino oder setzen sich vor den Fernseher und lassen sich von den irrsinnigsten Geschichten einlullen. Sie hocken vor dem Radio oder besuchen Vorträge, wo von Spektakulärem, von etwas Besonderem, von Erlebtem die Rede ist, weil das eigene Erleben in ihrem vermaledeiten Alltag nicht mehr möglich zu sein scheint. Ich hatte nie vor, etwas Spektakuläres zu machen, aber ich hatte mir fest vorgenommen, etwas zu erleben, auch wenn ein Risiko dabei war. Denn eines stand außer Frage: Trotz unserer guten und auf Sicherheit bedachten Vorbereitung war ganz klar ein Risiko da. Das wusste auch Bärbel, obwohl sie natürlich daran glaubte, dass wir wohlbehalten zurückkehren würden, jedenfalls, wenn wir darüber sprachen.

Irgendwann entdeckte Matse, dass die Windanzeige nicht mehr funktionierte, was ihn sehr störte. Wir besprachen, dass Ingo einen neuen Geber und eine neue Anzeige mitbringen sollte, die ich ihm am Abend vor seinem Abflug brachte und ihm alles Gute wünschte. Es traf sich auch, dass ich ihm für Matse Medikamente mitgeben konnte, denn er hatte sich eine scheußliche Darminfektion zugezogen, die per Ferndiagnose auch einer Amöbiasis hätte entsprechen können. Kollegen aus dem Tropeninstitut rieten zu einer Sicherheitsbehandlung. Matse gesundete schnell. Gott sei Dank!
Nach dem Austausch der Geräte stellt sich übrigens heraus, dass lediglich ein Kabel gebrochen war. Aber so hatten wir Ersatz, denn wir trauten aus Erfahrung den VDO-Anzeigegeräten nicht. Im Übrigen ist diese Firma zudem derart service-unfreundlich und umständlich, dass sie anscheinend zu denen gehört, die meinen, der Kunde sei für sie da und nicht umgekehrt. Wir hätten gerne eine andere Erfahrung gemacht.
Die beiden Freunde in der Karibik verstanden sich gut und Matse hatte Gesellschaft. Außerdem hatte er durch Ingo auch etwas Hilfe bei den ständig notwendigen Reparaturarbeiten. Das Schiff sollte sich ja gerade für die Azorenroute in einem Bestzustand befinden.

Erst als mich Ingo, ein Freund aus der Schulzeit, für drei Wochen besuchte, fand ich wieder das Gefühl für die limitierte Zeit, für den Sinn dieser Erfahrung. Es waren Tage in denen etwas Normalität einkehrte und ich wieder in bekannten Schienen dachte. Eigentlich wollte ich mit Ingos Hilfe nach St. Maarten kommen, doch er fühlte sich als Nichtsegler überfordert. Verständlich, immerhin lag ja ein ganzes Stück richtig tiefer Ozean dazwischen. So mussten wir das streichen und klapperten stattdessen die ganzen schönen Plätze ab.

Danach war entschieden, dass Helmut nach St. Maarten kommen und ich mich irgendwie dahinbewegen würde. Am Telefon gab ich mich ganz unbesorgt und spielte die Angelegenheit herunter, aber ich war mir nicht so sicher, ob das Wetter mitspielen würde. Ich brauchte eine Flautenperiode, denn wie Helmut und Claudia eine volle Nacht mit Vollgas gegen einen starken Passat anzubolzen – dafür fehlte mir das Vertrauen in unseren Motor und in mein eigenes Durchhaltevermögen.
Eines Tages wurden tatsächlich ganz leichte Winde, sogar aus SW, vorausgesagt. Gegen Mittag verließ ich die Virgins mit rund 120 Meilen und einer im besten Falle schlaflosen Nacht vor dem Bug. Ich war trotzdem so glücklich, wie ich es noch selten erlebt hatte, eine Mischung aus Adrenalin und Spaß strömte mir durch die Adern. Nach ein paar Stunden zeigten sich die ersten Delfine, was ich als tolles Zeichen deutete.
Zum ersten Mal fuhr ich alleine in die Nacht, allein mit meinen Gedanken und völlig ungestört. Die Maschine lief wie ein Uhrwerk, Vertrauen erweckend, ich machte mir ein riesiges Abendessen, aß es in aller Ruhe unten im Salon, rauchte noch eine Zigarette und zog mich für die Nacht an. Die vorher gekaufte Eieruhr stellte ich neben mich und machte viertelstündliche Ruhepausen. Um zwei Uhr nachts telefonierte ich mit Helmut und sah danach im Radar verschiedene Regenfronten aufziehen. Der Wind frischte auf, also gab ich der Maschine eine Schaffenspause und setzte die Segel. Trotz der unklaren Wetterlage waren es für mich einige der schönsten Stunden der ganzen Reise. Es ist schon etwas Besonderes, in einem anderen Teil der Welt alleine mit dem Schiff auf eine völlig fremde Insel zuzusegeln.
Bald kam der Widerschein von St. Maarten am Horizont hervor, während gleichzeitig der Wind immer mehr auffrischte. So hatte ich am Morgen mit über 25 Knoten Wind und einem ekligen Seegang zu kämpfen, der noch dazu genau auf die Küste wehte, an der ich mich durch eine Hebebrücke quetschen musste, die nur zu bestimmten Zeiten öffnete. Grau ist alle Theorie über Seekrankheit, hier hatte ich mit ihr klarzukommen. Ausgerechnet ich, der ich auf der ganzen Reise kaum Probleme hatte! Aber der Mix aus Müdigkeit und schlichter Angst, die in mir aufzog, produzierte diesen schon oft von Helmut beschriebenen schalen Geschmack im Mund. Ich versuchte, ihn wegzublenden. Ein Blick nach draußen reichte, um auch dem

166

Lustlosesten klarzumachen, dass es jetzt wichtigeres als meinen Magen gab.

Einen Ausweichhafen gab es nicht, da die einzige leicht zu erreichende Bucht an der Nordseite voll dem hohen Schwell eines Sturmes im Nordatlantik ausgesetzt war. So war ich lange unentschieden, was zu tun war, wartete bis 09.00 Uhr und funkte mit Hugo, dem Wetterfrosch der Karibik, der in der Lagune von St. Maarten lag und mir sagte, dass vor der Brücke kaum Seegang sei.

Ich startete also die Maschine, nachdem ich seit 06.00 Uhr die Segel schon komplett gekürzt hatte, um zur richtigen Zeit an der Brücke anzukommen. Die Situation, die ich vor der Brücke vorfand, war ziemlich unangenehm, genauer gesagt beschissen. Der Seegang lief ungebremst in die flache Bucht ein und wurde hoch und steil. Nur mit Mühe und äußerster Motorkraft konnte ich das Schiff gegen die Brandung stabilisieren, wobei die Wellen ständig über das Vorschiff brachen und bis zum Heck alles mit Gischt eindeckten. Gleichzeitig versuchte ich mit dem Brückenwärter über UKW in Kontakt zu kommen. In diesem Moment wäre ich bei meinem gestressten Gesichtsausdruck und mit dem Hörer am Ohr wohl auch als Topmanager durchgegangen, der sich in der Tür geirrt hatte.

Als ich schließlich in die Lagune einlief und mir einen Liegeplatz erkämpft hatte, war ich ziemlich am Ende, und gleichzeitig so aufgedreht, dass an Schlaf nicht zu denken war. So klarierte ich ein, fuhr mit dem Schlauchboot zum nächsten französischen Supermarkt (welch Luxus!) und schlug mir den Magen mit echtem Käse und richtiger Salami voll.

Danach fiel ich erschöpft in die Koje.

So wurde es langsam, aber sicher April und ich hatte in der langen Zeit die Stimmung in der Praxis wieder zum Besseren gewandelt. Ein großes Problem war noch das Finden eines geeigneten Vertreters, der Bärbel in meiner Abwesenheit nicht so viel Arbeit überließ. Zum Glück fand ich eine junge Kollegin, die als Internistin am Krankenhaus arbeitete und ihre Erfahrung in der freien Praxis gerne machen wollte. Was war ich froh! Allerdings war nunmehr eine Terminierung unumgänglich. Ich musste mich jetzt festlegen. Der erste April war einfach zu früh. Ich dachte die Mitte des Monats an und stellte fest, dass mein Flug mit Umsteigen in Atlanta und Ankunft am selben Tag nicht mehr möglich war, da die Gesellschaft ihren Flugplan geändert hatte. Matse hatte aber inzwischen mit viel Selbstvertrauen die Tour nach St. Maarten allein unternommen. So buchte ich einen Flug mit der Air France nach St. Maarten und konnte meine Ankunft für den 18.04. avisieren.

Der Abreisetag verlief fast schon wie Routine: Bärbel brachte mich noch vor der Praxis zum Flughafen. Ihre Wünsche begleiteten mich. Wann würden wir uns wiedersehen? Ich hatte meine Rückkehr für die zweite Maiwoche angesagt, wenn alles glatt liefe, aber den definitiven Zeitpunkt konnten wir erst in der Nähe der Azoren festlegen. Aufgeregt und voller Vorfreude kletterte ich ins Flugzeug. In wenigen Stunden würde ich wieder bei meinem Sohn und auf meinem geliebten Schiff sein.

Drei Wochen blieben noch, bis Helmut eintreffen sollte, und so war es höchste Zeit, das Schiff in einen Bestzustand für die anstehende Fahrt zu versetzen. Eine Fahrt, die für mich auch im Nachhinein viel spannender und erlebnisreicher war als die Passatroute. Ich besorgte einen Krantermin und malte in drei Tagen das gesamte Unterwasserschiff neu. Das Rigg musste durchgesehen werden, genauso sämtliche Backskisten und die komplette elektrische Anlage. So vergingen die Tage. Als ich genug hatte, nahm ich mir drei Tage frei, mietete ein Auto und entdeckte eine Insel, die genauso fremd wie die Virgin Islands war und doch durch den europäischen Einfluss einen Hauch von Heimat ausströmte.

Schließlich war es dann so weit, dass ich am Flughafen stand und meinen Vater nach langer Zeit durch die Kontrolle kommen sah.

Gebirge aus Wasser

St. Maarten – Horta

Es war nachmittags zirka 16.00 Uhr und nach deutscher Zeit null Uhr, als ich wohlbehalten das Flugzeug verließ und auf mein Gepäck wartete. Matse sah ich bereits durch die vielen Menschen vor der Sperre winken. Es war mörderisch warm. Wir begrüßten uns schweigend als Ausdruck des Respekts vor dem nächsten Abenteuer und als Geste des Versuchs, die Zeit der Trennung mit der unterschiedlichen Erfahrung zu überbrücken.

Er nahm mein großes Gepäck und so gingen wir die paar Schritte bis zum Wasser und einem kleinen Steg, an dem unser Schlauchboot festgemacht war. Das war mit Sicherheit eine neue Art, vom Flugplatz abgeholt zu werden! Er reichte mir eine Regenjacke, die ich ganz verdutzt anschaute. »Du wirst sie vielleicht brauchen«, meinte er, »wir werden eine nasse Passage haben.« Und schon ging es ab in Richtung der Simson Marina, wobei das schwer beladene Boot wirklich reichlich Spritzwasser machte. Ich empfand das überkommende Wasser eher angenehm, denn die Hitze hier war wirklich gewöhnungsbedürftig. Matse war stolz auf den neuen, 6 PS starken Außenborder, der sehr leise lief und uns gut in Fahrt brachte.

Der Liegeplatz der ANTIMALOCHE war perfekt, inklusive Strom- und Wasseranschluss. Ich enterte an Bord. Jetzt war ich fast achtzehn Stunden unterwegs gewesen, doch mein Ortstag zeigte immer noch keine Neigung, sich dem Ende zu nähern. Der Flug war problemfrei verlaufen und ich hatte, noch nie in Paris gewesen, mit der Zwischenlandung auf dem Flughafen Charles de Gaulle wenigstens einen Hauch von dieser Stadt mitbekommen. Diesmal hatte ich wenig Probleme mit der Entfernung und litt kaum unter einem Entfremdungseffekt. Eher hatte ich das Gefühl, wieder zu Hause zu sein. Ich zerrte die Reisetasche in die Achterkajüte und räumte alles ein. Wieder sollte ich für eine längere Zeit vom Bordleben bestimmt werden. Ich betrachtete alles und nahm es wieder in Besitz.

Matse hatte noch Probleme mit der Maschine. Er wollte einen Ölkühler einbauen lassen und war sich nicht sicher, ob der hiesige Mechaniker das wuppen würde. Auch hatte ich diesmal als Ersatzteil einen neuen Ölfilter mitgebracht, der beim OM 636 von Mercedes ein festes Teil mit Ölsieb darstellt, denn der alte Filter leckte und hatte störende Öldämpfe verursacht. Ich beschloss, mich darum nicht zu kümmern, nahm mir einen spannenden Schmöker vor und setzte mich ein wenig unter das Sonnensegel im Cockpit. Ein paar Tage würde ich mir gönnen, um mich einzugewöhnen.

Mit Unterbrechungen schlief ich bis in den späten Vormittag, da ich die bisherigen Zeitzäsuren von zu Hause nochmals nacherleben musste. Matse verschwand mit dem Schlauchboot, und ich trimmte ein Lukensegel, da die Luft im Salon stand. Wir mochten wohl an die 40 Grad Wärme draußen haben. Ich machte einen kurzen Spaziergang im Gelände der Marina und trat dann durch die Phalanx der schwarzen Wachposten am Eingang, die mich finster anschauten, weil sie mich nicht kannten. Die Marina war also gut bewacht. Sie lag in einer kleinen Straßenflucht mit maritimen Geschäften, einer Bank, einem kleinen Supermarkt und mehreren Lokalen. Dicht angrenzend verlief die Hauptstraße der Insel, die von hier, dem holländischen Teil, bis zum französischen Teil verlief. Es schien alles sehr zivilisiert zu sein, nur das Klima war absolut karibisch, heiß und feucht.

Matse kam zurück, die Anschlüsse des Ölkühlers passten nicht an den Motorblock. Der neue Ölfilter brachte einen plötzlichen Öldruckabfall, für den wir keine Erklärung fanden. So dichteten wir den alten ab und versuchten einen Neustart. Jetzt schien alles in Ordnung zu sein.

Am nächsten Tag mieteten wir uns einen Leihwagen und machten in »Frankreich« einen Großeinkauf. Das Verholen zum Schiff war schweißtreibend. Dabei fehlten sogar noch Obst, Zwiebeln, Milch und Speck. Wir vertagten den Restkauf auf den morgigen Tag in »Holland«. Den Rest des Tages verbrachten wir in der Marigo Bay, die wir nach einstündiger Fahrt mit dem Schlauchboot erreichten, um dort nach Herzenslust zu baden. Zurück ging es in einer rasenden Gleitfahrt, der neue Außenborder war eine Wucht. Anschließend faxte ich dem Seewetteramt, mit dem ich bereits in Hamburg Verbindung aufgenommen hatte. Ich bestellte für den morgigen Tag, den 22.04., eine Wetterprognose.

Der nächste Tag begann früh. Wir waren bereits um neun Uhr am Supermarkt und bekamen einfach alles, auch grüne Tomaten, Bananen und

Fleisch. Ich schaffte es sogar noch in der Eile, eine UKW-Handfunke preiswert zu erwerben, denn unsere alte Ersatzfunke hatte den Geist aufgegeben. Mit etwas Magenschmerzen dachte ich an die Notwendigkeit, dass wir uns unter Umständen aus der Rettungsinsel heraus bemerkbar machen müssten ...

Als alles an Bord war, schoben wir uns langsam durch das flache Wasser der Bucht. Wir waren wieder unterwegs! Schnell bekam das Wasser eine tiefblaue Farbe. Der Himmel war quasi wolkenlos. Nach zirka einein-halb Stunden liefen wir in die Marigo Bay ein, wo wir nochmals für eini-ge Stunden vor Anker gehen wollten. Wir mussten noch einmal vernünftig essen, schlafen und das Unterwasserschiff betauchen, denn Schraube und Loggeber mussten von Muscheln befreit werden, bevor es endgültig losging. Die Bucht war traumhaft, ruhig, trotz der vielen Schiffe.

Wollten wir wirklich schon wieder von hier weg? Matse fand das gar nicht gut: »Ich weiß nicht, ich finde es schön hier, dieses Leben, es ist zwanglos, einfach, man hat alles, was man braucht, das Wetter ist fabelhaft ... und nun heißt es wieder sechs Stunden Wache, vier Stunden Schlaf, vier Stunden Wache ... und das womöglich mehrere Wochen!« »Hör schon auf!«, stoppte ich ihn und schüttete mir eine Pütz Seewasser über den Kopf. Ich wollte sauber auf Tour gehen. Dann verschwand ich für zwei Stunden in der Koje.

Gegen 16.00 Uhr begann der Aufbruch zu neuen Ufern. Matse holte den Anker auf und ich startete die Maschine. Langsam drehte sich die ANTI-MALOCHE in Richtung Nordatlantik. Wir redeten nicht viel, waren noch etwas verschlafen, aber auch innerlich gespannt. Dieser Beginn war ganz nach der Vorstellung Moitessiers. »Bei wenig Wind auslaufen, bei viel Wind ankommen?«, murmelte ich vor mich hin. − Ich erschrak. Was ging mir da durch den Kopf? Wie lange würde die Reise überhaupt dauern? Es waren zirka 2400 Meilen − eine unübersehbare Distanz.

Damit war diese lange Zeit abgeschlossen. Wir gingen an die folgende Fahrt mit, so denke ich, ganz unterschiedlichen Gefühlen heran. Für Helmut war es eine neue Überquerung, nicht so sehr eine Heimkehr, wie es mir eher ging. Dennoch waren wir in den nächsten Tagen konzentriert, aber nicht so aufgeregt wie vor der ersten langen Passage. Routinierter, aber auch, geprägt durch den höheren Schwierigkeitsgrad, angespannt. Als wir in der Bucht von Marigo die letzten Minuten verbrachten, muss-

171

te ich mich sehr anstrengen, mich umzudrehen und Abschied zu nehmen von dieser Welt, die für mich eine Art Heimat geworden war. Von Deutschland aus wären diese Inseln wieder fern und unerreichbar. Es war hier so leicht, immer nur Schönheiten zu sehen, gerade von einem Schiff aus.
Diese Abfahrt bedeutete für mich zudem einen Abschied von den unbegrenzten Möglichkeiten dieser Reise. Von hier ab galt auch für mich ein Zeitplan, der nicht viel Raum außerhalb der Überfahrten zuließ. War es schon jetzt an der Zeit, sich zu fragen, was man mitgenommen hatte und ob man nicht oft zu flüchtig über Eindrücke hinweggegangen war?
Aber die ersten Tage auf See ließen solche Überlegungen nur selten zu, zu viel war zu tun.

Ich musste mich zum Abendessen zwingen, wenigstens eine Kleinigkeit, sonst würde die Zeit bis zum Morgengrauen zu lang. Die Nacht brach herein. Wieder sahen wir den Leuchtturm von Sombrero und die Lichter von Anguila. Bald waren wir frei von Land. Der Seegang nahm zu. Ich spürte meine Unsicherheit im Magen und meldete mich ab. Ich hatte das dringende Bedürfnis zu ruhen. Der Schlaf sollte mir den schalen Geschmack von der Zunge nehmen.
Matse war ausgeruht und ließ mich schlafen. Kaum lag ich, kam Wind auf. Das Schiff begann zu laufen, es hob und senkte sich und begann mit diesen ekelhaften Seitwärtsbewegungen, die den Körper rhythmisch an die Kojenwand drückten. Der Wind kam vorlicher. Der Baum musste weg. Ich hörte Matse auf dem Vorschiff herumturnen. Die Schraubenwelle sang, es war ein hoher melodischer Ton, der an- und abschwoll, an den sich die Sinne hefteten, der einen nicht schlafen ließ. Was war ich froh, dass ich lag. Ob Matse eingepickt war? Dann endlich war ich weg, eingeschlafen.
Als ich wach wurde, war der Seegang unverändert. Ich fühlte mich schwer und versuchte die Koje zu verlassen. Sofort wurde ich zur Seite geworfen, musste mich abfangen. Ich stabilisierte mich zwischen dem Türrahmen der Achterkajüte und arbeitete mich nach vorne zum Niedergang. Ich glaubte nicht, dass ich die Wache schon übernehmen wollte, musste aber wissen, was Matse machte, wie es ihm ging.
Er saß im Niedergang und schaute durch das Fenster der Sprayhood nach vorne in die schwarze Nacht. »Na, Alter, wie ist es denn so?« Er hatte mich bemerkt. Ich musste den Kopf für eine Weile in den Wind halten, das beruhigte den Magen. Matse machte mir Tee, wofür ich ihm sehr

dankbar war. Vielleicht schaffte ich es ja doch ein paar Stunden, es war zwei Uhr: »Ich versuch's mal bis zum Morgengrauen, vielleicht ...« Matse verschwand. Ich musste den Lifebelt anlegen und mich einpicken, das war mehr als recht. Oh, wie ich diese Seekrankheit hasste! Sie war so derb unnötig. Ich dachte an den guten alten Rolf, der niemals Probleme damit hatte. Dann fiel mir eine alte Geschichte ein. Ich hatte gerade mein erstes kleines Schiffchen von 5,17 Meter Länge, einen Kimmkieler vom Typ »Sunstar«, und wollte an einem freien Nachmittag ein wenig am Südstrand vor Großenbrode ankern. Der Wind kam auflandig, aber der Anker hielt perfekt. Ich begab mich nach einer Weile ins Schiff und machte mich ans Aufräumen. Zuerst hatte ich einige Sachen im Vorschiff zu ordnen. Dabei lag ich bäuchlings ganz in der Vorpiek, während der Bug in den Wellen auf und nieder ging. Plötzlich hatte ich das Gefühl, dass sich alles um mich drehte. Ich war völlig unvorbereitet, versuchte mich zu orientieren, schloss die Augen, nichts half. Ich geriet irgendwie in Panik. Man stelle sich vor, ich hatte endlich ein kleines Schiff, lange umkämpft, machte die erste Fahrt alleine und wurde bereits am Ankerplatz seekrank! Das durfte nicht sein. Was konnte ich tun? Ich kletterte ins Cockpit, um tief durchzuatmen, ohne Erfolg. Schließlich hatte ich die Idee, zu schwimmen. Ich löste einen Rettungsschwimmkörper vom Heckkorb, der mit einer Leine mit dem Schiff verbunden war, und sprang ins Wasser. Nach ein paar Schwimmzügen war die Seekrankheit wie weggeblasen. Ich jubilierte, hatte ich doch eine wichtige Entdeckung gemacht, die einerseits etwas über die Verursachung von Seekrankheit und andererseits etwas von deren Behebung enthielt. So genoss ich den Rest des Tages. Die Seekrankheit kehrte auch dann nicht zurück, als ich mich wieder zum Vorschiff begab. Aber was nützte mir hier diese Erfahrung?

Hier im Atlantik konnte ich schließlich nicht ins Wasser springen. Ich wünschte mir, wir wären schon acht Tage oder so unterwegs. Dann wäre ich vielleicht eingewöhnt in diese Zentrifuge, in die sich unsere gute ANTIMALOCHE bei dem herrschenden vorlichen Wind verwandelt hatte. Wir liefen am Kompass zwischen 355 und 5 Grad, also Nordkurs, und hielten somit auf Bermuda zu. Nichts war zu sehen da draußen, aber es war relativ warm, wir waren noch in der Karibik. Unzählige Sterne standen am Himmel. Inzwischen konnte ich mich schon ins Cockpit setzen, kletterte schließlich auch nach achtern hinter das Ruder und nahm meinen Liegesitz auf der Längsbank ein – selbstverständlich abgepolstert durch viele Kissen, die den Rücken schonten. Ich kramte eine Zigarette aus der Jackentasche und legte den Kopf zurück. Es ging, mir war nicht mehr so übel. Ich ruhte mich aus, versuchte mein autogenes Training, holte mir Kraft in meine Glieder, meine Seele. Matse und ich waren auf diesem Schiff schließlich zu Hause. Eigentlich ist unsere Lady auch ein komplettes Haus, ein Haus auf dem Wasser, in dem sich alles befand, was wir benötigten. Wasser und Proviant, Bücher und viele CDs mit den schönsten Klavierkonzerten, dem Wohltemperierten Klavier von Bach, die berühmte Aufnahme mit Glenn Gould, dem Flötenkonzert für C-Blockflöte und Orchester von Samartini, das ich nahezu spielen konnte – selbst die Blockflöten befanden sich an Bord in der Achterkajüte. Ich könnte mich an den Kartentisch, meinen »Schreibtisch«, setzen und den Reisebericht vervollständigen oder etwas über die Geschichte der Azoren aus dem Multimedia-Brockhaus erfragen ...

Doch momentan war mir wichtiger, die Sterne zu beobachten, den Bewegungen des Schiffes zu folgen und mich nicht dagegen zu stemmen, denn das Schiff machte schließlich nur das, was die Wellen vorgaben. Ich könnte mir einen Tee machen, vielleicht einen Zwieback essen, mit etwas Butter oder Marmelade. Wenn nur die Beine nicht so schwer gewesen wären und ich nicht so willenlos ...

Wir hatten Seegang mit bis zu drei Meter hohen Wellen. Bei dem Amwind-Kurs klatschten die Wellen an das Vorschiff, mal kamen sie auch seitlich ein, sodass ein Spritzer über das seitliche Schanzkleid des Cockpits schlug. Irgendwann verzog ich mich wieder in die Koje. Woher kam nur diese Schwäche? Zu allem Übel hatte ich Durchfall. Mir tat der ganze Körper weh, als hätte ich einen schweren Muskelkater. Matse versorgte mich liebevoll. Wir hatten Kontakt mit Hugo und Helmut, der unsere Reise am PC verfolgte. Er erzählt uns auch, dass Christian, ein Franzose, ebenfalls zu den Azoren unterwegs sei. Wir sollten ihn mal ansprechen. Helmut freute sich, dass er uns hatte, er hockte zurzeit wieder auf Antigua und wollte sich mit seiner Frau langsam nach Süden hin orientieren. Das Schiff sollte während der Hurrikanzeit auf Trinidad verbleiben.

Erst zwei Tage später ging es mit mir langsam bergauf. Ich vertrug ein Stück Knäcke, etwas Kaffee und anschließend ein Haferflockenmüsli und konnte mich sogar ausgiebig an Steuerbord waschen, was bei dem Seegang keine Kleinigkeit war. Es wurde ein sonniger Tag. Ich holte mir einen Sonnenbrand, während Matse endlich einmal wieder ausschlafen konnte. Die See wurde allmählich moderater oder mein Magen wieder unempfindlicher. Der Horizont war leer, kein Schiff weit und breit. Wir waren allein in dieser Wasserwüste. Auf der elektronischen Seekarte sah das Symbol der ANTIMALOCHE ganz verloren aus. Morgens hatten wir einen Fliegenden Fisch an Bord. Da wir beide keine toten Fische mochten, war dies kein angenehmer Besucher. Das war übrigens auch der tiefere Grund, warum wir keine Angel an Bord mitführten. Wir kannten zwar das Jagdfieber, aber was sollten wir mit einem mühsam an Bord geholten Fisch anfangen?

Damals in Lohals, als ich vom Anglerglück überfallen wurde und in einer halben Stunde 13 Schollen aus dem Wasser zauberte, sehr zum Missfallen einer Horde Berliner, die mir gerade zuvor das Angeln beigebracht hatten, war ich noch motiviert, die Fische auszunehmen und in die Pfanne zu bringen. Ich aß sie aber mit wenig Vergnügen. Das Schlimmste aber war der Fischgeruch, den ich meinte, noch nach Wochen in der Pantry wahrzunehmen. Damals schwor ich mir, niemals mehr ohne triftigen Grund an Bord eine Fischmahlzeit zuzubereiten.

Doch auch ohne das Zubereiten verströmten die fliegenden Fische einen entsetzlichen Fischgeruch!

Am 25.04. standen wir gegen 19.40 Uhr auf 24° 38' N und 62° 42' W. Der Wind kam aus 120 Grad mit 15 Knoten, die See war relativ flach. Das Wetter war handig, der Sonnenuntergang verhalten ohne Anzeichen für eine Wetterverschlechterung. Wir teilten uns die Nacht gerecht.

Der folgende Tag verging bei spannender Lektüre. Ich war so froh, dass das Gefühl im Magen weg war. Ich war nahezu sicher, dass ich einen Darminfekt und keine Seekrankheit hatte, denn auch der Durchfall war überstanden. Ich verdächtigte die verkohlten Schweinerippchen vom Grill in St. Maarten, die am Abend vor unserer Abreise so gut schmeckten. Matse hatte sie mit viel Instinkt offensichtlich vermieden.

So langsam bekam der Wind eine südliche Komponente. Es wäre zu schön, wenn wir achterliche Winde bekommen würden, denn die Amwind-Segelei war auf die Dauer nervig. Gegen Mittag nahm der Wind ab. Die Wolkenfelder am Rande des ausgedehnten Hochs, das bis dicht unterhalb der Azoren reichte, waren eigenartig bedrohlich, schwarz und düster, aber sie enthielten keinen Wind. Auf der Ostsee hätten sie Gewitter bedeutet. Wir hatten Funkkontakt mit Christian, dem Franzosen, der uns von Helmut vermittelt wurde und der sich etwa 100 Seemeilen vor uns befand. Auch er hatte kaum Wind und wollte daher weiter nördlich gehen, um dem Kern des Hochs nicht noch näher zu kommen. Dabei hatte er ein leicht laufendes Schiff. Christian war ein Netter, wir mochten ihn sofort. Leider war seine Funke derart schlecht, dass unsere Gespräche mehr vom günstigen Zufall bestimmt wurden, als von der verabredeten Zeit.

Bei halbem Wind konnten wir endlich ausreffen und den Blister setzen. Ein Knarren an Deck machte uns unruhig. Es war der Mastfuß. Wir verbrachten drei Stunden damit, die Wanten besser durchzusetzen. War das Schiff langsam müde? Helmut beruhigte uns über Funk. Wir hätten doch eine Westerly, ein solides Schiff! Er hatte gut reden mit seiner Stahlschüssel. Ich war am Grübeln, bis wir schließlich auf den Grund für das notwendige Nachspannen kamen: Matse hatte ja beim letzten Mal in der Karibik das Achterstag entfernen müssen, als er das Unterwasserschiff malte. Danach waren die Wanten wohl nicht für die jetzige Belastung entsprechend angezogen worden. Das Knarren verschwand später. Aber die Belastung für das Schiff war dennoch hoch, da durften wir uns nichts vormachen.

Es war warm und sonnig draußen. Unsere Lady lief gleichmäßig über das Wasser. Zum ersten Mal seit dieser Reise stand ich sehr relaxt im Cockpit und schaute auf die Szenerie. Amwind-Segeln ist ja immer eine windige Sache und keinesfalls so beschaulich, wie wenn die Winde von hinten einfallen. So kam mitunter auch mal eine Spritzsee plötzlich bis zur Sprayhood, der man nur durch ein plötzliches Ducken entgehen konnte. Dennoch, der Gleichlauf der Wellen, die schräg von vorne auf den Bug des Schiffes zueilten, hatte etwas Beruhigendes. Darüber zogen die Wolken, spärlich und dünn, unter einem stahlblauen Himmel. Irgendwo hinter dem Horizont, am Ende dieser Himmelsglocke, war das All und dahinter dessen Ende. Wieder erschien die Erde rund und einsam. Wie sollte man das einem normalen Großstädter beibringen? Dieses Gefühl der Weite, der Einsamkeit, der Unmittelbarkeit, auch der Angst und der Hoffnung auf Beständigkeit war unglaublich, intensiv und allumfassend.

In der vergangenen Nacht las ich einen spannenden Krimi unter der Lampe im Cockpit und hatte in dieser Einsamkeit der Nachtwache plötzlich das Gefühl, nach draußen schauen zu sollen. Dabei entdeckte ich einen Frachter an Steuerbord achtern, der im Abstand von nur einer Seemeile passierte. Ich sprach ihn an. Eine afrikanische Crew, die von Kapstadt nach New York unterwegs war und zirka drei Wochen für ihren

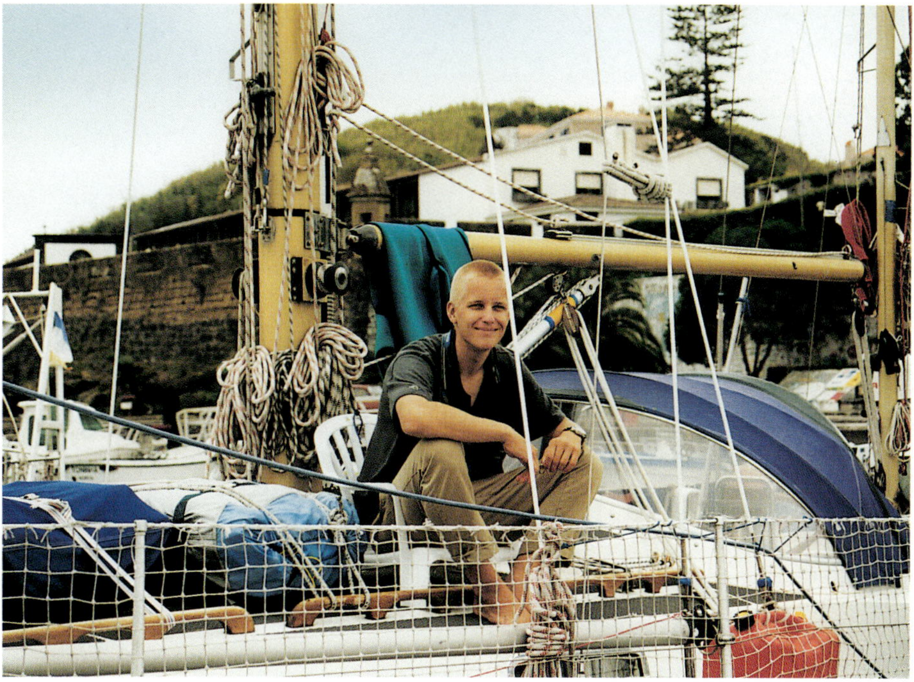

0

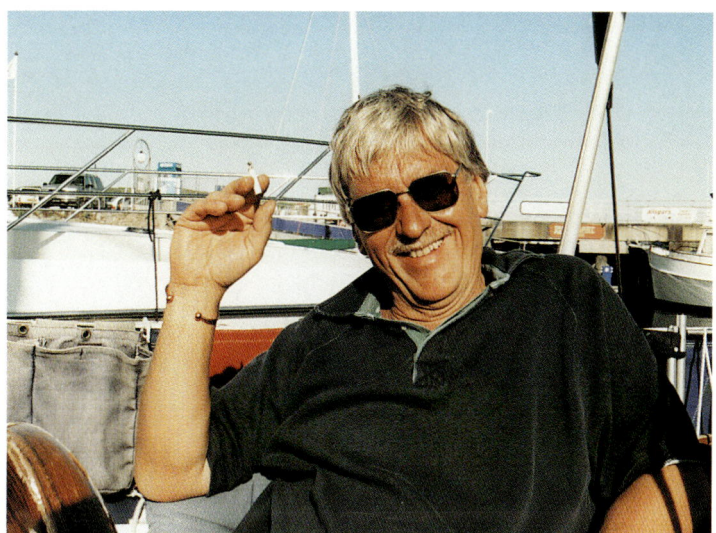

20 *Matse in seinem »Rentnerstuhl«.*

21 *Helmut ganz entspannt.*

21

22 Behördendomizil
in St. Thomas.

23 + 25
Markt in
St. Thomas.

24 Selbst die Busse
sind in der Kari-
bik farbenfroh.

23

26

26 Das Auge genoss
die bunten Farben.

27 »Karibische
Dimensionen«.

28 Wellen und Wind
ließen die Anti-
maloche laufen.

29 Nie wurden wir
müde, uns über diese
Begleiter zu freuen.

28

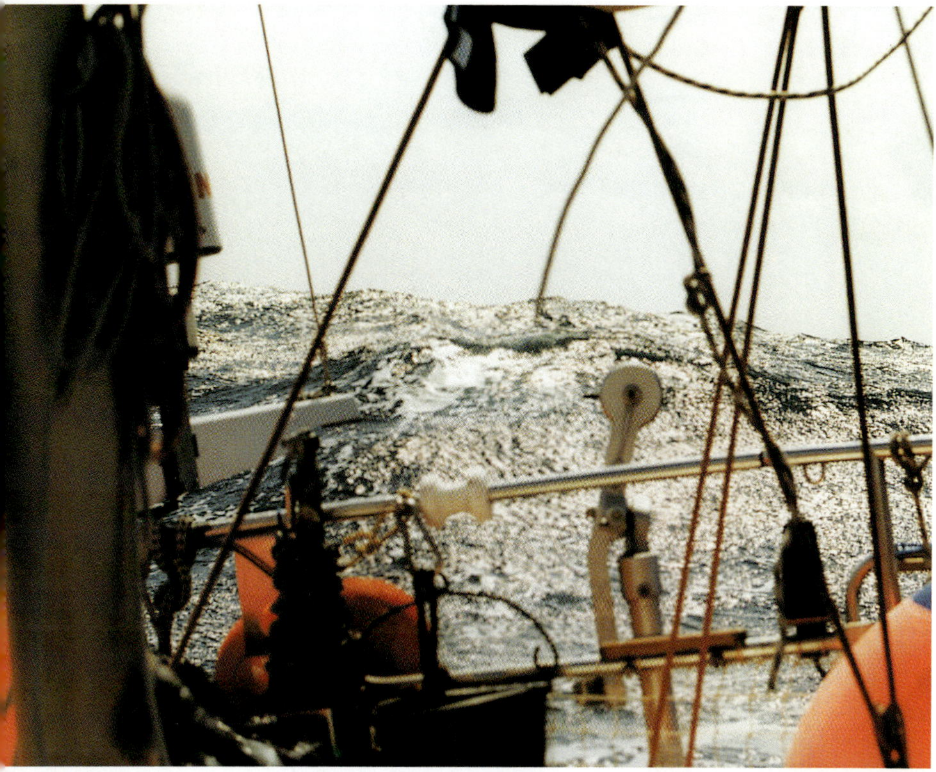

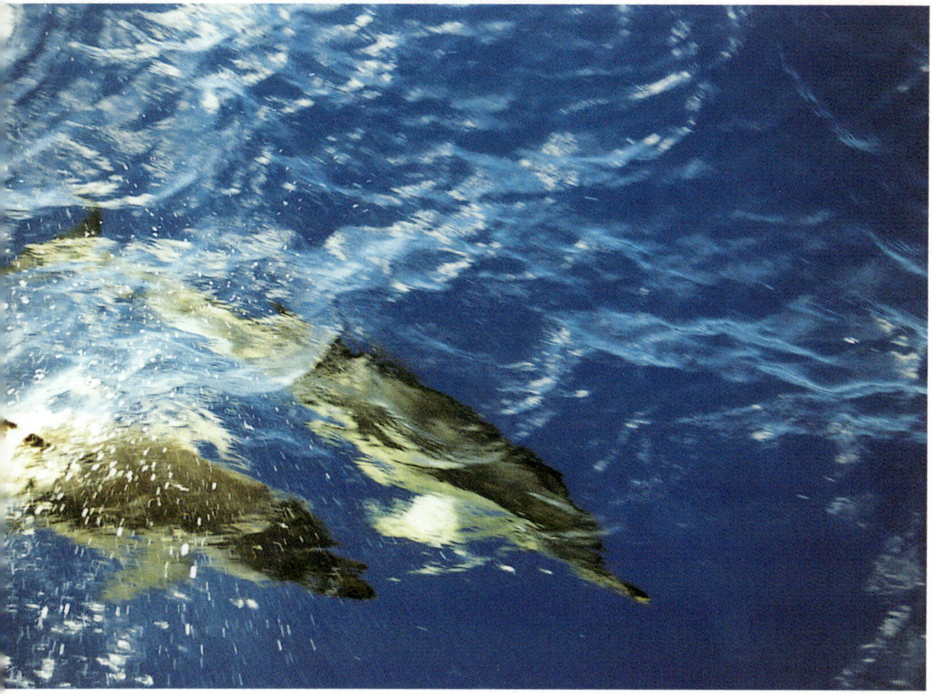

29

30

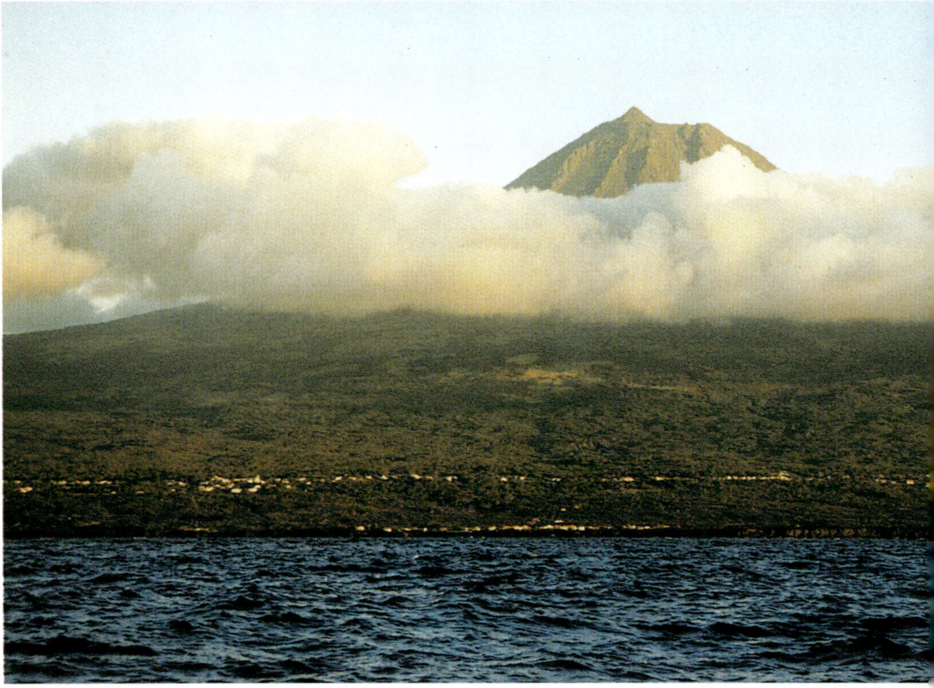

31

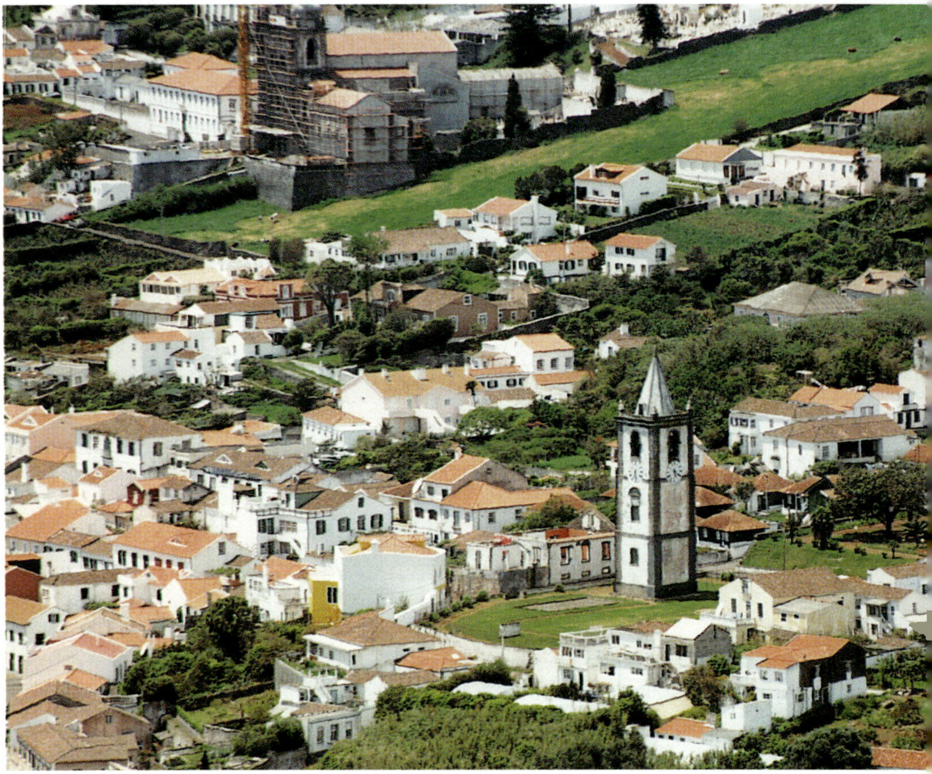

33

30 Der 3000m hohe Pico auf der gleichnamigen Azoreninsel.

31 + 32
Horta auf Faial.

33 Unser »Wappen« auf der Mole von Horta.

34 Diesel-Übergabe mitten im Atlantik: die CANTERBURY STAR.

35 + 36
 Geschafft! Nach über
 einem Jahr die glückliche
 Ankunft im City-
 Sporthafen Hamburg.

Trip brauchte. Es war ein ganz merkwürdiges Gefühl, so plötzlich anderes Leben um sich zu wissen.

Später war Hugo über UKW zu erreichen. Er dirigierte uns auf die Position von 38° N und 45° W. Während des Gespräches mit ihm klinkte sich Manfred ein, der sich mit uns unterhalten wollten. Hugo meinte: »Der kennt dich wohl!«, dabei übersah Hugo schlicht das Mitteilungsbedürfnis von uns allen, die wir hier draußen in der Einsamkeit unseren Kurs durchs Wasser zogen. Manfred segelte mit seinen drei Mitstreitern eine Swan 61 zu den Azoren. Er kam von den Westindies, segelte eine Weile in unserem Kielwasser und überholte uns schließlich. Er benötigte für die erheblich längere Distanz 13 Tage, aber er machte auch Etmale von 270 Seemeilen am Tag. Er hatte eine sympathische Stimme, trocken und nüchtern. Wir blieben während der folgenden Zeit zweimal morgens und abends in Verbindung.

Die nächsten Tage vergingen sehr routiniert: essen, schlafen, klönen, funken ... Es lief alles sehr gut, aber das Problem, dass wir nicht ausreichend Schlaf bekamen, blieb.

Dann, eines Abends, nachdem wir gerade ein fantastisches Mahl genossen hatten, kam urplötzlich eine Regenbö aus einer schwarzen Wolke, die Starkwind einläutete, der die ganze Nacht tobte. Auch am nächsten Morgen blies es aus allen Kellerlöchern. Die See war unregelmäßig, das Schiff tanzte in den Wellen. Immerhin machten wir aber gute Fahrt. Im Cockpit war es ungemütlich. Ich bekam wieder einen schalen Geschmack auf die Zunge und verzog mich in die Koje. So hatte ich mir meinen Geburtstag nicht vorgestellt! Matse bereitete mir liebevoll ein Geburtstagsfrühstück und ließ mich bei einem spannenden Krimi relaxen. Dann war Bescherung. Ich packte Bärbels Geschenke aus, die sie mir mitgegeben hatte und freute mich trotz des miesen Wetters über mein Dasein.

Den ganzen Tag wehte es mit 20 bis 25 Knoten Wind. Die Seen nahmen eine Höhe von vier Metern an und kamen seitlich, ihr Spritzwasser oft ins Cockpit schleudernd. Leider schien sich das Hoch aufzulösen. Wir mussten höher an den Wind gehen. Gegen Abend war der Wind zum Glück wieder moderat und es wurde richtig gemütlich. Der Sonnenuntergang war friedlich. Gegen 21.00 Uhr standen wir auf 32° 36' N und 51° 53' W.

Die nächsten Tage flossen so dahin und wir genossen die Sonne. Fast schien es uns, als hätten wir jetzt Urlaub von der bislang eher anstrengenden Segelei gehabt. Unsere gute Laune schlug sich auch im Frühstück nieder, es hatte eindeutig Hotelcharakter. Eier mit Speck, aufgebackene Brötchen mit Käse und Marmelade ließen jeden Tag wie ein Geschenk beginnen. Anschließend verbrachten wir die Zeit lesender- und sonnenbadenderweise. Wir hatten noch reichlich Dieselvorräte und kamen auch mit dem Strom sehr gut aus. Das Satellitenbild von Boston auf der Neuntausender-Frequenz zeigte ganz deutlich die Warmfront, die hinter uns im SW aufzog. Was würde sie bringen? Wir hofften auf etwas mehr achterliche Winde, statt uns wie bisher den geringen Winden des Hochs zu überlassen.

Leider kam es anders. Wie so oft wurde aus den schwachen Winden allzu schnell eine Flaute, in der wir überwiegend motorten. Wir nutzten die freie Zeit und klarten das Schiff auf. Bei geöffneten Luken konnten endlich auch mal unsere Kojen trocknen, die inzwischen reichlich klamm geworden waren. Allmählich strömte die frische kühle Luft durch das ganze Schiff. Wir kamen uns vor wie in einem gerade aufgetauchten U-Boot. Die Ruhe machte es sogar möglich, etwas Anspruchsvolleres zu lesen. Bei mir musste das neue Buch »Bildung« von Herrn Schwanitz herhalten: Was hatte man doch alles vergessen! Abends sahen wir uns den bisherigen Videofilm an. Er war deutlich besser geworden, als der Erste. Speck mit Zwiebelsoße und Pellkartoffeln beruhigten die Magennerven und gaben Kraft für die Nacht.

Am 04. Mai veränderte sich die Wettersituation. Der Himmel vor uns war wieder bewölkt, als liefen wir vom Hoch ins Tief. Die Position um sechs Uhr war 34° 35' N und 47° 38' W. Eine schnelle Peilung auf der elektronischen Karte ergab eine Zieldistanz von noch 940 sm bis zu den Azoren. Wie lange würden wir noch dafür brauchen? Acht Tage, vielleicht auch zehn, es war noch zu früh für eine Prognose. Der Tag trudelte so dahin. Der Himmel wurde wieder klar, das Hoch schien uns doch nicht zu verlassen. Nachts hatten wir keinen Wind und mussten motoren. Ich schlief und wachte auf, weil ich meinte, dass Matse mich gerufen hätte. Als ich ins Cockpit kam, lag er ausgestreckt unter einer Decke, die Cockpitlampe brannte, das Buch war ihm auf den Boden gefallen, und schlief den Schlaf des Gerechten! Das passierte eben, wenn man müde war. Schlaf musste sein. Und wenn man sich ihm nicht freiwillig hingab, überfiel er einen. Dann durfte ich aber wieder in die Koje, denn Matse wollte weiter »wachen«.

Am nächsten Tag setzten wir das Babystag und Blister und Genua bei schönem achterlichen Wind. Abends musste der Blister wieder eingeholt werden, nur Groß und Genua zogen uns nach Osten. Von der Welle her kamen merkwürdige Reibegeräusche, die wir nicht einordnen konnten. Wir entschlossen uns, die Welle zu stoppen und die Tiefkühltruhe abzuschalten.

Nachts kam Wind auf und wir kamen zügig voran, mit fast sieben Knoten. In den folgenden Stunden briste er auf, die ersten Böen fielen ein. Manfred erzählte über Funk, nun schon das achte Mal auf die Azoren zu kommen. Einmal habe er bei einem steifen Nordost 150 sm vor den Azoren das Ziel aufgeben müssen und sei nach Gibraltar weitergelaufen. Nur das nicht, dachte ich. Wir wollten nicht ins Mittelmeer. Das war nicht geplant. Aber Manfred wollte wieder dorthin, das Schiff nach Palma legen. Mit der Reise, die unter anderem nach Kapstadt und Rio ging, hatte er sich einen Lebenstraum erfüllt. Es gab eben doch noch mehr Träumer wie wir, die ihre Wünsche Realität werden ließen!

Einige Tage später drehte der Wind wieder auf Südost zurück und kam somit vorlicher. Ich hatte damit Schwierigkeiten und nahm sicherheitshalber nun doch ein Scopoderm-Pflaster gegen die Seekrankheit. Es half. Matse kochte zum x-ten Mal Nudeln mit Käsesauce. Ich ahnte langsam, wie er sich in der Karibik ernährt hatte. Wir kamen gut voran, aber ein Sturmtief machte uns Sorgen. Das Hoch wurde kleiner und erstreckte sich in Nord-Süd-Richtung. Bereits am nächsten Tag, dem 08. Mai, war der Wind durchgehend stark. Schon tagsüber erreichte er 28 Knoten. Wir hatten keine Ahnung, wie es weitergehen sollte und bereiteten uns auf Schlimmeres vor. Wir aßen rechtzeitig, bereits am Nachmittag, aus einer Schüssel im Cockpit. »Wie romantisch!«, meinte Matse. Sein Humor half. Als wir gegen 19.00 Uhr Hugo empfingen, wehte es durchgehend mit 25 Knoten. Und es wurde mehr. Wir mussten vorsichtig sein. Alles wurde festgelascht.

Dann ging es plötzlich sehr schnell. Der Wind fiel mit ohrenbetäubendem Geräusch über uns her. Die erste Regenböe kam hinzu. Regen und Wind fegten über das Deck. Das Schiff krängte zur Seite weg, stabilisierte sich wieder, dann kamen ständig Böen vermischt mit prasselndem Regen. Die Seen erreichten eine nie gesehene Höhe. Wir reduzierten die Segelfläche der Genua auf ein Minimum und legten das Schiff mit etwa 30 Grad an den Wind. Immer noch machten wir etwa 3 Knoten Fahrt. Manche Wellen fingen an zu brechen, sodass Ströme von Wasser über das Deck schossen. Dann knallte es plötzlich, als zerspringe der Rumpf

179

in mehrere Teile. Hektisch suchten wir das Schiff ab, konnten aber nichts Ungewöhnliches entdecken. Gott sei Dank! Überall schoss das Wasser entlang, über uns, neben uns, unter uns, und lief an den Fenstern herab. Fast schien es, als ließe das Dröhnen des Sturmes etwas nach, aber das war nur ein Atemholen. Dann ertönte erneut dieses röhrende Geräusch, schwoll an wie der Trommelwirbel des Orchesters Infernale! Ob »Herbert« ein Klabautermann war? Hatten wir ihn verärgert? Das war kein Spaß mehr. Matse versuchte im Salon etwas zu ruhen, während ich im Cockpit lag, eingekeilt unter der Sprayhood, angeschnallt in schwerem Ölzeug. Wir waren im Nordatlantik. Welche Taktik hatten wir noch bereit, wenn es schlimmer würde? Sollten wir beidrehen?

Wir warteten, hielten aus, wogen ab. Gleichzeitig war ich angespannt, bereit, mehr zu tun, als mir verblieb. Welche Alternativen hatten wir? Vor dem Wind ablaufen, wäre unsinnig. Dann kämen wir zu weit vom Kurs ab, und die Entfernung zu den Azoren würde immer größer. Es war inzwischen sowieso völlig ungewiss, wann wir den Landfall machen würden, soweit wir in dieser Situation überhaupt daran denken mochten. Jetzt hatten wir andere Sorgen: Nur raus hier. Der Sturm sollte endlich nachlassen! Wir sehnten uns nach Ruhe im Schiff. Doch noch waren wir nicht erlöst. Ich schaute in die schwarze Nacht und konnte die Wellenberge nur erahnen. Dann wurden wir wieder zur Seite geworfen. Himmel, mussten wir das wirklich aushalten?

Bleib ruhig, redete ich mir und dem Wind gut zu, der wieder ohrenbetäubend dröhnte, als würde er neue Kraft schöpfen. Ich saß im Cockpit und summte im Angesicht dieser Urgewalten ein »Ohm«, die Zauberformel der indischen Mönche. Fast schien es, als hätte ich Erfolg. Vielleicht hatte ich es mir ja nur eingebildet, vielleicht war ich aber auch mit dieser Gefahr gewachsen. Vielleicht war es aber auch tatsächlich ruhiger geworden. Ich jedenfalls war es, und das allein war viel wert.

Es war ein gigantisches Schauspiel, dem ich beiwohnte. Ein bisschen fühlte ich mich wie der Dirigent vor einem großen Orchester, das er zu bestimmen wähnt, das aber längst seinem Einfluss entwachsen war. Um uns herum war nur noch die Musik des Sturmes zu hören, hier galten einzig und allein die Gesetze der Natur. Immer wieder murmelte ich halblaut vor mich hin: »Der Wind ist lediglich die Folge der Druckgegensätze, und die See macht nur das, was der Wind vorgibt.« Und dieses Schiff, dieses wunderbare Schiff, hielt den Gewalten stand, es machte sich mal leicht, mal schwer und stöhnte und ächzte, als sagte es: »Ich

habe es schwer, das seht ihr doch. Aber ich bin noch nicht am Ende. Noch bin ich kräftig genug. Ihr habt auf mich gesetzt, jetzt zeige ich euch, was ich kann!« Ich war den Tränen nahe. Ob es an der Zeit war, zu beten? Schon faltete ich die Hände. Es war gut, sich an den Händen zu fassen. Wie ein geschlossener Kreis, durch den die neue Kraft fließen konnte. Wie lange noch?
Schließlich kapitulierte ich, ich musste mich dem Sturm entziehen. Ich konnte die Gewalt nicht mehr ertragen, das Heulen nicht mehr hören. Matse löste mich ab. Mit voller Montur legte ich mich in den Salon und schlief sofort ein. Ich war erschöpft. Die Natur holte sich ihr Recht.

Als ich rauskam, griff die unglaubliche Geräuschkulisse nach mir, wie um zu sagen, dass ich mir doch nicht einbilden sollte, so einfach im Schlafe davongekommen zu sein. Ich schreckte zurück, schaue auf Helmuts Gesicht und entdeckte keine Zeichen wirklicher Angst, nur Erschöpfung und vielleicht Ratlosigkeit. Na gut, jetzt war ich wohl wieder dran. Einpicken, einen möglichst rutschfesten und trockenen Platz suchen – die erste Beschäftigung tat gut, danach aber wurde das Rumsitzen und Warten immer schwerer.
Ich versuchte ständig, auf die Geräusche des Schiffes zu lauschen, diese Stimme, die einem erzählte, was als Nächstes zu tun war. Doch obwohl ich unsere ANTIMALOCHE nie lebendiger und stärker empfunden hatte, hörte ich keine Melodie, nur ein gigantisches Chaos. Was sollte ich hier? Ich konnte doch eh nichts tun! Missmutig starrte ich auf die Windanzeige und dachte aufbauende Gedanken, beispielsweise wie viel Wind so ein Ding eigentlich anzeigen konnte. Ob erst die Anzeige oder erst wir aufgeben würden? Ich wurde stumpfsinnig. Nach zwei Stunden gab ich den Versuch der Kommunikation auf und holte mir den CD-Player. Unsere Lady war wahrscheinlich beleidigt, alles alleine machen zu müssen. Als Dank stieg prompt eine Welle ein und füllte das Cockpit so weit, dass der halbe Nordatlantik in meine Stiefel lief. Auch egal, meine Zehen spielten Bilgepumpe und drückten das meiste Wasser wieder raus.
Und doch – als sich das Schiebeluk öffnete und Helmut mich ablösen wollte, dachte ich kurz, noch nie so intensiv gelebt zu haben, dass diese phänomenale Show nur für uns aufgeführt wurde, niemand sonst hatte sie gesehen. Doch diese Gedanken verschwanden ganz schnell wieder. Die Sprüche waren mir dann doch vergangen – ich wollte niemanden herausfordern.

Es schien etwas ruhiger geworden zu sein, als ich wach wurde. Wie war das möglich? Hatte die indische Zauberformel ihre Wirkung entfaltet? Hatte ich magische Kräfte gegen Urgewalten eingesetzt? Hatte der Dirigent sein Orchester wieder im Griff? Matse bedeutete mir, den Kopfhörer des CD-Players aufzusetzen. Er habe derweil das Wohltemperierte Klavier von Bach gehört. Auch ein Gebet, dachte ich. Matse war müde. Man hielt es nicht lange aus da draußen. Das Schiff machte jetzt eine Berg- und Talfahrt, tanzte um drei Achsen und schien dem Ansturm der Wellen geschickt zu entkommen. Kaum noch, dass die Bordwand erzitterte, als wollte es die Schränke aufbrechen. Einen Moment phantasierte ich eine solche Realität. Der Salon wäre ein einziges Chaos, in dem alles durcheinander flöge, Bücher, Eier, Marmelade, Kaffee ...

Allmählich begann die Morgendämmerung. Jetzt konnte ich die Wellenberge sehen, die die Sicht zum Horizont versperrten. Wir waren mitten drin in einem Wellenkarussell. Die Weite des Atlantiks war verschwunden. Wir befanden uns in wechselnden Tälern eines Hochgebirges. Aber das Dröhnen war weg, wir hatten nur noch Wind um die 32 Knoten, die 45 Knoten der Nacht gehörten glücklicherweise der Vergangenheit an.

Wenige Stunden später war es plötzlich windstill. Wir konnten das nach dieser Nacht, die scheinbar mehrere Nächte dauerte, kaum fassen. Merkwürdigerweise waren die Seen eine Weile lang noch höher als vorher. Wir kamen überhaupt nicht mehr vorwärts und starteten die Maschine. Ich steuerte von Hand und suchte mir einen Weg durch das Gebirge. Da plötzlich riss der Himmel auf und sendete sein erstes Blau zu uns herab. Das Wasser sprudelte um uns herum, als eine große Schule von Delfinen uns freudig begrüßte. Wenn die Delfine wiederkamen, war die Gefahr vorbei. Jetzt konnte der Kurs zu den Azoren wieder anliegen. Wir hatten die Feuertaufe bestanden.

Der nächste Tag wurde schön, kühl, aber sonnig. Wir konnten es kaum fassen. Wir fanden schnell in die Normalität zurück. Der Sturm schien vergessen. Wir redeten nicht über unsere Gefühle, diskutierten nicht unsere Erlebnisse. Wir schoben die Nacht vom 08. auf den 09.05. einfach in die seelische Ablage.

Wir hatten in den letzten Tagen eine gute Strecke zurückgelegt. Inzwischen standen wir auf der Position 37° 55' N, 34° 36' W. Nur noch 284 Seemeilen bis zu unserem Anlaufhafen Horta. Nun begannen wir zu spekulieren – wie lange noch? Und ob Manfred wohl seinen Landfall bereits hinter sich hatte? – Als ob er unsere Gedanken gespürt hatte, erhielten wir Nachricht von ihm: Er hatte noch immer 32 Knoten Wind und stand 7 sm westlich von Horta. Auch dort hatte es die ganze Nacht über geblasen. Er hatte Schwierigkeiten zur Insel Faial aufzukreuzen – und das bei einem Schiff, das für das Kreuzen gebaut ist!

Der weitere Tag verlief ruhig. Ich entschied mich für eine Süßwasserdusche, ein unbeschreibliches Gefühl der Sauberkeit haftete danach am Körper und belebte die Sinne. Abends gab es Sauerfleisch mit Bratkartoffeln. Dann schlief ich mich bis zum Wachwechsel um 03.00 Uhr aus. Mit ausgebaumter Genua liefen wir bei ruhiger See vor achterlichem Wind. Hätten wir es nicht besser gewusst, hätten wir gedacht, wir hätten diesen schrecklichen Sturm nur geträumt.

Wir hatten keine Lust mehr. Der Sturm schien doch in uns nachzuwirken und bestimmte unser Lebensgefühl hier an Bord, wie der Zwischenfirnis eines Ölgemäldes der Bildoberfläche Licht oder Schatten verleiht. Vereinzelt besuchten uns Delfine, es schien, als wollten sie sich verabschieden, denn wir würden uns nun zum Land hin verholen. Wieder einmal galt es auszusteigen, die vierte Etappe unserer Reise näherte sich dem Ende.

Langsam zog das Schiff seine Furche durch das atlantische Wasser. Vor uns zur Linken lag die Inselwelt der Azoren. Gerade, als ich mich für die Abendwache einrichten wollte, kam urplötzlich eine Böe von backbord als wollte sie das Schiff zum Kentern bringen. Was ist los? Ich schrie: »Mathias, schnell, wir müssen reffen!« Doch nichts geht in so einer Situation wirklich schnell. Erst musste das Schiff vor den Wind, der aus Nordwest einfiel. Wir liefen kurz nach Südost ab, bis die Segel eingerollt und die Bäume verstaut waren. Derweil steuerte ich von Hand, weil alles andere zu unsicher war. Als die Segel verstaut waren, rauschten wir noch immer mit 5 Knoten durch das Wasser, angetrieben nur durch den Wind, der das segellose Schiff vor sich her schob. Aber so ging das nicht! Wir wollten doch zu den Azoren! Jetzt mussten wir Handeln. Wir probierten, das Schiff etwas mehr an den Wind heranzudrehen und gaben ein handtuchgroßes Stück Genua und Groß dazu. Das schien zu klappen. Während der Windmesser zwischen 39 und 44 Knoten Wind pendelte, nahmen wir Fahrt auf.

Die Nacht wurde grauenvoll, da wir nicht schlafen konnten, sondern lediglich vor Ermattung ruhten. Da ich die erste Wache hatte und das

Inferno in der Dunkelheit eher erahnte denn sah, konnte ich ganz ruhig bleiben. Wir würden es schaffen! Horta lag im Windschatten dieses Nordwest. Mit der Annäherung an die Inseln würde also auch der Wind nachlassen. Diesmal war auch die Wassertiefe kaum ein Problem, da die Tiefen des Atlantiks bis nahe an die Inseln heranreichen.

Irgendwann konnte ich das ständige Heulen des Windes nicht mehr aushalten. Ich war müde, ich ging nach unten und legte mich einfach neben Mathias auf die Steuerbordseite zwischen den Salontisch und seine Koje auf die Cockpitkissen, die ich kurzerhand auf den Boden warf. Dieser Platz im Schiff schien mir von den Bewegungen her einigermaßen erträglich zu sein. Da lag ich nun in voller Montur, fühlte mich tonnenschwer und wartete darauf, dass der Morgen graute und Mathias vielleicht etwas ausgeschlafen war. Einige wenige Male kämpfte ich mich hoch und schaute auf das Radar, aber niemand störte unseren Weg durch die aufgewühlte See.

Am Morgen standen wir vor dem Phänomen, dass der Wind sich auf 38 Knoten einpendelte, der Himmel blau und wolkenarm war und die Seen einen gigantischen Eindruck auf uns machten. Ich saß voller Ehrfurcht und Erstaunen angeleint im Cockpit und schaute und schaute. Dabei war jedes Gefühl von Angst verschwunden. Die hatten wir in das Erleben des ersten großen Sturmes eingebunden. Auch unserer Lady schien es gut zu gehen. Sie schüttelte sich und drehte und verneigte sich, als grüße sie jede See, ohne sich ihr gleich auszuliefern. Wir machten eine rasante Fahrt. Die Loganzeige pendelte zwischen 6 und 7,5 Knoten. Ein Erlebnis!

Um 12.00 Uhr kündigten wir Manfred unseren Landfall etwa gegen 17.00 Uhr Ortszeit Azoren an. Jetzt erfuhren wir, was sich in Horta zugetragen hatte: Hier herrschte bei 44 Knoten Wind, der von den Bergen der Insel förmlich herunterschoss, ein einziges Chaos, denn niemand war vorbereitet. Schiffe rissen sich los, verkeilten sich ineinander, da die Fünfer- und Sechserpäckchen an der Kaimauer für diesen Wind nicht ausreichend stabilisiert waren. Manfred kostete es einen Heckkorb. Aber so ahnte er bereits, was bei uns los gewesen war. Er wünschte uns eine sichere Landung und versprach an der Tankstelle, dem üblichen Einklarierungsplatz auf Horta, auf uns zu warten. Mit dem Hafenmeister hatte er schon gesprochen und uns als die nettesten Leute auf diesem Planeten angepriesen.

Langsam rückte der Horizont heran, bis sich plötzlich gegen 12.00 Uhr

184

ein etwas dunklerer Schatten als Land identifizieren ließ. Mathias stand am Mast und jubilierte: »Land, Land, gelobtes Land!« Fasziniert schauten wir beide auf die Erscheinung am Horizont. Tatsächlich. Ein Stück Land war schemenhaft zu sehen und wurde mit jeder Meile etwas deutlicher. Jetzt gab es für uns kein Halten mehr. Videokamera raus, Fotoapparat parat gelegt und alles festhalten: die Wellen, den Himmel, das bewegte Schiff, das Stück Land – ein unvergessliches Bild. Der Nordweststurm hielt an. Die Wellenberge waren wie tiefe Gräben eines Tagebaus, nein, es waren keine Wellen, es waren Walzen, die da mal von der Seite, mal von hinten bedrohlich auf das Schiff zurollten. Plötzlich waren auch ein paar Delfine wieder an Steuerbord, als wollten sie uns mahnen: »Seid vorsichtig, damit euch auf den letzten Metern nicht noch etwas passiert. Wir kennen uns hier aus. Das ist kein leichtes Gewässer!«

Je näher wir kamen, desto klarer wurden die Konturen. Es war eine besondere Insel da vorne, eine grüne Insel. Die Farbe Grün, dieses zarte, dann giftige, intensive Grün, das dem Auge so gut tat, das 20 lange Tage keine solche Farbe gesehen hatte. Durst ist schlimm, keine Farbe wie diese zu sehen, ist auch schlimm. Aber das war nicht alles. Die Azoren sind sehr fruchtbare Inseln, nicht wie die Kanaren oder die Kapverden, keine Sandwüsten. Hier wächst alles, was man pflanzt, hier scheint das gelobte Land zu liegen. Daran dachte ich und freute mich. Ich hatte so lange schon den Wunsch, diese Inseln mit dem eigenen Schiff anzusteuern, nicht als Tourist, sondern als Segler, der sich den Atlantik erkämpft hat – und das hatten wir wirklich.

Bald lag die letzte Klippe, La Insuleta, hinter uns und genauso plötzlich, wie uns der letzte Sturm gepackt hatte, ließ der Wind nach. Wir hatten den Atlantik und den Nordweststurm verlassen, ruhiges Wasser lag bis zur Hafenmole von Horta vor uns. Da war auch schon die Tankstelle zu sehen. Das erste Hafenmanöver nach langer Zeit war fällig. Wir machten neben einem Franzosen fest und schon erschien Manfred, den wir nach so vielen Gesprächen an der Funke endlich persönlich kennen lernten. Gemeinsam gingen wir zum Hafenmeister, der uns zunächst einen Platz an der Kaimauer zuwies.

Manfred schien ein ganz anderer zu sein, als ich vermutet hatte. Vielleicht waren wir aber alle ganz anders, wenn wir wieder an Land waren. Jedenfalls gewannen wir einen kurzen Eindruck nicht nur von ihm, sondern auch von seinem Schiff, einer Svan 61, einem Schiff für weltweite Fahrt. Gebaut nach dem Motto, wenn es die Azoren nicht sein sollen, dann ist es eben Gibraltar ... Eine halbe Stunde später gingen wir zusammen essen. Dann fielen wir in die Koje und in einen tiefen Schlaf. Pünktlich zum Zeitpunkt des Wachwechsels öffneten sich meine Augen – die innere Uhr ließ sich nicht so leicht abstellen. Auch war ich verwirrt, weil es draußen so ruhig war. Im Halbschlaf phantasierte ich, dass Matse wohl eine ruhige Wache habe, dann drehte ich mich um und versank erneut im Schlaf.

Das gelobte Land »Atlantis«

Die Azoren

Wenn ich früher an die Azoren dachte, dann hatte ich immer die Vorstellung, diese Inseln müssten das gelobte Land sein. Aufregend durch den Reiz ihrer Landschaft und durch ihre Lage inmitten eines großen und weiten Ozeans mit einem milden Klima ausgestattet, nicht zu warm und nicht zu kalt. Auch hatte ich die Vorstellung, hier müssten Menschen leben, die sich sehr viel ihrer alten Tradition bewahrt hatten, Seefahrer waren und von dem lebten, was die Natur ihnen bot. Bilder von den Bergen und Tälern der Inseln übten auf mich einen unwiderstehlichen Reiz aus. Hier sah ich die Schweiz, Österreich und die Karibik zugleich. Irgendwann drängte sich mir der Name »Atlantis« auf: das sagenumwobene Land.

Es ist verbürgt, dass es Verbindungen zwischen der alten und neuen Welt gegeben haben muss, jedenfalls wurden auf der westlichen Insel Corvo karthagische Münzen gefunden. Die Azoren waren bereits den Normannen und Arabern bekannt. Frühzeitig war die Vorstellung entstanden, dass die Welt des Altertums nicht an den »Säulen des Herkules« zu Ende war. Diese Kunde begründete sich wohl dadurch, dass phönizische und karthagische Handelsschiffe an die Küsten der Kanaren, der Azoren oder auch an die Küste von Amerika vertrieben worden waren und schließlich glücklich heimkehrten. Übertriebene Berichte von solchen Fahrten ließen die Sage von Atlantis aufkommen, die von Platon für seine ideellen und politischen Zwecke verwertet wurde. Demnach hatte westlich von Afrika ein großer Kontinent existiert, der während einer Nacht in einem ungeheuerlichen Naturspektakel verschwunden sei. Dass ein solcher Kontinent wirklich existierte, dessen Überreste die Kanaren und Azoren darstellen, wird heute bezweifelt, da die beiden Inselgruppen in ihrer Vegetation zu verschieden sind. Immerhin existieren solche Spekulationen und geben natürlich Veranlassung zu weiteren fabelhaften Vorstellungen, denen ich mich gerne hingab und die ich für meine Zwecke umdeutete.

An einem solchen Ort, so fern von Europa oder Amerika (andererseits auch so nah), dachte ich, es aushalten zu können. Hier zu leben war für mich die Synthese dessen, was ich mir als angenehmen Lebensraum vorstellen konnte. Zudem waren die Inseln und speziell Faial mit dem Hafen Horta ein besonderer Anlaufpunkt aller Segler, die von West nach Ost und von Ost nach West segelten. Wer hier ankam, hatte atlantische Segelerfahrung und konnte berichten, hatte Weitblick in den Augen, kam relaxt oder erschrocken, je nachdem, aber auf jeden Fall geprägt von den Erlebnissen der Überfahrt.

Die Azoren bestehen aus drei größeren Inselgruppen, einer westlichen mit Corvo und Flores, die zum Beispiel Christian als Erstes ansteuerte und sich im Nordweststurm schwer tat, da diese Insel wenig Schutzraum bietet, einer mittleren mit Faial, São Jorge, Pico, Terceira und Graciosa sowie einer östlichen mit der Hauptinsel São Miguel und Santa Maria. Daneben gibt es noch einige kleinere Inseln, die unbewohnt sind. Die Gesamtfläche der Inseln beträgt 2247 km^2 und es leben hier rund 236 700 Einwohner. Die Azoren wurden 1427 von den Portugiesen wiederentdeckt, und zwar von Diogo de Silves. 1432 setzte unter Gonçalo Velho Cabral die systematische Besiedlung ein. Im 15. Jahrhundert kamen einige Flamen hinzu und im 16. und 17. Jahrhundert einige aus Spanien vertriebene Morisken. Die portugiesische Revolution ging 1832 von den Azoren aus, und 1895 erhielten die Inseln ein Autonomiestatut. Bei uns bekannt ist diese Inselgruppe wohl durch ihre ausgeprägten Hochdruckgebiete, die das Wetter in Europa maßgeblich beeinflussen.

Wir schliefen, wie man sich denken kann, bis in den späten Vormittag des ersten Inseltages. Ich hatte ein paar Brötchen, Eier, frische Marmelade und Käse besorgt und so saßen wir bei einem gemütlichen Frühstück und ließen es uns schmecken. Da klopfte es plötzlich und Lothar, der Trans-Ocean-Vertreter vor Ort, stand in Wollsocken auf dem Nachbarschiff und begrüßte uns. Schnell war das Nötigste geklärt: wo der Supermarkt und wo ein Geldautomat seien, wo man ein Auto leihen könnte und wie es sich hier leben würde. Lothar gehörte nicht zu den ganz offenen Menschen. Man hatte den Eindruck, dass es ihn hierher verschlagen hatte, ohne dass er so recht sagen konnte, warum. Vielleicht wollte er es auch nicht. Schließlich kam er relativ regelmäßig mit ein paar wildfremden Typen zusammen, die Urlaub hatten und permanent dieselben »blöden« Fragen stellten. Manches wird aber eben erst deutlich, wenn man diese Fragen stellt, also hielten wir uns nicht zurück. Immerhin erfuhren wir von ihm, dass die Insel einen großen Vulkankegel hat, den man besuchen kann, wenn sich die Wolken in größere Höhen verzogen haben. Außerdem hörten wir, dass das letzte Erdbeben erst zwei Jahre her war, weshalb man vielfältige Bautätigkeiten beobachten könne. Aber viele der alten Bauernkaten, die man für wenig Geld kaufen konnte, waren zerstört und lohnten den Wiederaufbau nicht mehr.

Später fuhren wir mit einem Leihwagen über die Insel und blickten vom übergroßen Denkmal der Madonna aus übersichtlicher Höhe auf Horta und den Hafen herunter. Ich war ganz verzaubert von dem üppigen Bewuchs der gesamten Insel und von der lieblichen Kulturlandschaft, in die die vielen kleinen Ortschaften sinnvoll eingebettet schienen. Das Ganze machte einen unglaublich friedlichen Eindruck. Die Straßen waren in gutem Zustand und das Fahren machte einen Riesenspaß. Nach einigen Umwegen fanden wir schließlich die Hochstraße zur »Caldera«, dem Vulkankrater, der durch einen künstlich angelegten kleinen Gang von einer Aussichtshöhe einzusehen war. Kalt war es hier in etwa 1000 Meter Höhe, und Horta schien weitab durch die Nebelschwaden auf der Höhe eines karibisch warmen Meeres zu liegen. Der letzte Vulkanausbruch war im Jahre 1959 und hatte durch seinen Ascheregen die Insel um 2 km^2 vergrößert.

Viele Landarbeiter waren damit beschäftigt, die Büsche an den Straßenrändern zu beschneiden, und zweirädrige Ochsenkarren waren jeweils mit zwei Rindern beladen ständig zur Tränke unterwegs, die unterhalb der Caldera durch eine Reihe von künstlich angelegten Wassergräben gespeist wurde. Von etlichen Aussichtspunkten hatte man einen weiten Blick über die Insel und das bis zum Horizont reichende Meer. Nach so langer Zeit aus dieser erhabenen Landperspektive den Atlantik zu sehen, war etwas ganz Neues. Die vielen Weiden und auch Felder waren jeweils ringsherum durch Hecken eingefasst und erinnerten ein wenig an die Architektur der Landschaft Irlands oder auch von Cornwall County. Die Kamera und auch der Fotoapparat waren in ständiger Benutzung. Wohin das Auge schaute, sah es wunderschöne Motive dieser reizvollen Landschaft. Überall im Grün verstreut lagen kleine, aber nichtsdestotrotz irgendwie hoheitsvolle Kirchen, die zu einem Besuch einluden, denn ihre Türen waren geöffnet. Auf einer Anhöhe im Nordwestteil der Insel machten wir Halt. Plötzlich fand ich mich im Inneren einer menschenleeren Kirche wieder, setzte mich in die vordere Reihe und ließ die Atmosphäre auf mich einwirken. Der Schmuck war nüchtern und bunt, die Decke aus grobem Holz. Von draußen drang vielstimmiger Vogelgesang in diese Stille, in der ich für einen kurzen Moment, wie in einem Zeitraffer, die vielen tausend Meilen unserer bisherigen Reise noch einmal betrachtete. Es war uns alles geglückt, und das war nicht selbstverständlich. Ich fühlte mich nun an vielen Orten zu Hause, auf den Kanaren, in der Karibik und auch hier auf dieser schönen Insel. Vielleicht ist der geografische Ort für das Gefühl, zu Hause zu sein, nicht so wichtig, sondern eher unser Erleben, welches den Unterschied ausmacht?

Als ich die Kirche verließ, fühlte ich mich gestärkt, als hätte ich mich ausgeschlafen. Die Sonne strahlte aus einem stahlblauen Himmel. Es war die schönste Zeit auf dieser Insel, die Zeit zum Beginn des Azorensommers. Im Westen der Insel besuchten wir ein kleines Straßencafé. Der Espresso kostete nur wenige Pfennige. Wir saßen wie die Alten auf einer Bank vor dem Haus und blickten in die Ferne auf das Wasser, während die Spätnachmittags-Sonne noch immer eine angenehme Wärme verbreitete. Auf dem Rückweg machten wir einen Abstecher zu einer steilen Bergstraße, die fast bis zur Caldera zu laufen schien. Doch dann kam ein abruptes Ende. Wir verließen unser Auto und kletterten zu Fuß weiter, den steilen Hang hinauf durch hohes feuchtes Gras, bis unsere Beine müde waren, die neblige Feuchte uns durstig machte und wir wieder umkehrten.

Als wir die Stadt erreichten, legte sich die Dunkelheit bereits über den Hafen. Wir suchten uns ein Restaurant und ließen den Tag ausgleiten. Anschließend war es wieder Zeit für die Koje und eine lange traumlose Nacht.

Die kleine Hafenstadt Horta hat 9600 Einwohner und liegt in einer Bucht längs des Wassers, die von der Halbinsel La Isleta im Südwesten und einer Landnase im Nordosten gebildet wird, auf der das Standbild der Madonna sich hoch über der Stadt erhebt. Im Osten liegen die Inseln Pico und São Jorge, sodass der Hafen wirklich von allen Seiten geschützt ist.

Die Häuserfronten sind dänisch bunt, die Bürgersteige durch viele maritime Mosaiken verziert. In den kleinen Geschäften schien es alles zu geben, was normale Bedürfnisse befriedigt. Einige Geschäfte versuchten jedoch auch einen »gehobenen« Standard zu fantastischen Preisen anzubieten. Im Normalfall aber war alles preiswerter als bei uns. Wir fanden einen kleinen Supermarkt in der Nähe des Hafens und kauften das, was Matse für eine weitere Woche benötigte. Wir hatten beschlossen, dass ich die acht Tage, die mir bis zur Abreise verblieben, für die Insel nutzte und er erst danach beginnen wollte, das Schiff für die Weiterreise vorzubereiten. Anschließend wollte er ebenfalls für ein paar Wochen nach Hause fliegen. Meinen Rückflug hatte ich bereits in der Nähe der Azoren über die D2-Verbindung durch ein Hamburger Reisebüro gebucht und mir die Bestätigung zufaxen lassen. Die Flugtickets bekam ich ohne große Probleme im Büro der TAP am Hafen. Ich freute mich über den Zwischenstopp in Lissabon, wo ich eine Nacht in einem guten Hotel verbringen konnte.

Doch noch war ich hier. Die wenigen Touristen fielen kaum ins Gewicht. Im »Café Sport« sah man meist nur Einheimische und Segler aus allen Nationen, insbesondere Engländer, Kanadier, Franzosen und einige Deutsche. Als wir endlich an den Steg im Hafeninneren verholen konnten, lagen wir neben einem Dänen, der mit seinem 9-Meter-Schiff allein unterwegs war. Wie wir kam er aus der Karibik und wartete nun auf gutes Wetter für die Heimreise. Wir unterhielten uns.

»Wie machst du das denn nachts, Ole?«

»Oh, weißt du, da schlafe ich, tief und fest und das Schiebeluk ist fest verschlossen. Aber morgens stehe ich dann sehr früh auf, recke mich und genieße den neuen Tag. Das geht gut, musst du mal probieren, Helmut!«, meinte er und schmunzelte, wie nur ein ehemaliger dänischer Fischer schmunzeln kann.

Natürlich ging das, alles ging irgendwie. Dennoch hatte ich bei dem Gedanken ein ungutes Gefühl. Wir hatten zwar wenige Schiffsbegegnungen bislang, aber auf der Route in den englischen Kanal dürfte das anders werden. Doch Ole, der Däne, hatte einen Freund gefunden, der ebenfalls einhand unterwegs war. Die beiden wollten sich wohl in Zukunft mit der Wache abwechseln.

Ich machte mich noch einmal auf zu einem Bummel durch die Stadt, weil ich eine Vorliebe für Geschäfte mit Krimskrams habe, sie waren schon immer eine Art Fundgrube für mich. Hier hatte ich Gelegenheit, endlich die Dinge zu erstehen, die ich immer schon haben wollte. An der Ecke der Hauptstraße zum Hafen fand ich ein wunderschönes Schlüsselschränkchen, das nun für immer den Salon der ANTIMALOCHE zieren sollte. Es war mit vornehmen Intarsien belegt und sehr funktionell. Ich bekam es für umgerechnet 12,- Euro. Des Weiteren fand ich ein schönes Schachspiel und ein Tablett, das in der Pantry gute Verwendung finden würde. Matse schmunzelte. Er kannte meinen kleinen regelmäßig auftretenden Kaufrausch. Außerdem erstand ich auch eine warme Jacke, da ich fürchtete, den kalten Hamburger Sommer ansonsten nicht zu überstehen.

Abends hatten wir Lust auf ein großes Fressen. Wir suchten St. Antonio, das Lokal, das uns Manfred kurz nach unserer Ankunft gezeigt hatte. Natürlich hatten wir uns jetzt nicht besonders hergerichtet. Beim Eintritt empfing uns angenehmes Halbdunkel. Die Tische waren liebevoll mit Porzellan, vielen Gläsern, Bestecken und Stoffservietten gedeckt. Es war noch früh am Abend, draußen warm, hier köstlich schattig und kühl. Kaum dass wir saßen, wurden wir von Antonio empfangen. Den Apéritif lehnten wir ab, aber den Rotwein, den er uns zu den Langostinos mit Knoblauch vorschlug, wollten wir gleich. Dazu wurde ofenfrisches Brot gereicht und etwas Knoblauchmarinade mit Oliven. Antonio trug eine schwarze Hose und ein blütenweißes Hemd mit schwarzer Fliege. Er bediente uns spröde ausgehungerte Yachties mit vorzüglicher Höflichkeit, die fast etwas schüchtern wirkte, da er sichtlich sichergehen wollte, unserem Begehren nach bestem Vermögen zu entsprechen. Eine Gemüsecremesuppe bildete die Vorspeise, sie war essbereit, nicht zu heiß und nicht zu kalt. Danach dauerte es, während sich das Lokal füllte, wir dem Weine zusprachen und davon warme Wangen bekamen. Dann servierte Antonio eine Schale mit Krebsen in Knoblauchdressing. Als dann das Hauptgericht kam, waren wir endgültig überwältigt. Auf einer großen ovalen Platte türmten sich mindestens ein Kilo Langostinos und wir sollten getrost nachbestellen, falls wir nicht satt würden. Es begann eine Art Schlachtfest. Ich kann nicht sagen, jemals zuvor nur von Langostinos so satt gewesen zu sein. Dennoch reichte der Appetit anschließend noch für ein großes Eissorbet mit Mandelsplittern und zwei großen doppelten Espresso. Wir bezahlten für dieses opulente, köstliche Mahl 32,- Euro. Ich sagte ja, die Azoren waren ein Paradies!

Als wir zu Fuß zum Hafen zurückschlenderten, war es wieder Nacht, die Lichter der Straßenlaternen beleuchteten die Uferpromenade und warfen ihre Strahlen auf die wogende Fläche atlantischen Wassers unterhalb der großen, gewaltigen Steinmolen. Die Uferbefestigung war sicherlich nicht einfach zu fertigen. Dennoch sah das Ganze so normal aus, als sei man in einem friedlichen Ostseebad, wenn auch ohne die vielen Strandgäste. So schienen wir das einzige staunende Publikum hier zu später Stunde zu sein. Wir hingen über der Brüstung der Steinmole und verschnauften, nach so langer Zeit auf See des Laufens noch vollständig entwöhnt. Ich zog die engen Schuhe aus und lief barfuß. Eine Wohltat! Im Augenblick war es für mich unvorstellbar, je wieder normale Schuhe tragen zu müssen.

Es war spät, als wir das Schiff erreichten. Ich saß noch eine Weile im Cockpit und schaute zur gegenüberliegenden Hafenmole und dem rot blinkenden Backbordlicht, das sich von meiner Sitzposition auf die Insel Pico projizierte. Es war noch angenehm warm. Ich lehnte mich in die Sitzkissen und legte die Beine hoch. Welch ungeheuerlicher Wunschtraum war in Erfüllung gegangen. Ich war mit diesem kleinen Schiff bis zu den Azoren gesegelt. Wünschten sich wirklich so viele Leute, dasselbe zu tun? Hatten wir weniger Angst als andere? Wie fern und frei man sich hier fühlte. Matse hatte das oft von der Karibik gesagt, trotz der Verantwortung für das Schiff. Ein Jammer, dass man immer weiter muss. Hier könnte ich eine Zeit lang ausruhen, die Menschen kennen lernen, sie besser verstehen. Hier wieder sesshaft werden ... In unserem Land war der Anspruch so groß und das Verständnis so klein. Hier ahnte man etwas von dem Stolz, aber auch von der Bedürftigkeit der Menschen. Sicher, das Äußere bestimmte uns nicht, es regte uns bestenfalls an. Im Grunde war ich wieder so weit, dem Alltag zu begegnen, wenn auch mit anderen Vorzeichen. Doch ohne Frage würde ich wieder reisen, denn dabei fühlte ich mich mit allen Sinnen angesprochen, als ganzer Mensch.

Am nächsten Morgen nahmen wir uns die andere Seite der Insel vor, auf der der Flugplatz lag, klein, aber wichtig. Den Kaffee in einem Restaurant an der Uferstraße bekamen wir fast geschenkt, neugierig beäugt von den Einheimischen, denn dass wir Fremde waren, sah man uns an. Von dieser Seite der Insel aus war das Wasser friedlich, der Grund flach. Unzählige Felsbrocken ragten aus dem Wasser und direkt am Ufer waren zahlreiche Obstplantagen angelegt. Wir fuhren auf dem Rückweg über die Straße, die hinter der Halbinsel La Isleta lag, und schauten in einen kleinen Naturhafen, der möglicherweise früher von größerer Bedeutung war. Gegenüber lag ein kleiner Badestrand. Die Häuser schienen zum Teil unbewohnt und verfallen. Aber das Stadtbild war südländisch bunt, wie eine Filmkulisse.

Dann war es wieder mal so weit. Am 18.05. ging mein Flieger. Matse verabschiedete mich schon am Hafen. Ich hatte eine Taxe bestellt. Das Wetter war ausgezeichnet, sodass ich die Insel Faial und die Nachbarinseln aus der erhabenen Perspektive des Fliegers bewundern konnte. Wehmut befiel mich. Aber ich würde ja wiederkommen.

Dann waren die Inseln im Dunst verschwunden, als habe es Atlantis nie gegeben. Gott sei Dank hatte ich einen netten portugiesischen Gesprächspartner, einen Meeresbiologen, der mich in ein Gespräch verwickelte, in dem mich die Realität wieder einholte und meinen Abschiedsschmerz vertrieb.

Nach den ersten Stunden auf den Azoren staunte auch ich über diese Inseln, wo alles die Ruhe eines kleines Dorfes ausstrahlt und man sich doch nicht eingeengt fühlt. Vielleicht, weil der Atlantik durch die offenen Fenster wehte?

In Gedanken war ich aber schon auf dem Weg nach Hamburg. Ein wenig entsetzt war ich bei dem Gedanken, das Schiff zu verlassen. Fast elf Monate hatte ich jetzt dort verbracht. War ich dem gewachsen, was mich Zuhause erwarten würde? Ohne wirklich darüber nachzudenken, wusste ich, dass meine Erzählungen nicht wirklich beeindrucken würden. Jedenfalls nicht in meinem nahen Umfeld. Dort war ich immer noch der, der sich nach dem Abi verabschiedet hatte, der früher mal mit diesem oder jenem Mädel zusammen war oder der einen schrecklichen Musikgeschmack hatte. Alles das war für mich unendlich weit entfernt. Ich hatte in der Zwischenzeit zweimal den Atlantik überquert, war viele Meilen gesegelt. So wollte ich charakterisiert werden, mit dem für mich wichtigsten Erlebnis meines Lebens. Nur – das kann man niemandem ansehen und also konnte sich auch niemand auf mich und meine Bedürfnisse einstellen.

Lissabon lag im hellen Sonnenschein und empfing mich mit einer Temperatur von 29 °C. Ich hatte ausgecheckt und trottete mit meinem Gepäck zum Taxenstand. Zum »SAS Tivoli« wollte ich. Es wurde eine kleine Stadtbesichtigung. Hier floss der Verkehr so lebhaft und geschäftig, als könnte man an diesem Ort nach Gold graben. Die Verkehrspolizisten hatten während ihrer Ausbildung bestimmt einen Seiltanzkursus als Pflichtübung zu absolvieren. Mit der Trillerpfeife waren sie wie ein Dompteur zwischen den Autoschlangen unterwegs und duldeten keinen Ungehorsam. Mein Taxifahrer freute sich, denn er kam unbehelligt durch das Gewühl und setzte mich eine halbe Stunde später vor meinem Hotel ab. Die Zeit im Auto reichte, um mich mit ihm anzufreunden. Er sollte mich anderentags eine halbe Stunde vor dem Einchecken hier wieder abholen.

Das Zimmer war eine Augenweide. Ich war diesem Luxus kaum gewachsen und stellte doch mit Erleichterung fest, dass ich nicht fremdelte. Nach einer Verschnaufpause und einem Telefonat mit Matse machte ich mich auf den Weg, die Stadt und deren Atmosphäre ein wenig zu erkunden. Auf 200 Metern Distanz passierte ich zehn Lokale, die zu appetitlichen Köstlichkeiten einluden. Ich war standhaft und machte meinen Fußmarsch durch die Anlagen und Geschäfte, bis ich ein kleines Restaurant fand und zu einem Einzeltisch geführt wurde. Der Kellner stand mir offensichtlich allein zur Verfügung, erfüllte mir jeden Wunsch und reichte mir eine Käseplatte, die ich nicht bestellt hatte. Ich sollte sie doch einmal kosten. Der Wein war eine Verführung zu geistigem Genuss und ich grüßte im Stillen den armen Matse, der vermutlich gerade bei einem Nudelgericht saß, das er dem Schiffsbauch entlockt hatte. Doch es war ja geplant, dass er dasselbe Hotel und den gleichen Flug nehmen sollte, nur eben eine Woche später. Leider wurde das nichts, denn bei seinem Abflug herrschte Nebel und so kam er erst am nächsten Tag los und flog dann am selben Tag meine Route ab, ohne das schöne Lissabon genießen zu können. Er war ganz fertig, als er zu Hause eintraf und schimpfte wie ein Rohrspatz über das Fliegen im Gegensatz zum Segeln. Manchmal waren unsere Wahrnehmungen eben doch ganz unterschiedlich.

Anders als Matse hatte ich auch noch den nächsten Morgen, an dem ich nach einem fürstlichen Frühstücksbüffet die Stadt erneut erkundete. Ich konnte nicht anders und erstand ein paar Schuhe und zwei Hosen zu einem Preis, der etwa dem Drittel unserer Vorstellungen entsprach. Ein Einkaufsbummel in Lissabon ist also durchaus lohnend.

Dann packte ich meine Siebensachen und ging bereits früher zum Empfang, um auszuchecken. Mir wurde geraten, mich rechtzeitig auf den Weg zu machen, da eine Studentendemo auf dem Weg zum Flugplatz stattfände und der Fahrer einen Umweg wählen müsse. So bat ich um einen Gruß an meinen Taxifahrerfreund vom Vortag und nahm das nächste Taxi. Am Flughafen geriet ich in Panik. Ich vermisste meine Tickets und meinen Ausweis. Wo in aller Welt waren die Sachen? Was tut man in einer solchen Situation? Ich bat den Fahrer, auf meine Sachen zu achten, das Trinkgeld war reichlich bemessen gewesen, und eilte zum Infostand. In wenigen Minuten hatte ich das Hotel am Apparat. Ob man vielleicht im Zimmer mein Ticket und den Ausweis gefunden hätte? Kaum zu glauben, der Zimmerkellner hatte die Sachen gerade entdeckt und versprach, den nächsten Taxifahrer mit dem Transport zu beauftragen. Ich sollte vor dem Flughafen in der Menge warten, denn den Fahrern war es untersagt, das Flughafengelände zu betreten.

So stand ich denn in der Menge zwischen den Ankommenden, die aus den Taxis und Bussen strömten, um im Flughafengebäude zu verschwinden. Wie sollte mich in dieser Wuhling ein Taxifahrer identifizieren? Ich versuchte, mir einen Platz direkt an der Zufahrt zu ergattern und hoffte, dass mein verzweifelter Blick mich verraten würde. Meine Geduld wurde auf eine harte Probe gestellt. Jedes Taxi, das die Abzweigung zum Flughafen nahm und eine etwas erhöhte Geschwindigkeit hatte, war vermeintlich das meinige. Plötzlich hielt jemand direkt vor mir und winkte durch das offene Schiebedach. Was soll ich sagen, es war mein Taxifreund vom Vortag, der zur verabredeten Zeit angelangt war – gerade rechtzeitig, um mein vergessenes Ticket in Empfang zu nehmen, mit dem Auftrag, es mir schleunigst zu bringen. »Meine Freund«, rief er, mit das Einzige, was er auf Deutsch sagen konnte. Ich umarmte ihn. Das war die Rettung in letzter Minute. Schnell eilte ich zum Einchecken und kam doch noch rechtzeitig, denn der Flug hatte Verspätung. Während des Fluges nach Zürich stimmte ich mich bereits auf zu Hause ein. Bärbel holte mich vom Flughafen ab. Sie war sichtlich erleichtert. Die Berichte über unsere letzte Fahrt hatten ihr zugesetzt. Der Film am nächsten Tag und mein Bericht taten ein Übriges.

Ich verbrachte noch eine unruhige Woche auf den Azoren, sicherte das Schiff, genoss mein Zuhause, checkte wieder und wieder alles durch, bevor mein Flug abhob. Nach dem Platznehmen im Flieger lehnte ich mich zurück und hatte das Gefühl, ab hier nichts mehr ausrichten zu können. Jetzt würden die Ereignisse mich mitreißen.

Die Zeit, die Zeit ...

Interim in Hamburg

Ich hatte wenig Zeit, mich wieder einzufinden, denn am Montag begann die Arbeit in der Praxis, in der mich wieder mal viele fragten, wie denn mein Urlaub gewesen sei. Ich hätte mein Schiff aus der Karibik zu den Azoren gesegelt, sagte ich. »Ach«, meinte irgendjemand, »ich dachte, Sie seien schon lange zurück, so so, also liegen Sie noch auf den Kanaren?« Für viele sind die Azoren nicht wirklich existent und auch hier schlug wohl die Legende von Atlantis unbewusst wieder zu: Die Kanaren und die Azoren, das war in der Vorstellung alles das Gleiche.

Diesmal war die Stimmung in der Praxis nicht so schlecht, denn meine Vertretung war ausnehmend gut angekommen. Ich holte alsbald meine Bilder ab, die ich hatte vergrößern lassen, und schmückte damit die Wände im Wartezimmer und in den Gängen. Es war wie ein Spaziergang durch atlantische Stürme und gleichzeitig über eine schöne friedliche Insel. Die Sturmaufnahmen waren eindrucksvoll. Sie zeigten eine innere Dynamik und lenkten den Betrachter ab, regten die Phantasien der Leute an. Vor allem aber fühlte ich mich wohl mit diesen Bildern und das war mir vorerst das Wichtigste. Sie versetzten mich zurück und erinnerten mich daran, die Dinge nicht wieder so ernst zu nehmen. Ich wollte die Erfahrung dieser Überfahrt nicht vergessen.

Ich hatte den letzten Sturm, den Nordweststurm vor den Azoren, mit der Videokamera gut eingefangen und sah mir die Bilder oft an. Es war eine neue Perspektive, an Land die bewegten Bilder und das Hintergrundrauschen des Sturmes zu hören. Diese Fahrt hatte mich geprägt und verändert. Freunde riefen an, fragten, wie es gewesen sei. Was sollte ich erzählen? »Aufregend, anstrengend, beeindruckend«, sagte ich. Man kann das Erlebte kaum beschreiben. Immer aber hatte ich das Gefühl, dass die Erlebnisse nicht umsonst waren. Und ich war dankbar für die Zäsur jetzt und hier in Hamburg. Ich brauchte sie, um den Törn in mir allmählich zu ordnen.

Matse kam eine Woche später, fast in der Nacht. Wie schon gesagt, konnte er Lissabon nicht erleben, weil sich der Abflug von den Azoren wegen Nebels um einen Tag verschob. Immerhin schaffte er die Distanz so an einem Tag. Für ihn war alles noch ungewohnter als für mich. Er war seit so langer Zeit nicht mehr zu Hause gewesen. Die Freunde mussten wiederentdeckt werden. Die Geschäftigkeit des Alltages forderte ihren Tribut. Es ging ihm wie mir. Wer verstand schon, was er erlebt hatte! Vor allem hatte er aber eine Aufgabe. Nachdem er zunächst im sommerlichen Hamburg einige Reparaturarbeiten an unserem Haus erledigt hatte, kam für ihn der Beginn des Krankenpflegepraktikums, denn noch hatte er vor, in unsere Fußstapfen zu treten und Medizin zu studieren. Zum ersten Mal wurde er mit den Basiseindrücken konfrontiert, die dieser Beruf für den Neuling parat hält. Jetzt stellte er präzise Fragen, und wir mussten parieren. Er erlebte das, was für uns Routine war, mit den Augen des Neulings und stellte sich den Gefühlen von Angst, Traurigkeit und Hoffnung. So hatte er gleich zwei Zäsuren zu bewältigen, und wir hofften, er würde sich auch in dieser für ihn neuen und anderen Welt wohl fühlen.

Ich hatte Freiheit geatmet und Verantwortung gespürt. Irgendetwas aber war mit mir geschehen. Die Dinge um mich hatten sich verändert. Oder hatte ich mich verändert? Ich sah mit anderen Augen. Nicht dort in der Ferne, sondern hier sollte ja mein zukünftiges Ziel liegen. Ich hatte plötzlich das Gefühl, die Menschen hätten sich verändert. Die Freunde schienen schon so weit entfernt zu sein auf dem Weg zur Angepasstheit in diese Gesellschaft, andererseits schienen sie mir kindlich und naiv. Ich hatte irgendwie das Gefühl, nicht mehr dazuzugehören. Zudem war ich mir über den eigenen Weg nicht mehr so sicher. Diese Überfahrt hatte es in sich gehabt, und das in mehrfacher Hinsicht, wie mir langsam klar wurde.

Bei Gesprächen, in Gedanken, bei der Arbeit: Immer wieder klangen die Erlebnisse durch, brach die Welt da draußen in der Karibik und auf dem Atlantik in unseren Alltag ein. Oft gedachten wir des unbeschwerten Lebens unterwegs. Doch zu sehr durften wir uns nicht von den Erinnerungen gefangen nehmen lassen.
Für Matse war es wichtig, dass er sich vom Personal der Station, auf der er arbeitete, gut gelitten und akzeptiert fühlte. So hatte er einen guten Abgang, war aber voller Zweifel, ob dieser Beruf wirklich für ihn der Richtige war.

Es blieb unruhig in unserer Familie. Nach all der Zeit war Bärbel jetzt mal mit dem Urlaub dran. Wir standen sehr in ihrer Schuld. Sie hatte zwei Wochen Nordspanien geplant, eine Art Pilgerfahrt auf dem Jacobsweg bis zum Kap Finisterre, an dem wir gemeinsam vorbeigesegelt waren. So hatte zur Abwechslung einmal ich die Praxis alleine zu bestreiten, was Arbeit, aber auch ein gewisses Vergnügen bereitete. In meiner Freizeit arbeitete ich mich durch den Garten, spielte viel Klavier und bereitete mich gedanklich auf die letzte, fünfte Etappe Azoren – Hamburg vor.

Ursprünglich war Mitte Juli als Startzeitpunkt gedacht gewesen, damit wir nicht zu sehr in die Unwirtlichkeit des Herbstes gerieten. Es wurde aber schließlich der 20. Juli, denn wir rechneten mit einer schnellen Überfahrt, jedenfalls bis England, da die Entfernung nur etwa 1200 sm betrug. Bärbel fragte zwischenzeitlich des Öfteren nach meinen Zeitvorstellungen, aber ich wich ihr aus. Es sei doch ein Klacks, bis England zu kommen, und die letzte Strecke bis Cuxhaven würden wir dann in einer Woche hinter uns bringen. So rechnete ich mit etwa drei Wochen. Bärbel meinte eher, wir würden sechs Wochen brauchen. Sie wollte diesmal die Vertretung selbst übernehmen, da Ferienzeit war und Hamburg wie üblich zu dieser Zeit verwaist sein würde. Ich legte mich schließlich auf den 20. August fest. An diesem Tag wollte ich definitiv wieder in Hamburg sein. Notfalls musste ich auf die letzte Etappe von Plymouth nach Hamburg verzichten, was aber weder Matse noch mir gefiel. Wenn wir schon damals nicht die erste Etappe zusammen vollbracht hatten, so hatten wir doch das Unternehmen gemeinsam geplant, ausgeführt und wollten es jetzt auch gemeinsam beenden.

Aber das waren nicht die einzigen Gedanken und Probleme in dieser Zeit. Oft betrachtete ich die Karten von den Azoren und der englischen Küste und machte mir die Breite des Eingangs zum englischen Kanal klar. Das war eine Reise durch den Nordatlantik. Woher nahm ich die Gewissheit, dass wir auch diese Etappe schaffen würden? Wir mussten von Faial aus erheblich an Höhe gewinnen, um mit dem in diesen Breiten oft starken Nordwest England anzulaufen. Zudem war nordöstlich der Azoren meist mit einem Hoch und damit lauen Winden zu rechnen, sodass wir wieder reichlich Dieselvorräte benötigten.

Schließlich reiste Matse 14 Tage vor mir wieder ab. Er freute sich diesmal besonders auf Lissabon, wenngleich für ihn der Flug so alleine mit Umsteigen und Hotel und Übernachtung schon sehr aufregend war. In

Horta angekommen, fand er die ANTIMALOCHE in guter Verfassung vor, nichts hatte sich ereignet. Die Hafenbesatzung hatte mit unserem Einverständnis einen zusätzlichen Anker ausgebracht, denn es hatte zwischenzeitlich Starkwind gegeben. Ansonsten aber hatte das Schiff wie in Abrahams Schoß gelegen. Jetzt telefonierten wir abends wieder gegen 21.00 Uhr, planten, ich hörte den neuesten Hafenklatsch und begleitete Matse bei seinen Fortschritten, was die Überholungsarbeiten und die Verproviantierung anbetraf.

Langsam wurde ich unruhig. Sollten wir es wirklich wagen? Wäre es nicht doch besser, das Schiff via Madeira, dem logischen Weg, ins Mittelmeer zu bringen? Es schien plötzlich tausend gute Gründe dafür zu geben. Was wollten wir auch noch in der Ostsee? Diese Überlegungen waren sicherlich auch Ausdruck von Angst. Einmal, weil uns in diesem Seegebiet natürlich jederzeit erneut ein Sturm überraschen konnte, zum anderen, weil wir wohl eher wechselnde Winde haben würden. Die Zeit der angenehmen Backstagsbrise schien endgültig vorbei zu sein.

Matse war in diesem Punkt erheblich gelassener als ich.

»Bist du ganz sicher, dass wir das wollen, was wir geplant haben?«, fragte ich ihn am Telefon, eine Woche vor meiner Abreise.

»Hast du eine Alternative?«

»Mittelmeer«, meinte ich.

»Das ist doch Scheiße, dann hast du kein Schiff mehr und außerdem braucht unsere Lady eine Generalüberholung. Nein, auf keinen Fall!«

So fügte ich mich in meine Unruhe und ging mit meinen Gedanken spazieren. Doch wer nimmt einem wirklich die Sorge? Matse hatte inzwischen an einigen Querspanten, von denen wir nicht sicher wussten, ob sie jemals am Bodenlaminat angeheftet waren, eine neue Matte GfK aufgetragen und so diverse Verstärkungen angebracht. Bei unserer Ankunft auf den Azoren waren wir der Meinung gewesen, der Spalt habe sich an dieser Stelle vergrößert, was aber eigentlich nicht sein konnte. Wieder war die Idee des Weichsegelns eines Polyesterschiffes in meinem Kopf. Dabei konnte das eigentlich gar nicht für unser Schiff gelten. Nicht, weil es das unsrige war, sondern aus der Überzeugung und den Erfahrungen nach so einer langen Fahrt. Da war schon eher das Rigg ein Problem. Wir hatten einen konventionell verstagten Mast mit zwei Unterwanten auf jeder Seite. Aber diese waren nur an einem einzigen Querbolzen gehalten. Eigentlich eine Unmöglichkeit heutzutage. Wenn der brach, dann wären alle vier Unterwanten hin ...

Es hatte keinen Sinn, solchen trüben Gedanken nachzuhängen. Ohne eigenes Zutrauen und auch ohne Zutrauen zum eigenen Schiff ging es eben nicht. Dennoch konnte ich meine Besorgnis nicht ganz abschütteln. Schließlich fühlte ich mich verantwortlich. Wenn etwas passieren würde, hätte ich die Schuld. Wie würde ich mich fühlen, wenn Matse etwas passierte, wie würde er sich fühlen, wenn mir etwas zustieße?

Die paar Tage bis zu meiner Abreise vergingen wie im Fluge. Irgendwann schoss mir wieder dieses Gefühl des Freihabens durch den Kopf. Für vier Wochen durfte ich ein erneutes Abenteuer erleben. So rutschte ich im Kielwasser meiner eigenen Planung bis zum Termin meiner Abreise, der plötzlicher als erwartet anstand. Es war ein Mittwoch, als ich mich mittags vom Personal verabschiedete, um schnell nach Hause zu fahren, denn erst jetzt konnte ich mich mit dem endgültigen Packen meiner Siebensachen beschäftigen. Die Zeit des Wartens war vorüber. Das Ende unserer Reise stand bevor.

Ein Ozean ruht sich aus

Die fünfte Etappe

Nach einigen Besorgungen, die immer notwendig sind vor einer langen Reise, kam ich am frühen Abend nach Hause, machte einen kleinen Spaziergang durch den Garten, um den ich mich in den vergangenen Wochen bemühte hatte, inspizierte die Rosen aus meiner Heimat Eschwege und begann dann, sinnierend durch das Haus zu laufen und alles, was mir in den Sinn kam und was ich mitzunehmen gedachte, zur Seite zu legen. Da gab es den Arbeits- und Hobbyraum auf dem Dachboden, das Schlafzimmer, den Flur und den Keller. Überall hatte ich schon vor Tagen einiges aussortiert und beiseite gelegt. Dann breitete ich meine Sammlung auf dem Boden des Schlafzimmers aus. Was war wichtig, was benötigte ich nicht? Eine schwere Entscheidung. Vorrang hatten wieder die 20 Bücher, denn Matse lechzte nach Literatur, und auch ich war ganz versessen auf spannende Urlaubslektüre. Die Kleidung ist beim Segeln immer das unwichtigste, denn da braucht man nicht viel. Aber Batterien, ein Sortiment Schrauben, Sonnenschutzmittel, ein paar Leckereien, eine neue Taschenlampe, Filme, Videokassetten, neue Bootsschuhe für Matse und mich – das vierte Paar seit unserem Auslaufen vor über einem Jahr – und vieles andere mehr waren unverzichtbar. Dann wieder der Computer, CDs, neue und alte Hörbücher, mein Manuskript, um Matse die inzwischen geschriebenen Passagen zu zeigen.

Um zwei Uhr kam ich schließlich ins Bett und um sechs Uhr musste ich wieder raus. Mein Flug ging über Zürich nach Lissabon und von da anderntags zu den Azoren. Lissabon zeigte sich wieder von seiner schönsten Seite. Es war warm wie in einem Bilderbuchsommer. Ich suchte noch einmal mein Lieblingslokal auf und genoss anschließend den Barpianisten in der großen Hotelhalle des Tivoli. Der Pianist war ein graumelierter älterer kleiner Mann in vornehmem Zwirn, der vor sich hinträumend kaum auffiel, wenn er nicht so wunderschöne Melodien zum Besten gegeben hätte. Ich bewunderte ihn. Mir war solches Spielen nicht vergönnt, denn ich war hoffnungslos klassisch erzogen worden und hätte mir bei diesem Spiel sicher die Finger gebrochen.

Am nächsten Tag erreichte ich die Azoren. Die Sicht über dem Atlantik war meist gut gewesen. Darauf hatte ich mit Argusaugen geachtet. Wie ein Wetterfrosch saß ich am Fenster und lugte nach jeder Meile atlantischen Wassers. Über der Insel leuchtete ein strahlendes Himmelblau und es war warm, um nicht zu sagen heiß. Matse, den ich freudig begrüßte, meinte, es sei der erste Tag mit solcher Hitze, aber ich glaubte ihm nicht so recht.

Ich fühlte mich gut bei Ankunft, sodass wir gleich die erste Fuhre des neuen Proviants einkaufen konnten. Es war Matse gelungen, einen Leihwagen zu organisieren, was nicht selbstverständlich ist, denn normalerweise muss man seinen Führerschein im Ausland bereits zwei Jahre haben, um einen Wagen offiziell ausleihen zu können. Doch Matse war gar nicht erst gefragt worden. Möglicherweise hatte er das Mädel im Office bezirzt. Er war schon wieder ganz akklimatisiert, wirkte erholt und voller Tatendrang. Ich verschwand nach dem Verstauen in die Koje im Achterschiff, ich musste mich erholen, ein paar Tage würde ich mir für diesen Zweck nehmen.

Am anderen Morgen war als Erstes eine wichtige Arbeit zu tun: Wir mussten ein Bild kreieren, das sich als eine Art Konterfei unserer Reise auf die Hafenmole von Horta malen ließ – natürlich war das meine Aufgabe. Man sagt, es bringe Unglück, von hier fortzufahren, ohne sich auf den Hafenmolen zu verewigen. In dem Versuch, mir etwas einfallen zu lassen, saß ich einfach nur da und wartete auf eine Eingebung. Aber wie so oft kam die Idee beim Malen ganz von alleine. Ich zeichnete ein Schiffssymbol, dessen drei Segel vielleicht eine Ähnlichkeit mit unserer ANTIMALOCHE hatten, und stellte es in einen tiefblauen Hintergrund, den ich weiß einfasste. In dieses Weiß schrieb ich das Motto unserer Reise »Transatlantik in fünf Etappen«. Von einer Gruppe Holländer zu einem Schwätzchen verleitet, fügte ich dann noch den Zeitraum auf den unteren Rand der Segel ein. Im Großen und Ganzen war ich mit dem Ergebnis zufrieden. Die leuchtenden Farben hoben sich gut von der Umgebung ab, und der Kreis deutete darauf hin, dass wir unser Konzept als eine runde Sache sahen. Etwas unwohl war mir allerdings dabei, dass ich schon zu diesem Zeitpunkt wenigstens hier auf dem Bild die Reise beenden musste, bevor sie in der Realität zu Ende war. Ich hoffte, dass das kein schlechtes Omen sein möge.

Wir schafften es, den Passanten den Weg direkt über unser Konterfei zu versperren, indem wir die Farbbüchsen rund um das Gemälde als Hindernis drapierten. Am anderen Morgen mussten wir dennoch ausbessern und neue Hindernisse aufbauen, bis die Farbe so weit trocken war, dass wir von dieser Seite her die Berechtigung hatten, die Azoren zu verlassen.

Am 23.07. waren wir eigentlich fertig. Das Problem mit den Wetterdaten auf dem PC hatte sich nicht lösen lassen, also standen wir nach wie vor im dauernden Kontakt zum Seewetteramt. Wir bekamen einen relativ günstigen Wetterbericht gefaxt, aber weil es den ganzen Tag regnete, hatten wir noch keine Meinung zum Starten. Lieber gingen wir abends im Kastell am Hafen zum Essen. Das Steak schmeckte grauenhaft, was wohl an der Zubereitung und nicht am Fleisch lag. Vielleicht hatten wir einfach genug von der portugiesischen Küche. Mehr Fremdenverkehr hätte sicher auch bei den Restaurants Veränderungen gebracht, aber sollte man sich das wirklich wünschen?

Nach traumlosem Schlaf erwachte ich am anderen Morgen erfrischt. Die Sonne stand verhalten am Himmel und es stürmte nicht. Das sollte unser Tag werden, der Tag des Abschieds und der Tag des Beginns der letzten, der fünften Etappe. So ein Tag ist immer etwas Besonderes. Man fühlt sich anders. Man ist gespannt. Die letzten Dinge werden bedeutsam. Man überlegt, ob es noch etwas Wichtiges zu tun gibt, ob alles an Bord ist für die nächsten Tage und Wochen. Man schaut auf die Palmen, das Gras, die Blumen, die Menschen, wissend, dass man beim nächsten Landfall auf andere treffen würde.

Wir hatten nun schon etwas Übung, fremde Küsten und Länder zu verlassen und folgten wieder mal unserem eigenen Instinkt. Schon in der Ostsee hatte ich es immer gehasst, den Hafen vor Mittag zu verlassen. Seitdem wir auf dem Atlantik waren, war ein früher Aufbruch ganz einfach Blödsinn. So erledigten wir die innere Vorbereitung, die schmerzhafte Trennung von Land und die Notwendigkeiten bei den Hafenbehörden bis zum Beginn des frühen Nachmittags. Gegen 15.30 Uhr brachen wir voller Hoffnung auf. Kurz vor dem Ablegen hatten wir noch ein Bad im Hafenwasser genommen, um die Schraube mit der Drahtbürste zu bearbeiten und den Geber des Log ebenfalls frei von Algen zu schrubben. Im Übrigen machte das Unterwasserschiff einen vertrauenswürdigen Eindruck. Auch das war wichtig für das Gefühl, alles erledigt zu haben.

Dann war es wieder so weit: Langsam glitt die ANTIMALOCHE an der Tankstelle des Hafens von Horta vorbei, während wir die Fender und Leinen verstauten. Wir hatten keinen Blick mehr für unser Atlantis, unser Denken und Sehnen ging bereits in die Ferne, über Meilen von nichts als Wasser. Die Hafenmole passierte an Steuerbord, danach führte uns die Passage entlang der Landzunge unterhalb der Madonna in Richtung auf die Durchfahrt zwischen São Jorge und Pico. Wegen des geringen Windes motorten wir. Wir wollten erst noch etwas im Schutz der Inseln verbleiben, um dann in der Nacht von ihnen gut freizukommen. Das Wasser war tiefblau und das Schiff begann sich wieder auf seine Art zu bewegen, sodass wir schnell das Gefühl bekamen, mit ihm zu leben und diesen wichtigen Verschmelzungsprozess zwischen Besatzung und Schiff zu vollziehen. Nunmehr waren wir wieder Partner auf einer langen Distanz.

Ich hatte in vorsichtiger Vorausschau ein Pflaster gegen die Seekrankheit genommen und mich, um die ersten Nebenwirkungen abzufangen, schlafen gelegt. Plötzlich rief mich Matse aus dem Cockpit.

»Pa, irgendetwas stimmt nicht!«

Ich schreckte hoch und war sofort am Niedergang.

»Die Lichtmaschine lädt nicht!«

Ein schneller Blick in den Maschinenraum: Maschine aus! Fontänen von Wasser sprühten im Motorenraum und wässerten alles, was bisher sorgsam behütet schien.

Die Seewasserpumpe leckte. Was nun?

An ein Weitermotoren war nicht zu denken. An ein Weiterfahren ebenfalls nicht, denn eine Ersatzwasserpumpe war nicht an Bord. So blieb uns nur, bei dem geringen und zudem noch von Horta aus wehenden Wind zum Hafen zurück zu kreuzen. Wir erreichten ihn schließlich nach vielen Stunden gegen Mitternacht, segelten bis unmittelbar zur Hafenmole und starteten dann noch einmal die Maschine, um uns in unsere alte, noch freie Box zu manövrieren. Puh, das hatten wir geschafft, aber was für eine Pleite! Wir waren ausklariert und mussten nun das Ganze wieder rückgängig machen. Doch für solche Gedanken blieb in dieser Nacht keine Zeit. Die Reparatur war wichtiger. Leise fluchend bauten wir die Wasserpumpe aus und checkten sie durch. Sie leckte im Bereich des hinteren Simmeringes. Das war ohne Fremdhilfe nicht zu reparieren. Matse meinte, dass der Bootsmotorenmensch hier vor Ort ein vernünftiger Mann sei und er gleich morgen einen Gang dorthin unternehmen wolle. Ich aber orderte noch am selben Abend eine neue Wasserpumpe per Fax und UPS, in der Hoffnung, dass entweder die Pumpe repariert werden konnte oder aber die Ersatzpumpe rechtzeitig eintraf. Todmüde fielen wir in die Kojen.

Am anderen Morgen regnete es heftige Vorwürfe des Hafenmeisters, weil wir uns unerlaubterweise wieder auf unseren alten Platz gelegt hatten, der bereits einem anderen Segler versprochen war. Wir standen das durch und warteten. Leider war nun auch der Frischproviant wieder zu ergänzen, so waren wir hinreichend beschäftigt.

Wir warteten. Der Mechaniker, den Matse aufgesucht hatte, meinte, die Reparatur vornehmen zu können, vielleicht sogar am selben Tag. Doch daraus wurde nichts.

Der folgende Tag verging. Am Abend schien es etwas zu werden, die Pumpe kam, war aber nach dem Einbau leider immer noch nicht dicht. Also wieder raus damit und das gleiche Spiel noch mal. Am anderen Morgen wurde die Ersatzpumpe geliefert und war dicht.

Es war ein regnerischer Tag. Das Seewetteramt, dem wir unser vergebliches Auslaufen verständlich machten, gab wieder grünes Licht für uns. So zögerten wir nicht. Erneut klarierten wir aus, diesmal in der Hoffnung, nicht wieder umkehren zu müssen. Wir verließen die Marina bei Nieselregen und verminderter Sicht, die sich zwei Meilen hinter dem Hafen besserte. Dann kam plötzlich Wind aus Nordost und ließ uns keine andere Wahl, als diesmal nach Norden aus den Inseln herauszusegeln. Wir hatten gerade das Nordende der Insel Faial erreicht, als es innerhalb weniger Minuten zu stürmen begann. Wir liefen hoch am Wind gegen eine immer höher werdende See. Schließlich war die Sicht zur Insel Faial weg. Wir begannen an Höhe zu verlieren. Weitersegeln oder umkehren? Wir taten uns schwer mit der Entscheidung, schließlich mussten wir auch draußen jederzeit mit einer Wetterverschlechterung rechnen und hätten ihr begegnen müssen. Aber hier, in der Nähe eines schützenden Hafens, war das etwas anderes.

Wir kehrten um, das Auslaufen sollte im Sinne von Moitessier problemlos vonstatten gehen. Zwei Meilen vor dem Hafen war der Spuk vorüber, die Sonne kam durch und der Himmel zeigte zunehmend ein tieferes Blau. Leichte Winde aus Südwest waren angesagt. Wir trauten dieser Erscheinung nicht, machten aber wieder kehrt, um erneut den Ausbruch zu versuchen. Als wir in etwa die gleiche Distanz nach Norden zurückgelegt hatten, wiederholte sich die Erscheinung. Ein zunehmender

Nordost mit beträchtlichem Seegang ließ uns erneut umkehren. Wir spielten dieses Spiel noch etliche Male, bis wir am späten Abend schließlich aufgaben. Wir waren geschafft und kehrten ein letztes Mal reumütig nach Horta zurück. Diesmal legten wir uns an der Tankstelle in ein Päckchen mit anderen Schiffen, die das gleiche Schicksal wie wir ertragen hatten.

Das Seewetteramt meldete inzwischen eine Sturmwarnung mit Windstärken von über 9 Beaufort. Das mussten wir nicht haben.

Am anderen Tag richteten wir uns auf einen Sturm im Hafen ein, da sich unvermutet 100 sm nördlich der Azoren ein ausgeprägtes Tief installiert hatte. Selbst hier im Hafen und im Bereich der geschützten Kaimauer erwogen wir, noch einen Sicherheitsanker seitlich vom Schiff auszubringen, um das im Inneren des Päckchens liegende Schiff zu entlasten. Neben uns lag ein Franzose, der im gestrigen Sturm fast seinen Mast verloren hätte, nachdem ihm das Vorstag gebrochen war. Spätestens angesichts dieser Kenntnis fühlten wir uns entlastet und zweifelten nicht mehr an unserer Entscheidung zum Rückzug. Wir harrten der Dinge, die sich entwickeln würden. Vor Montag würde es wohl keine Wetterbesserung geben. Insgeheim dachte ich an Bärbels Prognose und zweifelte nun ebenfalls an meinen Terminplanungen.

Der nächste Tag brachte zwar ein paar Fallböen von den Bergen herunter, aber der mächtige Sturm fiel glücklicherweise aus. Die Sonne kam wieder durch, sodass ich den Mut fasste, erneut das Seewetteramt um Rat zu fragen. Es war der 29.07. Herr Biermann hatte Dienst und hielt ein Auslaufen durchaus für sinnvoll. Wir würden die ganze Strecke über Winde aus W bis NW haben. Er wünschte uns eine gute Fahrt und versprach, am Wochenende für uns erreichbar zu sein. Okay, auf zum nächsten Versuch.

Der Wind war ganz flau geworden und die Sonne schien. Wir waren genervt und hatten wenig Meinung, hier weiter zu warten. So checkten wir erneut aus. Einmal musste es doch klappen! Langsam verschwanden die Hafenmolen von Horta. Beide schauten wir zurück. Wenn wir jetzt Erfolg hatten, dann würden wir die Azoren so schnell nicht wiedersehen.

Der Wind kam mäßig aus NE, sodass wir wieder den Bug nach Nord nahmen, um das Nordende der Insel São Jorge zu umrunden. Die Abendsonne beleuchtete die Bergspitze des Picos, während sich die Wolken etwas darunter wie zu einem Heiligenschein formierten. Jetzt hatten wir nichts auszustehen. Der Abend wurde gemütlich, die Nacht ruhig und am anderen Morgen waren wir wirklich in Fahrt. Die fünfte Etappe hatte endlich tatsächlich begonnen. Nun gab es kein Zurück mehr. Jetzt segelten wir gen Heimat, heim in die Zivilisation, in den kalten Norden, zurück zu unserem Ausgangsort. Wir versuchten Bärbel zu beruhigen, der wir unsere Ausbruchsversuche nicht verheimlicht hatten. Im fernen Hamburg nichts tun zu können, als zu warten, war sicherlich schwer zu ertragen.

Den ganzen Tag über schien die Sonne, sodass wir alles setzten, was wir an Segeln hatten, mal den Blister, mal die Genua. Die Winde waren wechselnd und meist schwach. Die ersten 100 sm dauerten. Dennoch waren die Bedingungen fabelhaft. Der Atlantik schlief. Wir machten 3,5 bis 3,8 kn Fahrt. Mitunter mussten wir die Maschine zu Hilfe nehmen. Langsam kamen wir aus der Inselgruppe der Azoren heraus.

Dann kam der Wind von vorne, leicht, aber stetig. Der Kurs musste weiter nach Norden führen, ein Umweg? Das Seewetteramt bestätigte die augenblickliche Wettersituation und signalisierte für die nächsten Tage kaum eine Änderung. Wir sollten versuchen, weiter nach Nordwesten zu kommen, denn dort sollte ein Nordwest-Wind zu finden sein, der am Rande des den ganzen Atlantik überziehenden Hochs liegen sollte.

Die Tage waren warm, ein wahrhafter Azorensommer umgab uns. Wir lagen mitten in diesem Hoch. Die Wolkenbilder waren wie ein Gemälde und änderten sich so schnell, wie ein begabter Maler sie nicht erfinden könnte. Das Leben im Wasser erinnerte stellenweise an den Passat. Delfine tummelten sich plötzlich um das Schiff, schienen es ziehen zu wollen, wiesen nach Norden, immer weiter vom Ziel England entfernt. Ob das ein Zeichen war?

Diesmal zeigte sich der Atlantik von einer anderen Seite. Wir segelten wie in der Karibik bei leichtesten Winden. Aber wann ist der Mensch einmal zufrieden? Ich begann mit der Zeit zu hadern. Ich hatte doch meine Rückkehr zu einem festen Zeitpunkt zugesagt! Nur sagten die Wetterprognosen, die wir hier bereits gut von Offenbach einfangen konnten, kaum eine Änderung voraus. Während zu Hause das schlechteste Wetter war, hatten wir den absoluten Hochsommer. Wir hätten auch den größten Segelneuling zu einer sanften Sonntagsnachmittagstour mitten auf dem Atlantik einladen können. Leichtes Segeln ohne Seegang war angesagt, absolut einmalig. Das Kochen wurde zu einem Vergnügen. Perfekt wäre es gewesen, wenn wir die Eier nicht vergessen hätten. In der

Hektik des Aufbruchs hatten wir einfach nicht mehr geschnallt, dass wir etliche unserer geplanten Törntage im Hafen verbracht – und natürlich nicht auf unsere Frühstückseier verzichtet hatten. Wir wurden erfinderisch und fanden, dass die Pfannkuchen auch ohne Eier schmeckten. Man sollte nicht so kleinlich sein.

Am 01.08. waren wir auf 41° 23' N und 23° 54' W. In der Nacht zum 02.08. blieb der Wind ganz weg. Wir liefen unter Maschine. Unser guter Mercedes hatte alle Hände voll zu tun, das schwer beladene Schiff durch den Atlantik zu schieben. Langsam machten wir uns Sorgen wegen unserer Dieselvorräte. Wenn wir doch nur einem Dampfer begegneten! Kein Mensch konnte mit einer derartigen Flaute rechnen. Als ich nachts wach wurde, hatte Matse den Blister gesetzt, der uns mit fast vier Knoten vorwärts trieb. Ein Rausch der Geschwindigkeit. Wir durften nicht hadern mit unserem Schiff, es gab sich redlich Mühe.

Dennoch kam es abends zu einem Disput, ausgelöst durch eine eher schlechte Stimmung an Bord. Wir waren unsicher und uneinig, welche Strategie wir einhalten sollten. Wären wir doch im Kanal gewesen, da blies es ausreichend! Wir beschlossen, am nächsten Tag nochmals das Seewetteramt zu kontaktieren.

Am 03.08. waren wir 450 sm nordöstlich der Azoren. Immerhin! Wir motorten. Die See war glatt. Nach Anruf beim Seewetteramt beschlossen wir, auf der Stelle zu warten. Wir legten das Schiff ohne Selbststeuerer an den leichten Wind und gingen schlafen. Es war schön hier, und dennoch nervig. Nachts saß ich im Cockpit und lauschte in die Dunkelheit. Nichts bewegte sich, wir trieben in der Strömung des Golfstromes. »Herbert« kam zum Skat, doch ich verscheuchte ihn, ich hatte keine Lust, ich war schlaff und wusste doch andererseits nicht wohin mit meiner Energie. Ich wollte voran, aber vermochte es nicht. Eine fast analytische Situation.

Am Tage war es heiß und wir hatten so wenig Wind, dass wir baden wollten. Es kostete einige Überwindung hier draußen, so einfach ins Wasser zu springen. Wir wechselten uns ab. Erst ich, dann Matse, dann doch beide, wobei eine Leine uns mit dem Schiff verband. Die Angst vor den Haien war weg. Wir meinten, sie rechtzeitig sehen zu können. Die Wassertiefe betrug 3000 Meter, die Wassertemperatur 29 °C. Das hatte was. Eine Schule von Delfinen tobte etwa 100 Meter von uns und der ANTIMALOCHE entfernt durch das Wasser. Wir konnten sie leider nicht schwimmend erreichen. Doch sie anzusehen war spannend genug, denn sie schienen zu fischen. Interessant, wie das ging. Sie trieben die Fische in einen Kreis, den sie bewachten, um dann einzeln abzutauchen und Beute zu machen. Manche Delfine sprangen über zehn Meter weit. Im Gefolge erschienen später zwei Schweinswale, die gemächlich ihre Touren durchs Wasser schraubten. Vielleicht nahmen sie sich Nachtisch von der Tafel der Delfine. Erstaunlich, wie plump diese kleinen Wale im Gegensatz zu den Delfinen wirkten!

Abends setzten wir Segel und gingen wieder beide schlafen. Wir waren müde. Doch noch war uns nicht alles egal: Halb scherzhaft, halb im Ernst diskutierten wir, ob wir ein Ankerlicht oder die Positionslichter setzen sollten. Wir beschlossen, noch in Fahrt zu sein, schließlich hatten wir nicht festgemacht. Morgen musste etwas geschehen! Nach einem Ausweg sinnend, glitt ich in den Schlaf. So etwas Blödes! Ich hatte keine Zeit und doch war es schön hier im Atlantik! Was wäre, wenn wir Zeit gehabt hätten, abwarten könnten, uns langsam nach Norden bewegten, um irgendwann auf die nordwestlichen Winde der höheren Breiten nördlich dieses riesigen Hochs zu treffen? Warum nur fuhren wir unter diesem Zeitdruck?

Herr Hornig vom Seekarteninstitut meinte, dass wir noch zirka 180 sm südlich des üblichen Dampfertracks lägen. Daher wäre auch wenig Hoffnung, hier auf andere Schiffe zu treffen. Der Autopilot klingelte, wir waren vom Kurs ab. Der Wind war wieder auf Nordost umgeschwenkt, unserem Ziel. Es war zum Heulen. Aber man soll niemals »nie« sagen. Von achtern kam ein Containerschiff auf. Wir entdeckten es im Radar. Doch schnell ließen wir alle Hoffnungen fahren. Schon nach wenigen Worten über Funk hatte ich das Gefühl, dass dies kein netter Zeitgenosse sei. So fragte ich nur nach der neuesten Wetterinformation, die kurz und bündig und kaum zu verstehen übermittelt wurde. Ich bedankte mich höflich. Er hätte uns keinen Diesel gegeben.

Am 04.08. standen wir morgens um 09.30 Uhr auf 43° 34' N und 19° 25' W. Es war immer noch ein weiter Weg bis zum Kanal. Wenn es doch endlich vorangegangen wäre! Andererseits war diese Etappe der Abschied vom Atlantik. Wir sollten das genießen, uns Zeit geben. Wer weiß, ob und wann wir Ähnliches wieder erleben durften ...

Langsam brannte uns das Problem des Nichtvorankommens auf der Haut, ähnlich wie die Sonne vom Himmel. Man soll es nicht glauben, aber vier Tage in einer Flaute zu liegen, ist wirklich alles andere als erbaulich. Was konnten wir tun? Ich telefonierte mit Herbert, dem Vir-

gin-Charterer, dessen Frau bei der Reederei Hamburg-Süd arbeitete. Ja, es gäbe einen Kapitän in etwa auf unserer Route, aber erst in acht Tagen, denn zurzeit liege der in Hamburg. Mist, wieder nichts. Gab es denn keine andere Möglichkeit?
Ich begann mit Rundrufen über die UKW-Funke. Wir hatten ausgerechnet, dass wir bei etwa 275 Litern eigenen Vorrates noch 200 Liter Diesel zusätzlich benötigten, um auch ohne Wind den Kanal zu erreichen. Niemand hörte mich. Dennoch blieb ich bei meinem Tun. Es war besser als nichts.
Der Abend kam, und ich ging in mich. Warum machten wir nicht Gebrauch von den Ressourcen, die wir hatten?
»Ich werde die Seenotleitstelle in Bremen anrufen. Nicht dass wir hier einen Notfall hätten, aber sie sollen uns einen Rat geben. Was meinst du?«, fragte ich Matse.
»Kann man das so einfach?«, wunderte er sich.
»Was weiß ich, ich versuche es mal!«
Inzwischen hätte ich so ziemlich alles versucht. Nach einer Minute hatte ich Bremen am Apparat. Ich schilderte unsere Situation und dass es uns gut ging, wir aber Sorgen hatten, bei der augenblicklichen Wetterlage unser Ziel in absehbarer Zeit zu erreichen. Ob wir genügend Wasser hätten? Ich betonte nochmals, dass es uns sehr gut ging und ich wünschte, jemandem von ihnen unser Paradies zeigen zu können. Der Mann am anderen Ende dachte nach. »Es gibt natürlich eine Möglichkeit: Wir könnten morgen früh einen EGC ausgeben und Schiffe im Umkreis von 100 sm von Ihrer Position über Ihren Wunsch informieren. Dann verbliebe es in der Entscheidung eines jeden Kapitäns, ob er Ihnen helfen kann und will oder nicht«. Ich war begeistert von dieser Möglichkeit und versprach, mich am anderen Tag nochmals zu melden, um unsere Position durchzugeben. Würde in der Nacht Wind aufkommen, würde dieser unsere Position verändert haben. Außerdem war ja bis dahin immer noch die Möglichkeit einer Schiffsbegegnung gegeben. Doch wir waren beruhigt, denn wir waren aus der Isolation herausgetreten, aktiv geworden und konnten hoffen, unsere Situation zu verändern.
Am folgenden Tag hielt ich mich an das Konzept, von nun an jede Stunde zu rufen, denn bei einer Geschwindigkeit von etwa 20 kn konnte uns ein Containerschiff bei einer Rufweite von vielleicht 30 sm in dieser Zeit passieren, ohne uns gehört zu haben. Das sollte nicht passieren. Wir

waren ganz guter Dinge. Vielleicht lag es an unserem Aktionismus. Wir hatten etwas zu tun und dachten erst mal nicht an die eigentlich unmögliche Situation: Wir nötigten die Großschifffahrt, die ihren Job tat. Was mussten die denken: Wieder so ein paar Verrückte, die sich verkalkuliert hatten? Andererseits war die Seenotleitstelle Bremen mit ihrem Rat auf unserer Seite. Wir forderten nichts, wir baten ja nur um, ja um was? Um Kameradschaft. Wir hatten die Dieselvorräte an Bord, die wir vernünftigerweise transportieren konnten, ohne die Seetüchtigkeit unseres Schiffes zu gefährden – für das Wetter konnten wir nichts. Obwohl dieser Törn unser reines Privatvergnügen war, hatten wir unsere Termine, die wir einhalten mussten; so war unser Konzept von Anfang an gewesen. Wir hatten eben nicht unbegrenzt Zeit, wie es die »Aussteiger« und Weltenbummler haben. Wenn uns jemand helfen würde, wären wir dankbar, aber wir waren selbstverständlich nicht handlungsunfähig oder gar ein Notfall.

Zum Frühstück gönnten wir uns zwei Spiegeleier. Das musste sein. Dann gaben wir uns der Hitze des Tages hin. An Segeln war sowieso nicht zu denken, denn es herrschte Totenflaute. Als ich um 11.00 Uhr vormittags gerade wieder gerufen hatte und die Sprechtaste losließ, kam eine unverständliche Antwort. Wir erschraken uns, denn darauf waren wir nicht gefasst. Es kam irgendetwas mit »Star« und »Radar«. Als ich zurück-fragte, wurde die Information klarer: Der Kapitän des Schiffes CANTERBURY STAR hatte uns in seinem Radar erfasst, wusste von unserem Anliegen und war dabei, unsere Position anzusteuern. Er würde in etwa einer halben Stunde bei uns sein!

Matse sah mich an, völlig entgeistert.

»Los«, sagte ich, »wir wissen nicht, ob sie Kanister von uns brauchen oder nicht. Also sollten wir alles in den Tank kippen, was reingeht.«

»Gute Idee«, meinte er und im Handumdrehen entfalteten wir unsere beliebten Aktivitäten, die ein intensives Chaos auf Deck hinterließen. Natürlich wollten wir bei dieser Aktion keinen Tropfen des kostbaren Diesels verschütten. Wir waren gerade fertig – ein deutlicher Dieselgeruch hatte sich der Hitze auf Deck beigemischt –, als Matse ein Schiff am Horizont entdeckte, das geradewegs Kurs auf uns zu hielt. Es war die CANTERBURY STAR. Der Kapitän meldete sich, was für eine Art von Diesel wir denn benötigten? Ob er normalen Diesel habe, wisse er nicht, aber er habe eine begrenzte Menge an Diesel für die Hilfsaggregate an Deck und er werde seinen Chefingenieur fragen, ob der für uns in Frage käme.

212

In jedem Falle sollten wir aber erst eine Probe machen. – Ratlos blickten wir uns an. Wie sollte das gehen, wir hatten ja nun einen vollen Tank? »Schmecken«, meinte Matse schließlich und grinste mich an.

Wir baten, dass die CANTERBURY STAR aufstoppen solle, wir würden längsseits kommen. Wie viel Mann wir seien? Ich erwiderte: »Vater und Sohn, von den Azoren kommend«. Der Mann hatte völlig Recht, man musste heutzutage immer mit Piraterie rechnen. Langsam näherten wir uns. Eindrucksvoll, wie sich die Größenverhältnisse änderten. Plötzlich wurde die Bordwand des Frachters zu einer übergroßen Wand und wir sahen nur im Halbschiffsbereich eine Möglichkeit, uns von Backbord zu nähern, weil sie hier lotrecht nach oben ragte. Wir sollten an Leinen, die uns die Besatzung ins Wasser ließ, festmachen. Ich beobachtete die Wasserlinie des Schiffes. Trotz der Windstille, die unser Manöver zu ermöglichen schien, zeichnete sich an der Bordwand der CANTERBURY STAR eine Welle ab, die periodisch etwa eineinhalb Meter hoch und nieder ging. Das war unmöglich. Hier konnten wir nicht festmachen. Wir würden uns die gesamte Bordwand aufschrammen oder der Mast würde über die Saling Berührung mit der hohen Bordwand bekommen. Kurz bevor wir das Schiff erreichten, bat ich über UKW, die Besatzung möge uns den versprochenen ersten Kanister zum Testen an langen Leinen im Wasser aufschwimmend bereithalten. Wir würden in einer Entfernung von etwa einem Meter am Schiff langsam vorbeifahren und versuchen den Kanister mit einem Bootshaken an Bord zu hieven. Das war zum Glück leichter als gedacht. Ich hatte nur im Sinn, die ANTIMALOCHE nicht in Gefahr zu bringen, während Matse versuchte, die Halteleine des ersten 25-Liter-Kanisters mit dem Bootshaken zu fassen. Das gelang schließlich unter den Blicken der wohl 25 Philippiner, die neugierig hoch oben an Deck zu uns herunter schauten. Wir hatten es geschafft und drehten erstmal ab.

Nun kam die Probe auf Exempel. Der Kanister wurde geöffnet. Ein intensiver Dieselgeruch stieg uns in die Nase, der dem glich, den wir durch unsere Umfüllaktion bereits seit Stunden in der Nase hatten.

»Akzeptiert«, meinte Matse, »einem geschenkten Gaul sieht man nicht ins Maul.«

»Aber man riecht ihn!«

Wie viel Liter Diesel er für uns hätte, fragte ich nun aus einiger Entfernung den Kapitän. Er habe 200 Liter und 100 davon könne er erübrigen, da wir ja Probleme hätten.

»Nehmen«, meinte Matse, »bevor er sich das anders überlegt!«

»An dir ist ein Organisationstalent verloren gegangen«, grinste ich ihn an und bedankte mich gleichzeitig über Funk beim Kapitän. Nun kamen noch weitere drei Runden an der Bordwand vorbei, bis wir völlig erledigt mit vier 25-Liter-Dieselkanistern an Deck endgültig abdrehten. Uff, alles war gut gegangen.

Aus sicherer Entfernung bedankte ich mich über Funk, als plötzlich die Schiffssirene der CANTERBURY STAR ertönte und sich ihre Schraube zu drehen begann. Mit einem ungeheuren Wasserwirbel nahm sie wieder Fahrt auf und verschwand langsam Richtung Horizont. Ich hatte meine Visitenkarte in einen Beutel eingebunden und mit dem letzten Seil nach oben geschickt. Jetzt nannte der Kapitän uns den Namen seiner Reederei in Glasgow und wünschte uns eine glückliche und sichere Heimkehr. Er machte sich auf den Weg nach Südamerika.

Bald waren wir wieder alleine, verstauten die neuen Kanister an Deck und versuchten, das Schiff seeklar zu bekommen. Dann sahen wir uns an, dieselverschmiert und stinkend. Ein Bad mit viel Shampoo in der See war jetzt unumgänglich. So kletterten wir über die Badeleiter in das azurblaue Wasser und tollten wie die Delfine oder wie kleine ausgelassene Jungen mit schäumenden Köpfen in diesem herrlichen Wasser, bis der Dieselgeruch schwand und wir stattdessen nach Shampoo rochen und sich die glitschigen Hände wieder angenehm stumpf, fast menschlich anfühlten.

Nun konnten wir uns unter Dieselantrieb entfernen. Matse errechnete, dass wir auch ohne Wind, nur mit der Maschine, bis auf 100 sm an die englischen Küste herankämen. Das sollte genügend Sicherheit sein. Nun wurde der geplante Ankunftstermin in Hamburg wieder realistisch. Den Rest des Tages und die folgende Nacht liefen wir direkt auf die englische Küste zu.

Der Morgen des 06.08. bescherte uns 15 kn Wind aus 60 Grad. Maschine aus. Segeln war angesagt, wenn auch nur mit Kurs 10 Grad. Der Wetterbericht versprach im Norden ein Hoch, das nach Frankreich abzöge und sich abschwächte. Ihm folgte ein Tief von 1015 hPa, das uns westliche Winde bringen könnte, wenn wir die nördliche Position bis dahin erreichten. Also hielten wir Kurs NNE. Im Verlauf des Tages setzten wir mal alle Segel, dann wieder nur das Groß mit Maschine, abends konnten wir wieder segeln. Das war anstrengend. Zudem fiel mir abends, während ich mich in einer plötzlichen Bö festhalten musste, eine riesige Pfanne mit allem, was schmecken kann, vom Herd und verteilte sich in einer flüssigen fettigen Lache auf dem Fußboden im Salon. Ich konnte nur hilflos zusehen. Dann schrie ich nach Matse, doch der schlief tief und fest in seiner Koje und hörte mich nicht. Ich war sauer, vor allem auf mich selbst, weil ich schon früher gesagt hatte, dass wir möglichst nicht ohne gegenseitige Aufsicht kochen sollten – es erschien mir zu gefährlich. Es hatte seinen Grund gehabt. Fluchend löffelte ich alles vom Fußboden auf und schmiss es zurück in die Pfanne, zu mehr hatte ich keinen Antrieb.

Wann endlich würden wir mal wieder auf achterliche Winde treffen? Ich war hundemüde und ging in die Koje. Ab 02.30 Uhr wachte ich, aber ich fühlte mich zerschlagen. Das war kein richtiges Segeln, das war zum Kotzen. Ab 07.00 Uhr schlief ich erneut. Danach war ich endlich wieder gut drauf, säuberte die Schweinerei vom Abend zuvor, nahm selbst eine Dusche und vermeinte, Bäume ausreißen zu können. So gönnten wir uns wieder Spiegeleier zum Frühstück und gingen gestärkt in den sonnigen Tag, der die erste Andeutung von achterlichen Winden brachte. Zwar zu schwach, sodass wir weiter motorten, aber immerhin.

Um 17.00 Uhr standen wir auf 47° 13' N und 16° 37' W. Es war sehr schön warm. Nach den Synopberichten von Offenbach müssten wir schon SW haben, andererseits verwiesen die Schiffsberichte erst bei 50 Grad N auf nennenswerten Wind um 13 kn. Abends gab es mal wieder unser geliebtes Dosen-Schweinefleisch mit Pellkartoffeln. Noch hatten wir genug, aber es wurde Zeit, dass wir das Land sahen.

Wir machten jetzt Meilen zum Ziel gut und hatten dabei auch etwas achterlichen Wind. Der Empfang auf der Frequenz 10100 war ganz hervorragend, und das schon seit Tagen. Auch Faxe empfingen wir mit erstaunlicher Deutlichkeit. Wir hofften, den englischen Kontinentalsockel bei zeitgemäßem Tidenstand zu erreichen. Nach Ansicht einiger Engländer, die wir auf den Azoren gefragt hatten, war das der einzig schwierige Teil der Reise. Denn wenn man zum Zeitpunkt des Eintreffens auf dem englischen Flach von etwa 150 Metern aus der atlantischen Tiefe heftige Winde bekam, war das keine angenehme Übung. Praktischerweise vermittelten uns die elektronischen Karten aber ständig den Verlauf der Tide, ohne dass wir umständlich rechnen mussten. Das war ebenso eindrucksvoll wie zeitsparend für uns.

Es war ein gefühlvoller Tag, ein Tag der sensibel machte. Wir hatten das

Gefühl, dass uns der gesamte Atlantik gehörte und dass wir dieses unendliche Gefühl, diesen reichen Besitz mitnehmen könnten. Wir waren völlig gelöst von den kleinen, eigentlich unwichtigen Problemen, die den Alltag so häufig vergällen können. Wir waren fast wie toll, verspürten eine Macht über das Dasein. Dabei hatten die Wolken Formationen parat und produzierten so fantastische Bilder, die selbst intelligentes Schöpfen zu einem Nichts verbannten. Die Pastelltöne des Himmels spiegelten sich im Atlantikblau und verschmolzen zu einem Bild urwüchsiger Kraft. Hier war das Dasein wesentlich, hier waren Hoffnung, Fortschritt, Erleben und Glück.

Manchmal erschienen unvermittelt ganz dunkle Wolken, die drohend am Himmel hingen, aber nichts bedeuteten, weder Wind noch Regen. Abends bildeten die Cumuli Schatten, wenn sich die Sonne zurückzog, was den Wolkenunterseiten etwas ganz Schmuddeliges gab. Das war die Stunde von uns »Schmuddelkindern«, allein und verlassen, aber reich in dieser Welt. Wir nahmen uns fest vor, dies alles nie zu vergessen. Diese Bilder waren gespeichert und wurden, weil sie so bedeutungsvoll waren, an einer bevorzugten Stelle in unseren Sinnen abgelegt, jederzeit wieder abrufbar, wenn Neues auf alte Spuren traf. Das aber bedeutete für uns, weiterzusegeln, immer weiter.

Die Temperaturen veränderten sich. Wir schienen an einer Grenze angelangt zu sein. Mal war es tagsüber noch so warm wie auf den Azoren, dann wieder die Nächte so kalt, als wären wir schon im englischen Kanal. Gegen vier Uhr morgens kroch der erste Lichtschein von Osten her über den Himmel. Gegen 05.30 Uhr konnte man schon die Positionslichter ausstellen, denn nun zog sich ein heller Lichtstreifen rund um den Horizont. Begann so ein Tag mit strahlendem Blau, dann wurde er ein Genuss, der uns das Leben versüßte.

Als während meiner Morgenwache die ersten Sonnenstrahlen die Kälte der doch schon recht nördlichen Nacht vertrieben, kochte ich Kaffee und setzte mich in den Bugkorb, Gesicht nach vorne, die Beine über der Bugwelle baumelnd. Endlich mal konnte ich mich von den ständigen Sorgen um die Zeit lösen, stellte sozusagen auch eine räumliche Distanz her, denn ich saß bestimmt fast zwei Stunden da, in denen ich nicht einmal auf die Maschineninstrumente schaute, die wir sonst im Minutentakt kontrollierten, immer mit einem stillen Gebet auf den Lippen, dass der brave Diesel auch weiterhin durchhalten möge.

216

Ich blickte in diese unendliche Weite, während der Bug unter mir mich in sein ständiges Auf-und-ab-Wiegen mitnahm wie ein kleines Kind, das man aufforderte zu träumen. Ich war dankbar, eins mit allem und einmal nicht ständig mit irgendwas beschäftigt. Es war die richtige Zeit und der richtige Ort, um den Verstand auszuschalten und Wunschdenken zuzulassen.

Ich stellte mir vor, wie es wäre, eine Freundin zu finden, in die ich mich zum ersten Mal auch verlieben könnte.

Ich stellte mir vor, wie es wäre, wieder loszufahren. Routen schossen mir durch den Kopf. Panama? Nein, warum nicht unten rum? Die Südsee, ist sie wirklich so, wie sie beschrieben wurde? Wahrscheinlich ja, wenn man sich auf sie einließe. Oder der Weg in die ewige Kälte, erschien das nicht viel verlockender? Plötzlich neigte sich der Bug in einer größeren Dünungswelle, und meine Füße tauchten ins Wasser. Es schoss in Schuhe und umspülte meine strumpflosen Füße. Prickelnd war diese Kälte. Ja, ich lebte.

Der Wind nahm im Laufe des Tages zu. Nachts hatten wir plötzlich Sturm mit 28 kn Wind. Es kostete richtig Arbeit, die Segel anzupassen. Der Baum musste weg, die Genua gesetzt werden. Das Groß war bis auf ein kleines Handtuch zu reffen. Dann aber lag das Schiff wieder ruhig. Das Ganze war uns vertraut, machte mich aber trotzdem unruhig, weil der Wind selbst hier bei diesem Vorwindkurs durch die Wanten heulte. Schnell baute sich wieder ein höherer Seegang auf. Ich wurde matt und hatte das Gefühl, dass ich mit der schnellen Entwicklung nach so langen Tagen der Flaute nicht mehr mitkomme. Ängste entstanden, wie es weitergehen würde. In der Nacht schlief ich unruhig, mich störten Alpträume, deren Ursache ich nicht kannte. Es konnte doch nicht nur an diesem bisschen See liegen. Oder war es das Land, die Ungewissheit beim Annähern an heimische Gefilde aus einer Distanz und Position heraus, die ich noch nicht kannte?

Aus einer Vorahnung hatte ich Matse gebeten, er möge doch für die Nacht den Lifebelt anlegen. So war ich beruhigt, als Bewegung ins Schiff kam und er da oben rumturnte, er würde schon rufen, wenn er Hilfe brauchte. Tatsächlich rief er mich kurze Zeit später. Das Deck war in der kohlrabenschwarzen Nacht hell erleuchtet und das Schiff galoppierte durch die See wie ein wild gewordener Gaul. Eine breite Gischtwelle leuchtete in den Positionslichtern und der Salingsbeleuchtung vor dem Bug. Doch die Bewegungen waren relativ ruhig, da unsere Lady ausreichend Geschwindigkeit aufwies. Im Grunde konnte man in einer solchen Situation nur immer wieder froh sein, ein solches Schiff zu haben. Dies war die See, die die ANTIMALOCHE liebte.

Am Morgen des 09.08. waren wir beide erschöpft. Wir brauchten wieder eine ganze Nacht zum Durchschlafen. Der Wind hatte nachgelassen und das Schiff schlingerte in der unruhigen aufgewühlten See. Ich war missmutig, denn alles war schmuddelig, Krümel lagen überall, schmutziges Geschirr türmte sich in der Spüle. Matse meinte ja, das Genie beherrsche das Chaos, aber ich brauchte in einer Situation der äußeren Unordnung Ruhe und Ordnung hier drinnen. Wir stellten die Maschine an, so hatten wir stabilere Koordinaten und ich konnte etwas aufräumen, was mir gut tat. Auch Matse hatte ein Einsehen und half. Dann ging er in die Koje und ich hatte die Tageswache, in der sich alles ordnete. Der Wind kam achterlich, dann konnte ich die Fock zusätzlich setzen, das Groß dichter holen und schließlich die Maschine ausstellen. Nun blies es stetig aus Nord. Es klarte sogar eine Zeit lang auf und wurde angenehm warm. Wir machten nur unter Segeln eine Fahrt von etwa 4,5 kn. Um 16.10 Uhr hatten wir uns dem Ziel auf 265 sm genähert. Ich begann den Teil der Passatroute des Buches von Rollo Gebhards »Seefieber« zu lesen und fühlte mich plötzlich wieder sehr gut. Das war es. Ich könnte dies alles genauso erlebt haben. Wir waren sehr verwandte Menschen.

Dann gab es Spaghetti – wieder einmal. Langsam gewöhnte ich mich an Nudelgerichte. Ich war aber auch zu faul, fantasievoller zu kochen. Matse schlief den ganzen Tag. Als ich abends müde in meine Koje fiel, hatte ich leider wieder Motorenlärm zu ertragen, denn der Wind verschwand bis auf eine leichte Brise, und die kam von vorne. Nachts focht Matse seinen einsamen Kampf mit einem englischen U-Boot-Versorger, der jedes Schiff auf einen Ausweichkurs zwang, sogar uns, was einen Umweg von mehreren Meilen verursachte. Ich schlief wieder nicht so recht, mich plagte die Sorge, Gegenwind zu bekommen, jetzt noch, sozusagen auf den letzten Metern.

Obwohl wir auch in diesen hohen Breiten Sommer hatten, sah es anderntags so aus, als fuhren wir durch eine winterliche Landschaft. Die Farben waren weg. Alles war duster, verhangen, wie in der ehemaligen DDR. Betrübt blickte ich auf die Seekarte. England sah so winzig aus, dass es schon unglaublich ist, dass ihm im Zeitalter des Imperialismus die halbe Welt gehörte.

Draußen war es wie ein Tor zur Hölle. Eine riesige schwarze Wolkenbank tat sich vor uns auf, hinter der eigentlich nur das Inferno stecken mochte. Das Radar aber zeigte nichts, keinen Regen. Ausläufer der Wolken zogen in Schwaden bis zum Wasser herunter und drohten mit plötzlichem Gewittersturm. Eine Zeit lang blickte ich in diese Unsichtigkeit und dachte an den Helden des Films »The Truman Show«, der in einer Kunstwelt aufwuchs. Alles war von Statisten vorgegaukelt, nur vor diesem Hintergrund lebte er sein karges Leben. Da vor uns schien mir, wie ihm im Film, die Welt zu Ende zu sein. Bald würde der Bug in eine Wand aus Pappmaché stoßen und mein ganzes Leben wie in einer Seifenblase zerplatzen. Hier lag nicht die Hochburg der Zivilisation, hier schien das Ende der Welt zu sein. Was für eine gigantische Illusion!

Dann lichtete es sich zu einem großen Tor, in das wir einfuhren, und bald darauf war der Himmel diffus bedeckt und etwas heller geworden. Nun vermittelte er uns eine Ahnung des baldigen Landfalls. Später entdeckten wir einen Segler, der in der Flaute dümpelte. Er kam aus Halifax und war auf dem Weg nach Amsterdam in einem »Racing« und durfte deshalb die Maschine nicht anstellen. Aber wir, und wir hatten noch reichlich Diesel. Wir hatten den 13. Tag auf See. Immer noch waren es 187 sm bis Falmouth, aber wir wollten bis Plymouth durchfahren, denn dort schloss sich der Kreis unserer einjährigen Reise.

Später wurde es merkwürdig warm, und es herrschte eine eigenartige Stimmung. Irgendwie verschwamm der Himmel mit dem vor uns liegenden Wasser und es schien, als müssten wir uns in der Ferne am Horizont durch einen kleinen Spalt hindurchzwängen, zu eng für die Masten der ANTIMALOCHE. Sollten wir nicht lieber umkehren? Zurück in tiefere Breiten? Dorthin, wo der Himmel sich vom Wasser schied, wo die Farben, das lichte Blau des Himmels über uns und das tiefe Blau des Wassers um uns, Raum gaben, uns atmen ließen und von den Zwängen des Daseins und vom Alltag mit seinen Normen und Nöten befreiten? Ich schaute in den Tag, saß in meinem Stuhl an Backbord und hörte den Diesel laufen und das Wasser am Bug schäumen. Einige Fischer kreuzten hier draußen hin und her. Man konnte ihrer Route nicht trauen, plötzlich änderten sie ihren Kurs, folgten den Fischschwärmen, die wie ich nicht wussten, warum sie hier waren in diesem schmutzig grünbraunen Wasser.

Am 11. August gegen 13.00 Uhr waren wir auf Höhe der Scillis. Jetzt hatten wir wieder eine Verbindung über D2. Ich ging in die Funkbude und telefonierte mit Bärbel, sagte, dass wir nach Hause kommen, dass wir den Atlantik geschafft hatten, dass wir in wenigen Stunden in den Hafen von Plymouth einlaufen würden, dass nun nichts mehr passieren könnte, wir wieder in der Zivilisation wären, in der Nähe von Schiffen, in der Nähe von Land. Sie hatte sich Sorgen gemacht – zu Recht! Es ist immer schwer, wenn die, die man liebt, sich in Gefahr begeben. So lange man selbst dabei ist, empfindet man anders, aber zu warten, ständig mit dem Bewusstsein zu leben, dass ihre beiden Männer auf einem kleinen Schiff über den Atlantik segelten, war schwer für sie gewesen. Sie hatte es nie ausgesprochen, und ich war dankbar dafür.

Wir motorten den Rest des Tages und die folgende Nacht. Das Wetter blieb gut und wir zufrieden. Wir versuchten, jede Möglichkeit zum Schlafen zu nutzen. Als wir das Verkehrstrennungsgebiet querten, waren wir beide an Deck. Kurz darauf liefen wir in die große Bucht vor Plymouth ein. Hier trafen wir auf unsere Kurslinie vom letzten Jahr – der Kreis war geschlossen. Zahlreiche Schiffe waren unterwegs. Das Radar lief jetzt ständig mit. Diesig und neblig graute der Morgen. Die Sonne erschien als roter Ball langsam über dem Horizont, um bald darauf in den schmutzigen Wolken, die den Himmel bezogen, zu verschwinden. An Backbord voraus konnte man im Zwielicht den schmalen Küstenstreifen Englands ausmachen. Wir genehmigten uns ein letztes Seefrühstück bei Einkehr in das europäische Küstengewässer Nordsee.

Gegen 10.00 Uhr standen wir vor der Schleuse der Sutton Marina. Wir hatten uns bereits auf Höhe der Scillis angemeldet. Dennoch ist keine Box frei. Wir erklärten, dass wir von den Azoren kämen, müde seien, schlafen wollten. Nur wenige Minuten später meldete sich daraufhin eine englische Yacht, die zum Wochenende auslaufen wollte. Das war unsere freie Box, wir durften passieren. Wir tankten an der Tankstelle, berechneten, dass wir auch ohne die 100 Liter der CANTERBURY STAR mit einem eigenen Bestand von zwanzig Litern unser Ziel erreicht hätten, machten fest, fielen uns in die Arme und wankten in die Koje, alles andere hatte Zeit.

Nach zwei Stunden wachte ich auf. Noch waren wir nicht zu Hause! Ich holte saubere Klamotten raus und machte eine Runde zum Hafenmeister, zu den Müllcontainern, duschte und ging ein wenig in die Stadt. Ich wollte etwas englische Marmelade, Milch, Eier und Speck, Butter, frisches Brot und Brötchen holen. Obwohl immer noch müde, war ich aber auch hungrig. Der Kaffee duftete mit den warmen Brötchen mit Butter und Marmelade um die Wette. Ich rief Matse, das durfte er sich nicht entgehen lassen. Dann schliefen wir wieder, obwohl uns das Wiegen der See und das Schaukeln der Koje fehlten. Es war alles so merkwürdig still. Wir pennten bis in den frühen Morgen. Dennoch war ich nicht ausgeruht. Es fehlte der Rhythmus der See. Der Schlaf war anders, nicht wirksam genug. Wir machten bei Nieselwetter einen Spaziergang durch die Stadt, kauften ein, hatten noch keine Meinung, uns wieder auf Reisen zu begeben. Ein kleines Polster an Zeit bis zu unserer Ankunft in Hamburg hatten wir ja noch ... Abends waren wir bei netten Engländern eingeladen. Da wir noch frisch in unseren Erlebnissen hingen, waren hauptsächlich wir es, die erzählten. Unsere Gastgeber lauschten, segelten mit uns über den Atlantik, genossen es und wussten, dass sie es nie erleben würden. Durch unsere Unternehmung akzeptierten sie uns als ein Stück England, und sie freuten sich über unseren kleinen Stolz, mit dem sich ein Engländer immer identifizieren kann. Dann verabschiedeten wir uns von diesen reizenden Leuten, die die Ausfahrt vor der Küste planten wie den Falklandkrieg, und schliefen bis zum Mittag des nächsten Tages, es war offensichtlich notwendig.

»Matse«, begrüßte ich ihn am anderen Morgen, »es ist schön hier, der letzte maritime Ort unserer Reise. Obwohl Plymouth das Tor zur Welt ist, hast du nicht Lust nach Hause zu kommen?«

»Nein«, meinte er, »ich gehe hier weg mit der Sehnsucht, wiederzukommen.«

Genau das hatte ich erwartet, denn mir ging es ebenso. Gleichzeitig lösten wir die Leinen, motorten zum Dock und wurden alsbald geschleust. Draußen empfing uns ein mäßiger Seegang, die ANTIMALOCHE lief bei einer hinreichenden Backstagsbrise, die uns im Kanal voranschob. Das Schiff lief mit 6 Knoten, als würde es von heimatlichen Kräften gezogen. Der Strom setzte bis zum Abend mit uns, an dem es ein herzhaftes englisches Schnitzel gab. Die Vorräte waren frisch. Wir genossen die Kraft, die uns aus dem Schiffsbauch erwuchs.

Am Abend des 15.08. erreichten wir bereits Brighton, und die folgende Nacht brachte uns fast bis an Dover heran, jedenfalls konnte ich am Morgen bei viel Sonnenlicht in die aus Dover kommende Gegenströmung halten. Die See bäumte sich auf, spielte Karussell und gaukelte Wind vor, der nicht in dem Maße vorhanden war. Zur falschen Zeit in Dover zu sein, war immer wieder eine Überraschung. Doch nun konnte es uns nicht mehr schrecken, weil wir es kannten. Ich beobachtete die Wellen, die mir oftmals so viel Respekt eingeflößt hatten, verglich sie mit denen des Atlantiks und dachte, dass sie ein lustiges Spiel der Natur seien, unbequem, aber sonst nichts. Über Funk unterhielt ich mich mit einer deutschen Yacht, die unsere Meldung an »Dover Port« abgehört hatte und wissen wollte, wie es denn gewesen sei, so auf dem Atlantik. Was sollte ich sagen, »schön und flautig«, und wusste, der Skipper dort drüben würde es nie ausprobieren.

Dann waren wir plötzlich schon weit in der Nordsee mit direktem Kurs auf Terschelling, von wo es dann in die »Rennbahn Deutsche Bucht« überging, wie ich diese Strecke immer zu bezeichnen pflegte. Die Bohrinseln, die sich zu vermehren schienen wie die Küken in einem Nest fleißiger Eltern, säumten unseren Weg und wir achteten darauf, sie mit weitem Bogen zu umfahren. Schon am Abend konnten wir den Kurs ändern: Richtung »Elbe 1«, Richtung Heimat. Die letzte Bohrinsel im Abendlicht vor Terschelling glitzerte wie ein Christbaum. Es wurde still in dem leichten Schiebewind, der das Groß und die ausgebaumte Genua blähte. Wir hatten nichts auszustehen; die Strecke, die uns am schwersten nach dem Atlantik anmutete, schafften wir mit Bravour. Es schien, als hätte jemand ein Einsehen, als wäre alles, was notwendig war, auf unserer Seite. Die Abendstimmung, quasi der letzte Sonnenuntergang auf See, war grandios. Ein paar Frachter liefen seitlich durch den großen Ball der abendlichen Sonne. Alles war so friedlich, wie es schöner nicht sein konnte. Wie eine Postkarte. Idyllisch.

Wir hatten uns auf die Seite des inneren küstennahen Zwangsweges begeben, um uns nicht nerven zu lassen. Hier war wenig Verkehr. Es gab kaum Bewegung im Schiff. Ich wachte bis in die frühen Morgen, erlebte den diesigen Sonnenaufgang, hatte plötzlich Lust auf Kommunikation, schaltete den Fernseher ein und sah das Frühmagazin von RTL, welcher Luxus. Langsam wurde es heller. Im Süden an Backbord konnte man ganz in der Ferne die Dünen der Inseln ausmachen. Ein paar Fischer fuhren aufs Meer, und ein paar Yachten kämpften sich ebenfalls durchs Zwielicht. Der Strom schob unsere ANTIMALOCHE, die das willig zuließ, denn nichts hielt sie auf, ganz besonders nicht der Skipper, dem noch nicht so richtig klar war, wie er mit dem unzeitgemäßen Ankommen vor der Elbmündung umgehen sollte. Der Wind flaute langsam ab, die Fahrt wurde beschaulich, verhalten. Wir kamen zu früh. Gegen die Tide anzumotoren erschien mir immer frustrierend, aber wir hatten keinen Wind. Die See war spiegelglatt, so entschieden wir, Stunden vor der einlaufenden Tide schon gegenan zu gehen, denn wir hofften insgeheim, dadurch einen Zeitgewinn von drei Stunden zu haben. Und: Fahren ist besser als Dümpeln, das hatten wir in den letzten Wochen zur Genüge gemerkt.

Jetzt war Zeit für ein paar Telefonate. Bärbel sollte wissen, wie schnell wir nunmehr die Elbe erreicht hatten. Auch das »Hamburger Abendblatt«, das versprochen hatte, für einen kurzen Artikel über uns bei Ankunft im City-Sporthafen ein paar Fotos zu machen, fragte, wann wir eintreffen würden. »Rechtzeitig«, sagten wir, etwa gegen 19.00 Uhr am 19.08., dabei wussten wir das noch keinesfalls. Dann erreichten wir langsam und vorsichtig in der unsicheren nächtlichen Silhouette vor Cuxhaven den dortigen Sporthafen, den wir vor 465 Tagen in Richtung England verlassen hatten.

Langsam tuckerte die ANTIMALOCHE in den Hafen. Kein Mensch schien mehr wach. Am Steg für die größeren Yachten lagen Päckchen, der Hafen war übervoll. Wir versuchten uns an einen Holländer an die Außenseite eines Fünferpäckchens zu legen und wurden sofort wieder verscheucht. Man wolle uns gleich sagen, teilte der Skipper in gestreiftem Schlafanzug mit, dass es morgens bereits um sechs Uhr los gehe.

»Oh, Matse«, rufe ich leise vom Vorschiff, »wir sind zu Hause!«

Und er, nicht faul, antwortet: »Meinst du, Pa, wir sollten uns diesen Arsch zumuten?«

Meine Schamröte erreichte den Nachbarn schon deswegen nicht, weil es dafür zu dunkel war, vielleicht aber auch, weil ich derselben Meinung war. So fanden wir eine kleine Box, die auf »Rot« stand, machten daraus »Grün« und gingen schlafen. Um acht Uhr morgens weckte uns der Hafenmeister, was uns denn einfiele, uns in einen roten Bereich zu legen. Ich war noch sehr müde und bat ihn, sich unsere Salingflaggen anzusehen. Ich hätte gerne, dass er uns einen Guten-Morgen-Gruß entgegenbringe, wir seien sozusagen von den Azoren aus unterwegs.

»Oh, das habe ich nicht gesehen, aber dennoch müssen Sie hier weg«, entschuldigte er sich, jetzt schon einige Grad freundlicher. Wir verholten. Als ich ihn bald darauf nach frischen Brötchen fragte, entschuldigte er sich nochmals und verlangte kein Hafengeld für die halbe Nacht.

Den Russen, an deren Seite wir vorübergehend Halt bekamen, schenkte ich den gesamten Inhalt unserer Tiefkühltruhe und einige Liter Diesel, die wir nicht mehr brauchten, und ab ging es die letzten Meilen elbaufwärts. Das Wasser strömte mit uns, der Wind schlief, die Maschine kam zu unerhörtem Einsatz, denn eines wollten wir nicht: unser Empfangskomitee enttäuschen. Bei Willkommenshöft stand Klaus mit seiner Frau und winkte. Sogar die Fahne wurde gedippt, zu mehr konnte auch er als alter Fahrensmann die Kollegen dort nicht verleiten.

Dann war es so weit. Bärbel hatte gemeint, ob wir denn so müde, wie wir seien, einen Empfang überhaupt wünschten und sie wollte wirklich nicht in der Menge stehen und auf uns warten. Wir wollten gar nichts, nur ankommen. Gespannt bogen wir um die Ecke und schoben uns langsam in den City-Sporthafen. Irgendwo sollte Robby einen Platz für uns reserviert haben. Wir sahen nichts, die Augen noch auf atlantische Weite eingestellt. Dann erschallte ein Ruf: »ANTIMALOCHE, Augen hierher!« Es waren die Fotografen vom »Abendblatt«, und dann sahen wir auch die Freunde und das große Transparent »Willkommen in der Heimat, ANTIMALOCHE«. Ein letztes Anlegemanöver, die Leinen wurden uns aus der Hand genommen – wir waren angekommen. Ein schöner Augenblick. Das Land hatte uns wieder.

Eine runde Sache

Pünktlich am Ziel

Wir hatten uns ein wenig auf den Landfall vorbereitet, die letzten frischen Klamotten rausgeholt und uns der Frischwasserdusche ausgesetzt, aber barfuß waren wir, und spielten jetzt Mundschenk. Mit trockenen Lippen tranken wir Sekt mit den Freunden und es sprudelte aus uns heraus, wie es da war auf dem Atlantik, in der Nordsee und dass wir stolz waren, unser Ziel mit nur zehn Minuten Verspätung erreicht zu haben, denn wir waren genau um 19.10 Uhr am 19.08. eingetroffen. Die Stunde des Empfangs verging in Minuten für uns, dann waren sie alle weg, wir sollten uns ausruhen. Matse wollte mit Bärbel nach Hause, er freute sich auf ein reichhaltiges Abendessen und ein weiches Bett. Ich bat, noch eine Nacht auf dem Schiff verweilen zu dürfen. Ich konnte mich noch nicht trennen. Es war wie in den Abendstunden im Mai vor einem Jahr, als ich hier saß und mir alles vorstellte, alles ausprobierte, noch nichts wusste, nur erdachte, erträumte mit viel Bangen und Ungewissheit.
Der Tag neigte sich dem Ende. Ich hörte Musik und saß dabei im Cockpit, wie so oft in den vergangenen Monaten. Das Schiff war beleuchtet, die Petroleumlampen warfen ihr warmes Licht auf das Holz des Salons. Draußen schob der Strom und rüttelte sanft an der Bordwand. Nun war ich zufrieden, wieder hier zu sein, weil ich in Gedanken immer noch da draußen war, etwas, was ich hoffentlich nie vergessen würde. Ich stieg den Niedergang hinunter, ging ins Vorschiff und lehnte mich an die Polster. Hier lag noch alles so, als seien wir in Fahrt: Matses Zimmer war hier, die Klamotten übereinander gestapelt mit dem wechselnden Frischeduft der getragenen und weniger getragenen Sachen. Im Regal lagen noch all die Dinge, die er benötigt hatte, ein Kassettenrekorder, die Sonnenbrille, ein paar Münzen, Batterien, Taschentücher, eine Wollmütze ... Das Bett war etwas klamm, die Kojensegel waren noch hoch- gezogen. In der Achterkajüte der gleiche Eindruck. Die Bücher und auch meine Klamotten verströmten den Duft vieler Tage auf See. Ich setzte mich halb

auf meine Koje und sah durch den Zwischengang nach vorne. Für eine Person war das ein großes Schiff, aber die ANTIMALOCHE war überhaupt ein großes Schiff. Alle Zweifel waren nun zerstreut. Sie hatte es ausgehalten, was wir von ihr verlangten. Sie war mit uns durch Sturm, Wind und Flaute, durch die hohen Seen und die kleinen gemeinen, hartnäckigen gegangen. Sie war und ist ein braves Schiff, unser Schiff, seit so langer Zeit. Jetzt verstand ich diese Affenliebe zum eigenen Schiff auf noch ganz andere Weise als früher schon.

Ich ging zum Radio und wählte eine CD mit Klavierstücken von Chopin. Ich war nicht müde, war aufgewühlt und doch ganz ruhig. Nichts würde mich hier im Nacherleben stören. Die Dunkelheit hatte sich über den Hafen gelegt und die Lichter der Schiffe und Kaianlagen schenkten diesem vertrauten Bild ein inneres Leben. So ein Hafen war für mich der schönste Garten. Jedes Glitzern und Funkeln war eine Blüte, und jedes Geräusch des lebenden Wassers war ein Vogel in den Bäumen. Wo »Herbert« jetzt wohl war, ob er uns vermisste? Ob er neue Spießgesellen gefunden hatte? Natürlich wäre es mir lieber gewesen, er würde missmutig vor der Elbmündung hin und her strolchen, nicht wagen, weiter zu surfen und ungeduldig warten, ob wir vielleicht aus dem Dunkel wiederkämen, weil wir uns das Ganze nochmals überlegt hätten.

Plötzlich war ich wieder in Fahrt. In meinen Gedanken hatten wir gerade Gran Canaria verlassen und begannen uns einzugewöhnen. Die ersten Tage verstreichen. Die Sicherheit gewinnt Oberhand, es ist warm, dann sind wir in der Höhe der Kapverden, dann in der Mitte der Route, haben Halbzeit, dann dämmert das Weihnachtsfest herauf und die See wird ruppig, stürmisch, wir haben ein paar Stunden Ruhe, feiern da wirklich, hier in diesem Raum, ein wenig Weihnachten, denken uns über die vielen Meilen in das kalte Hamburg zurück. Mit jedem Tag wächst die Spannung, wir kommen Amerika näher, es ist unglaublich, wir sind in diesem kleinen Schiff über den Atlantik gesegelt. Und dann machen wir den Landfall, nicht in der Fantasie, sondern ganz real. Wir sind angekommen. Dann vergehen die bangen Monate, in denen der »kleine« große Mathias allein durch die Virgins segelt. Er hat eine tolle Leistung vollbracht, eine Zeit auch, in der ihn die Liebe zu diesem Sport genauso geprägt hat wie mich. Es ist Lebensweise für uns beide, die ein Stück Heimat bedeutet. Schließlich kann ich wieder mitmischen, wir starten von St. Maarten und sind 20 Tage unterwegs. Hier erleben wir unsere Feuertaufe, den ersten großen Sturm, den wir verdrängen, und den zweiten, den wir bewusster überstehen. Und dann kommt der große Augenblick, für mich der Höhepunkt unserer Reise: Ich erreiche die Azoren, mein gelobtes Land, mit dem eigenen Schiff! Das hatte ich mir immer gewünscht. Vielleicht war das der Höhepunkt überhaupt, plötzlich aus dem Dunst in einem noch tobenden Sturm die Silhouette einer Insel mitten im Atlantik zu sehen. Und wieder heißt es für mich Abschied nehmen, bis endlich der Tag wiederkommt, an dem ich Matse treffe, der mir schon vorausgeflogen war. Ich habe Angst vor dem, was uns noch erwartet. Nun kommt der Endspurt, der Beweis unserer eigenen Planung, die letzte Möglichkeit, dass etwas hätte schief gehen können. Aber wir haben Glück und eine riesige Flaute. Der Atlantik macht uns ganz andere Probleme, bleibt für Überraschungen gut genug und entlässt uns schließlich aus seinen Klauen in die Heimat der Nordsee, die uns Flügel verleiht, sodass wir sogar noch unser ehrgeiziges Ziel der rechtzeitigen Ankunft einhalten können.

Nun war alles vorbei. Die vielen Bilder spulten vor mir ab, wie die herrlichen Melodien von Chopin im Hafen von Hamburg. Und es ging mir wie einem Mitglied der ehemaligen christlichen Seefahrt: Ich war sehr dankbar, fühlte mich noch einmal wie in der Kirche auf den Höhen von Faial. Das ich das erleben durfte! Welch ein Privileg!

Jetzt dachte ich an das Ende unseres Films, das noch gestaltet werden musste. Bei den Klängen der CD streifte ich mit der Kamera durch das Schiff und schwenkte dann zum Hafen hinaus. Ganz von selbst sagten sich die Worte: »Man kann abhauen, sich weit fort bewegen, sich in Gefahr begeben, einen riesigen Bogen schlagen, vielleicht um die Welt segeln, aber schön und sinngebend ist das alles erst in dem Augenblick, in dem man wieder ankommt. Erst dann wird daraus wirklich eine runde Sache!«

Was ist, was war, was wird sein?

Warum wir weitersegeln

Ich fiel in die Koje, schlief tief und traumlos, endlich löste sich die Anspannung, das normale Leben hatte uns wieder. Ich ging in die Sicherheit des Üblichen zurück. Am anderen Tag holte mich Matse ab. Ich hatte noch zwei Tage frei. Wir nahmen einige Sachen mit nach Hause. Nach dem Besuch eines »Abendblatt«-Reporters erschien acht Tage später ein netter Artikel.

Ich fügte mich wieder in die Pflicht des Arztes in der Praxis. Bärbel hatte jetzt ihren verdienten Freiraum. Es dauerte eine Weile, bis zu Hause die Routine wieder da war. Viele fragten, wir erzählten und ich verfolgte in den Abendstunden schreibend nochmals unsere Reise. Im MDR-Fernsehen wurden zwei Minuten Zusammenschnitt unseres Videos über die Passatroute gezeigt. Der Kommentator sagte, dass Helmut und Mathias ein perfektes Team seien. – Ich fand, dass er Recht hatte.

Für Matse kam nun der Augenblick der Entscheidung. Einerseits wollte er es mit dem Studieren versuchen und es sollte auch die Medizin sein, aber gleichzeitig suchte er noch nach einem Ausweg. Er dachte ans Fliegen, Verkehrsflieger bei der Lufthansa, aber das dauerte nicht lange. Dann schlug die Begeisterung nach geistigem Futter zu, er wollte mehr wissen, war geprägt von uns und suchte seine Orientierung in dem, was wir gemeinsam erlebt hatten. Und das war mehr als ein Lottogewinn. Und ich?

Ich hatte mir – uns – einen Traum erfüllt. Ich hatte an die Stelle des unbewussten bewusstes Wissen gesetzt. Das blieb. So kommt es auch heute oft vor, dass ich arbeite und plötzlich die See rauschen höre, den Himmel, die Wolken, die Sterne wie in einem realen Märchen sehe. Und ich liebe Märchen, weil sie uns innere Wahrheiten erzählen. Ich hatte oft die Geschichte von der Gold- und Pechmarie erzählt. Ich fühlte mich wie die Arme, die ihre verloren gegangene Spindel suchte, sich in den Brunnen stürzte und aufwachte auf einer blühenden Wiese, wo die Dinge sich neu ordneten. Am Ende haftete das Gold, das Frau Holle vom

Himmel schüttete, fest an ihr, unverlierbar. Das muss man nicht so wörtlich nehmen, denn Gold macht schwer, wenn es Besitz im äußeren Sinne bedeutet. Wir hatten inneren Besitz gewonnen, das war und ist das Ergebnis dieser Reise.
Und was wird sein? – Na, ich werde weitersegeln, natürlich!

Tja, und ich? – Viele werden sich fragen, was diese Reise für mich in meinem Alter bedeutet hat. Viele haben mich gefragt. Ich habe meistens unwirsch bis wortkarg reagiert. Denn diese Frage war bedeutungslos. Jedenfalls für eine Zeit. Zurückgekehrt gab es für mich nur die Möglichkeit, nach vorne zu blicken, sich einzugewöhnen. Zeitgleich das Erlebte aufzubereiten, hätte mich ganz einfach überfordert. Inzwischen ist über ein halbes Jahr vergangen und ich habe ein erstes Semester studiert, Medizin, aber auch das Fach ist im Grunde bedeutungslos. Ich sammle neue Erfahrungen, wenn auch nicht so grundlegende wie die unseres Törns.
Dieses Jahr des Törns fiel in einen Lebensabschnitt, der so oder so durch Veränderungen geprägt war. Nach der Reise konnte ich nicht in gewohnte Strukturen zurück, es ging weiter. Inzwischen kann ich mit mehr Abstand daran denken, ohne das unbändige Gefühl zu haben, wieder weg zu müssen. Wahrscheinlich ist der größte Schatz, den ich gefunden habe, die Fähigkeit, im Kopf zu reisen und mich an entfernte Plätze zu begeben. Daraus resultierend habe ich gelernt, zu relativieren, einen anderen Blickwinkel einzunehmen. Denn es gibt mehr im Leben, als das, was man kennt. Ein Beispiel: Ich stehe auf einer Position fünfhundert Meilen westlich von Gibraltar, es sind Tausende Meilen bis New York, bis Brasilien oder Kapstadt, alles hängt nur von einem kleinen Dreh am Ruder ab. Wie wäre es dort? Wie würde ich empfangen? Ob die Sonne dort genauso scheint? Vielleicht träfe ich meine große Liebe oder fände einfach nur in einem alten Trödelladen den lange gesuchten Schäkel für das Genuafall ...?
Wie ein Musiker, der sich in seiner Musik verliert, erwische ich mich manchmal dabei, weit weg auf See zu sein. Ich habe dann minutenlang alles um mich herum vergessen, spüre wieder den Rhythmus der Wellen und die Einfachheit des Lebens, die man so schnell verliert. Dahin kann mir niemand folgen. Ich will daraus keine Gesellschaftskritik machen – wer bin ich denn –, nur ist es vielleicht gut, sich klarzumachen, dass das eigene Leben nicht das einzig mögliche ist. Alles ist anders, wenn man an andere Plätze kommt. Und meistens sind es nicht die Menschen dort, die anders sind, sondern die eigene Bereitschaft, zu erleben. Ich möchte mein

Leben und mein Land auch nicht schlecht machen, es ist sowieso schon zu viel Segelliteratur geschrieben worden, in der Deutschland durch die Mangel gedreht wurde. – Vielleicht in dem Versuch, sich auch vor sich selbst zu rechtfertigen, wenn man »in der Ferne« doch wieder auf die alltäglichen Probleme stößt, vor denen man doch eigentlich weggelaufen ist? Außerdem wäre jeder Vergleich unfair: andere Länder, andere Sitten!

Diese Art wie in diesem einen Jahr des Törns zu leben, ist zu einem festen Teil von mir geworden, etwas, zu dem ich immer zurückkehren kann. Es beinhaltet viel mehr, als manche Menschen in einem ganzen Leben erreichen, ist erheblich mehr wert als alle materiellen Gewinne. Am ehesten, so verrückt es klingen mag, lässt sich wohl als Vergleich Religion verwenden, weil man aus ihr ähnlich viel Kraft schöpfen kann. Religiöse Leute mögen mir das verzeihen!

Natürlich ist es schwierig, meine zum Teil äußerst abstrakten Gefühle, Gedanken und Erfahrungen in das tägliche Leben zu integrieren. Zum Teil wird es wohl nie gelingen (wäre ja auch schlimm, sonst würde man jedem sofort ansehen, wie weit er gesegelt ist), noch schwieriger ist es, darüber zu schreiben. Welchen Wert hat eine solche Reise für meine Wünsche, Träume und vor allem meinen Umgang mit anderen, meine Beziehungen? Ich kann nun alles von einem anderen Standpunkt aus betrachten, weil ich mich auch im Kopf wegdenken kann. Das tut gut.

Ich habe nie daran gedacht, meine Lebensplanung nach dieser Erfahrung etwa zu ändern. Denn trotz allem gehöre ich wohl am ehesten in die Gesellschaft, aus der ich einmal entstanden bin. Dazu gehört auch, sich hier zu behaupten. Alles andere wäre für mich nur ein Weglaufen, etwas, was ich nie gewollt habe, und von dem ich auch glaube, dass es einen auf Dauer nicht weiterbringt. Also, ich war und bin kein Aussteiger und habe keine Depressionen wegen der schrecklichen Sinnlosigkeit hier. Lieber söhne ich mich mit den Umständen aus, die nichts mit mir selbst zu tun haben, sondern mehr mit den anderen. Man muss gewiss nicht segeln, um zu erleben und zu lernen, denn wenn ich meiner Freundin in die Augen schaue, überkommt mich ein ähnliches Gefühl der Stimmigkeit, wie wenn ich mal wieder im Supermarkt mit einer Dose in der Hand vor mich hinträume. Aber ist vielleicht auch diese Beziehung vom Segeln auf See geprägt? Ein Talent zum Erleben, das man nicht in die Wiege gelegt bekommt?

Die Ähnlichkeit zu vielen Passagen aus dem Text meines Vaters ist wohl unübersehbar, aber nicht gewollt. Manchmal habe ich mir gewünscht, weit

230

weg zu sein, unabhängig, mehr mit meinem Leben beschäftigt. Ein Vorhaben wie das unsere macht das unmöglich. Wir sind uns in vielen Punkten ähnlich.

Die Idee und der Traum zu einer solchen Reise stammte von uns beiden, getrennt entstanden aus vielen Stunden, die wir allein oder gemeinsam auf einem Schiff verbracht haben. Die Umsetzung stammte von Helmut. Ich kann nicht sagen, dass mich das nicht über Strecken gestört hätte, nur, um ehrlich zu sein, anders wären wir immer noch hier. Denn die Reise bedeutete auch unangenehme Abschiede, doch für seine Beharrlichkeit bin ich ihm – inzwischen – dankbar.

Hinter den meisten, denen ein solches Vorhaben im Kopf rumspukt, steht niemand, der ihnen sagt, dass es gut und richtig ist, was sie tun. Vielleicht vielfach ein Grund fürs Scheitern? Wir haben uns viel über die möglichen technischen und seemännischen Schwierigkeiten unterhalten, unsere Beziehung zueinander aber, die Explosivität des Zusammengepferchtseins über Wochen oder unsere einzelnen Probleme kamen nie zur Sprache. Irgendwann wurde das für mich ganz schön schwierig. Gerade was meine Zukunft angeht, war ich mir ganz einfach nicht über die Bedeutung im Klaren, ein ganzes Jahr nicht anwesend zu sein, noch dazu in einer Welt, von der sich die meisten nicht mal eine Vorstellung machen können. Daraus ist der einzig wirkliche Konflikt zwischen Helmut und mir entstanden, da ich ein wenig den Elan verlor, während Helmut immer verbissener an der Reise arbeitete. Ich glaube auch im Nachhinein, dass er sich einfach darüber hinwegsetzte, nicht nachgedacht hat, da er in einer ganz anderen Situation steckte. Für ihn war es kein Abschied, sondern nur ein Intervall. Ich wollte das Auslaufen genauso, nur hatte ich ganz schlicht und einfach Bammel. Und in dieser Situation war er einfach jemand, der mich ohne darüber zu sprechen gezwungen hat, gezwungen zum Erleben.

Dennoch ist es für viele schwer zu verstehen: Wie können Vater und Sohn das Zusammenleben auf See miteinander aushalten? Die Antwort ist leicht: Einerseits haben wir nun mal ein sehr gutes Verhältnis zueinander und andererseits waren da zwei Menschen am Werk, die genau das getan haben, was sie lieben. Wir kennen beide unser Schiff bis in die letzten Winkel, und ich glaube, dass wir uns in jeder Situation blindlings aufeinander verlassen haben. Jeder war ein absolut selbstständiger Segler, während der Wachen sein eigener Herr. Und genau hier liegt auch der Unterschied zu vielen Paaren, die ich unterwegs getroffen habe: Einer war immer der Boss,

231

meistens, langweiligerweise, der Mann. Wie lange erträgt der andere das Gefühl, eigentlich nur von zweitrangiger Bedeutung zu sein? Kompetenzgerangel gab es bei uns auch, aber das ist schon mehr als fünf Jahre her. Damals haben wir die Frage geklärt: Wichtige strategische Entscheidungen werden diskutiert, Hafenmanöver fahren wir entweder abwechselnd, oder ich gehe an die Leinen, da ich schlichtweg ein bisschen besser springen kann, und was die spontanen Entscheidungen angeht (ich meine Kommandos und hasse schon den Ausdruck): Nach zwanzig Jahren gemeinsamen Segelns sind einfach nicht mehr viele Worte nötig. Jeder macht das, wo er am ehesten rankommt. Kein Modell, was sich zum Nachahmen eignet, weil man sich wirklich sehr genau kennen muss.

Gerade bei einer Zweimanncrew sind für mich bei grundlegenden Entscheidungen einstimmige Richtungen unheimlich wichtig. Denn Zwist an Bord ist kaum zu ertragen. Hätten wir in der Flaute hinter den Azoren auch noch einen langen Streit um Taktiken gehabt, wäre es wohl schwierig gewesen, der Situation überhaupt noch irgendetwas abzugewinnen.

Und sonst? Auch ich werde weitersegeln, auch über weite Strecken, wie ich es schon immer gewollt habe. Nur kann ich inzwischen alles realistischer planen, die Träume im positiven Sinne an die Realität anpassen.

Warum weitersegeln? Wem die Gründe oben nicht reichen: Es macht einfach tierischen Spaß, ganz ohne tief gehende Gedanken oder Analysen, es ist wie ein Rausch, da draußen zu sein.

Ein paar Schlussbemerkungen

Die Bilanz

Die ANTIMALOCHE hat sich wie unser Konzept der Vorbereitungen bewährt. Aber wir hatten auch Ausfälle. Die Wasserpumpe musste nicht Probleme schaffen, zumal wir einen grundüberholten Motor einer renommierten Firma einbauten. Die Firma zeigte kaum Verständnis. Das ist leider öfter heutzutage so, was nicht bedeuten soll, dass ich das akzeptiere, sonst würde ich hier nicht davon schreiben. Wir besaßen einen neuen, nicht gerade eben billigen Watermaker, der, trocken in einer Backskiste aufbewahrt, bald nach unserer Ankunft zu »blühen« begann, weil er aus Alu war. Ich habe die Firma angeschrieben, auch hier war die Reaktion zunächst »keine«. Bei unserer Ankunft, vielleicht auch von Anfang an, zeigte unser Motor Kaltstartschwierigkeiten, die wir nunmehr im Winterlager klären müssen. In den warmen Temperaturen der Karibik war das kein Problem. Dabei hatten wir insbesondere der Maschine unser besonderes Augenmerk zugewandt.

Das Schiff hatte infolge der reichlichen Zuladung ein Jahr lang im Wasserpass gelegen, der dann Osmose zeigte, obwohl das Unterwasserschiff saniert war. Die Sanierung als solche aber hatte gehalten. Das Unterwasserschiff sah, zuletzt in der Karibik gemalt und in Hamburg rausgenommen, wie neu aus, ohne jeden Bewuchs.

Was uns gefehlt hatte, war eine Lampe im Cockpit, die wir nachträglich einbauten, um dem Wachgänger die Möglichkeit zum Lesen zu geben. Auf den weiten Strecken reicht der Rundblick alle halbe Stunde, wenn man ansonsten eingewöhnt ist.

Die schon bei Fahrtbeginn nicht mehr neuen Segel der Firma Haase haben gehalten, was de facto bedeutet, dass das Groß nun auch unter dem Gesichtspunkt anspruchsloser Fahrtensegler hinüber ist. Dabei muss man allerdings bedenken, dass wir keine Regatta segelten und zu den defensiven Seglern gehören. Wir haben rechtzeitig gerefft und halten im Übrigen von einem Stehenlassen der Segel bei zu viel Wind absolut nichts. Wenn das Schiff sich angenehm anfühlte und wir auch, dann war, unabhängig von der Geschwindigkeit, die richtige Segelfläche gesetzt. Absolut begeistert waren wir von der Tiefkühltruhe. Ich erwähnte bereits, dass sie auch bei Wassertemperaturen von 29 Grad Temperaturen von -18 °C produzierte. Ich finde das erstaunlich. Eine Kühltruhe ist ein großer Luxus, den man sich heutzutage strommäßig leisten kann, wenn man einen Wellengenerator besitzt. Bei einer Geschwindigkeit von sechs Knoten lud er mit bis zu 14 Ah. Der Windgenerator erwies sich auf karibischen Ankerplätzen als nicht ausreichend, wenn man wie wir den Luxus eines »Hotels« aufrechterhalten will. Er ist im Übrigen auf Vorwindkursen nutzlos. Wir würden heute Solarpanel einbauen, wo immer sich dazu eine Gelegenheit bietet. Die liefern Strom auf problemfreie Weise, sind aber dafür auch relativ teuer. Man muss einfach unterscheiden zwischen der Strombilanz unterwegs und der auf den Ankerplätzen. Ich meine, dass in jedem Fall die Maschine wenigstens eine Stunde, besser zwei Stunden am Tage laufen sollte, gleich, in welchem Bewegungszustand sich das Schiff befindet. Denn die Maschine ist auch unter dem Gesichtspunkt einer Langfahrt das Herzstück eines Schiffes, das gepflegt gehört.

Da ich zu den Leuten gehöre, die sowohl an Land als auch unterwegs gerne kochen, hatten wir keine vorbereiteten Konserven an Bord. Ich würde auch in Zukunft der Verpflegung wieder einen großen Raum beimessen.

Das Ruder war eine Schwachstelle, die wir mit unseren Mitteln zwar in den Griff bekamen, doch wir haben es im folgenden Winterlager nun endlich ausgebaut und durch ein geschlossenes Niroruder ersetzt. Auf die Dauer ist ein Polyesterruder mit Nirokern nicht osmoseresistent zu halten. Ich kann nur sagen, dass ich Firmen, die auf Wertkonstanz ihrer Schiffe hinweisen und kein Niroruder einbauen, misstraue. Bei dem Wechsel des Ruders haben wir auch gleich den Ruderkoker zum umgebenden Polyester neu abgedichtet. Auch hier liegt eine Schwachstelle, die aber kaum zu vermeiden ist, man sollte sie nur kennen. Die Gleitlager im Ruderkoker neigen nach so vielen Stunden in Seewasser zum Quellen. Das macht das Ruder schwergängig, was zu Problemen führen kann. Wir haben auch diese Lager erneuert und uns gleich zwei neue als Ersatz drehen lassen.

Die Navigationsausrüstung war gut gewählt. Ich bin ein Fan der elektronischen Navigation geworden. Sie erleichtert das Leben und bringt Spaß. Das bedeutet nicht, dass keine Papierkarten an Bord sein sollten.

Navigation am PC setzt allerdings Landkontakt voraus, den wir durch unsere Inmarsat-Telefonanlage hatten. Diese funktionierte unter allen Bedingungen problemfrei. Dass hier wieder Stromvorräte gefragt sind, ist klar. Natürlich hatten wir das Telefon meistens ausgestellt. Wir brauchten also nur Strom, wenn wir ein Fax erwarteten oder uns aktiv melden wollten. Der APN 6 (Satellitennavigator) zeigte zwar während des Telefonats die rote Karte, ging aber anschließend wieder auf Position. Daran gewöhnten wir uns. Auch die sonstigen Anzeigen, wie VDO Log- und Windanzeige gingen in die Knie, wenn gefunkt wurde. Aber auch dies war kein grundsätzliches Problem. Ärgerlich war der Ausfall des VDO-Logs bereits in der Karibik, was eindeutig am Geber lag. Wir kennen den Grund nicht. Auch halte ich die Windanzeige im Mast von dieser Firma für nicht ausreichend belastungsfähig. Wir haben sie mehrfach ausgetauscht.

Das gesamte stehende und laufende Gut hielt und zeigte keinerlei Verschleiß. Dass der Besanmastfuß innerhalb von drei Wochen korrodierte, lag an uns. Wir hatten einen Niroschäkel angebracht, der im karibischen Regen Alufraß verursachte. Alle sonstigen elektrischen und elektronischen Geräte hielten unter allen Temperatur- und Feuchtigkeitsbedingungen problemfrei durch, insbesondere auch der PC.

Matses Wunsch entsprechend haben wir im Winterlager nunmehr eine elektrische Ankerwinsch eingebaut. Hier muss und kann ich seiner Erfahrung trauen, denn sie erleichtert das Leben, immerhin hatten wir fast 70 Meter Ankerkette zur Verfügung.

Momentan überlegen wir auch, ob wir unserer Lady zwei neue Masten spendieren sollten. Im Grunde aber ist das Schiff auch nach den insgesamt 11 000 Seemeilen wieder fahrbereit für lange Törns.

Ein Schiff stellt sich vor

Über die ANTIMALOCHE

Die ANTIMALOCHE ist ein Schiff von 36 Fuß, also 10,90 Meter Länge, eine Serienyacht aus Polyester der englischen Werft Westerly, gebaut 1977. Sie ist klein, wenn man sie misst in den Koordinaten des Atlantiks, klein und zerbrechlich, wie es scheint, wenn man an Sturm denkt. Sie ist andererseits groß, wenn man in den Koordinaten eines Schiffes denkt: 3,45 Meter breit mit einem Tiefgang von zwei Metern.

Geht man über den Niedergang in die Hauptkajüte, den Salon, dann befindet sich zur Rechten die Pantry, die Bordküche, mit den diversen Schapps für »Pütt and Pan«, den Töpfen, dem Geschirr, dem Gasbackofen sowie der Kühlbox, anschließend folgt der Salontisch mit den Sitzduchten an Steuerbord und Backbord, wieder mit diversen Stauräumen unter den Sitzen, wie sie nun einmal auf einem Schiff erforderlich sind. Zur Linken liegt der Kartentisch mit der Navigationsecke, den diversen Sicherungen und dem Durchgang unter dem Cockpit zur Funkbude und der Achterkajüte, in der sich neben den vielen weiteren Staufächern zwei ruhige Kojen befinden. Von hier zur Steuerbordseite des Schiffes liegt die Segelstaukammer, die gleichzeitig vom Cockpit aus über eine Luke von oben zu erreichen und Sitz diverser Aggregate wie Heizung, Gastank, Werkraum und vieles andere ist.

Zurück durch die Funkbude am Kartentisch vorbei und in den Salon schaut man in das geöffnete Vorschiff mit zwei weiteren Kojen, diversen Schränken und dem »Badezimmer«, dem Dusch- und Toilettenraum. Vor- und Achterschiff lassen sich durch Türen voneinander separieren und geben einen Ruheraum für den, der der Ruhe bedarf. Klar, dass unsere Lady auch unter dem Schiffsboden weiteren Stauraum enthält, in dem sich die Tanks, die Batterien und die Bilge befinden. Vor allem aber befindet sich unter dem äußeren Steuerbereich, dem Cockpit, das Herzstück eines jeden Schiffes heutzutage, der Schiffsantrieb, ein Diesel, der für den Vortrieb und den Energiehaushalt dieses Lebensraumes auf dem Wasser Sorge zu tragen hat.

236

Die ANTIMALOCHE im Grundriss

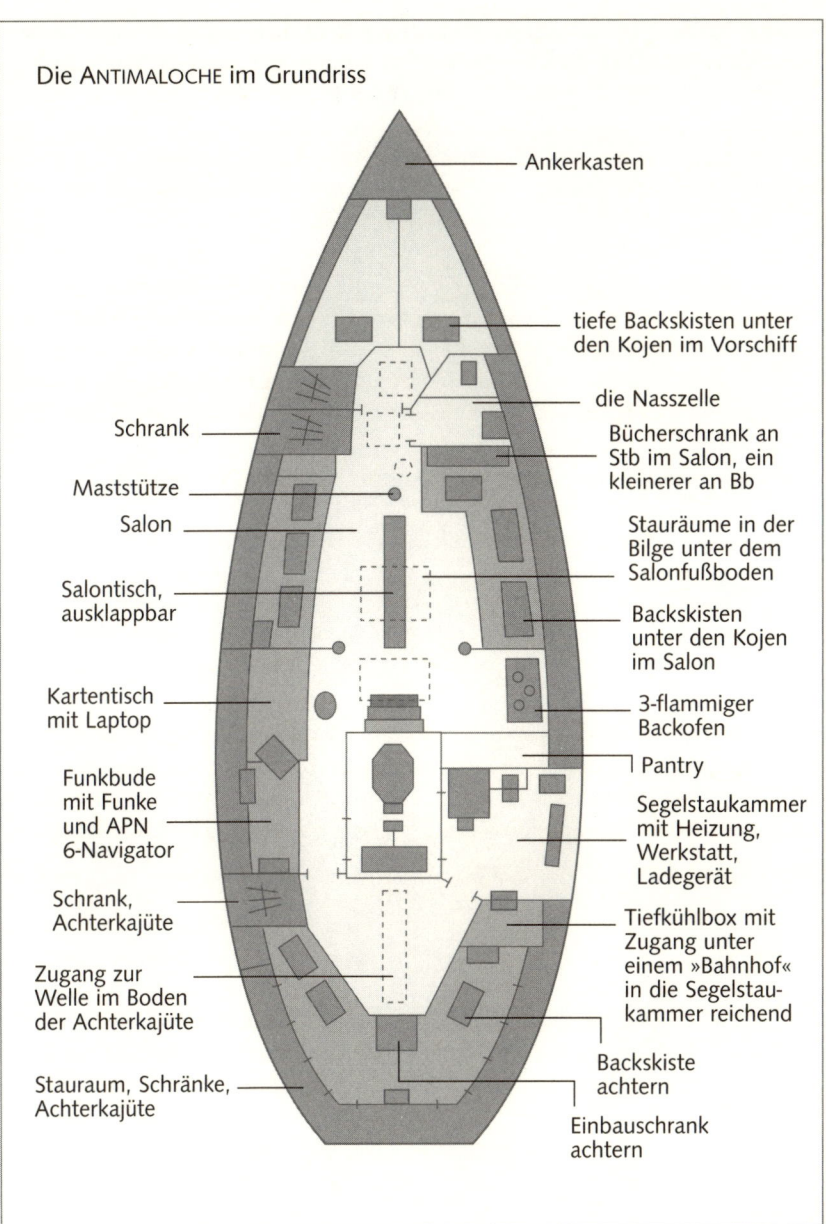

Ankerkasten

tiefe Backskisten unter den Kojen im Vorschiff

die Nasszelle

Bücherschrank an Stb im Salon, ein kleinerer an Bb

Schrank

Maststütze

Salon

Salontisch, ausklappbar

Kartentisch mit Laptop

Funkbude mit Funke und APN 6-Navigator

Schrank, Achterkajüte

Zugang zur Welle im Boden der Achterkajüte

Stauraum, Schränke, Achterkajüte

Stauräume in der Bilge unter dem Salonfußboden

Backskisten unter den Kojen im Salon

3-flammiger Backofen

Pantry

Segelstaukammer mit Heizung, Werkstatt, Ladegerät

Tiefkühlbox mit Zugang unter einem »Bahnhof« in die Segelstaukammer reichend

Backskiste achtern

Einbauschrank achtern

An diesem Schiff, das wir 1979 kauften, nahmen wir im Laufe unseres gemeinsamen Lebens und speziell vor unserem langen Törn diverse Änderungen und Reparaturen vor, die wir zum Teil recht ausführlich geschildert haben.

So machten wir aus einem alten Schiff ein neues, so segelten wir wie früher, wie vor 50 Jahren, aber mit moderner Ausrüstung, wie heute.

Wenn Träume wahr werden...

Nordamerika

ATLANTISCHE OZEAN

St. Maarten

Virgin Islands

Südamerika